聖嚴研究 第十五輯

Studies of Master Sheng Yen **Vol.15**

二〇二二年八月

聖嚴研究

第十五輯

目錄

聖嚴法師天台教學之研究——以《天台心鑰——教觀綱宗貫註》授課逐字稿之整理為主

辜琮瑜
法鼓文理學院生命教育碩士學位學程助理教授

摘要

本研究所謂之「天台教學」，主要以聖嚴法師對其所撰述之《天台心鑰——教觀綱宗貫註》的教學課程為本。該書於二〇〇二年四月出版後，法師隨即安排於同年（2002）八月、隔年（2003）一月，親自對法鼓山的講師群進行兩梯次授課，並視之為種子師資的培訓。課程結束後，且鼓勵以各種形式將所學習之內容及書中所述及之天台教觀的修證次第傳遞而出，顯見其對此之重視與關切。

研究者曾參與第一梯次的課程，並於其後的研究專案中，申請法師一九九八年五月一日與達賴喇嘛對談前，於紐約所繪製之「漢傳佛教傳承發展系統表」，從中發現該表所呈現天台之重點，即著眼於「化法四教」的內容，故以為如欲深刻理解法師對漢傳禪佛教傳承脈絡中有關天台的思想，可藉對此二次授課內容的探討以掌握之。故向法鼓山文化中心申請法師兩次授課內容逐字稿及講綱，並製作筆記以為研究文本❶，探索法師於天台教學之重要議題與內容。

本研究主要整理下述主題，包括從法師撰述此書之動機、背景、問題意識等，以理解其教學目的與未來期許。另以其所運用之方法，如撰述、製作講綱、授課、分組討論等，探討未來推廣之方向與目標。教學內容則分為兩個層面整理之，其一為指導如何閱讀與學習其所欲彰顯的重點，其次則探討關鍵概念，如天台於漢傳佛教、禪修的指標意義，就天台學詮解如來藏思想，從教觀綱宗的特色，呈顯「層次分明，圓融無礙」的精神；藉由對教判、教觀源流、重要經典等之溯源式分析，提綱挈領地描繪創造性天台學的輪廓與特色。

由前述之主題式解析，研究者試圖後設地探索法師的天台教學系統，並建構未來如欲從事法師所期待的傳承脈絡，當從哪些面向開展並推廣之教學指標，從而回應法師撰述該書並進行授課之動機與目的。

關鍵詞：天台教學、漢傳佛教、教判、層次與融通、禪修

---

❶ 申請並獲核可取得之文件中，特別標註逐字稿內容僅為研究參考，不得以原文登錄引用，故筆者採取將逐字稿文本彙編為個人閱讀筆記以為研究文本之方式，重新予以分析、歸類、詮釋。

一、緒論

許多人於初接觸佛教，或尋思進入「修行」歷程之際，即可能因為一個又一個生疏而深奧的「名相」，或謂佛教修行的「專有名詞」，而感覺無法契入，甚而形成障礙。

但即使開始試圖理解這些專有名詞，還可能會遭逢第二個困境，亦即此些名詞，包括「概念」、「理論」、「方法」等，皆可能在不同宗派、修行脈絡或學習系統中，發現不同的詮釋。而當開始進入修行觀念與修行方法後，亦會發現其中的「八萬四千」方法中，也存在不同的契入處：如有指出可依靠「他力」的，也有強調「自力」者；有偏重「信」，亦有強調「解」者；乃至最基礎的三學——戒、定、慧，也有諸多不同對應關係與修持排序的討論。

如果放大學習視野，進入歷史脈絡來認識佛教在時空中的變化，當發現其不同的傳承，也帶出迴異的佛教文化與趨勢，無論是與創始者釋迦牟尼密切關聯的根本佛教，或傳往世界各地而出現於東南亞一帶的南傳佛教，東傳後開出的漢傳佛教、日本佛教、韓國佛教，乃至於由印度往上傳至藏區的藏傳佛教等，皆具備且強調各自不同的觀念與修行方法。

然如溯及過往佛教於不同時空背景中的弘傳，其多元的方法與觀念，早已有許多前人為之整理彙編。如有人發現，佛教中許多專有名詞皆與數字有關，而有法數之學，如以種種事相之分類為原則，則有俱舍宗的五位七十五法，或法相宗的五位百法歸納方式，強調最基本組成元素的「範疇」觀；亦有重視觀念的釐清，或強調不同佛教修習法門之間的關係與次第之學等。

其中對當代佛教研究而言，形式與結構相對複雜而普及的，大概可推「判教系統」。因其試圖統整所有佛教經典、教理、修行觀念與方法，乃至修證次第等，皆給予一一定位與依序學習的修行輪廓或修行地圖。其中最為人所熟悉者，當以華嚴的「五教判」、天台的「五時八教判」，以及近代太虛法師與印順法師的「大乘三系判」等。

而畢生以分享正信佛法，同時以承擔漢傳佛教弘傳為要的聖嚴法師，雖具赴日取得博士學位的學術訓練背景，然對於人們是否得以理解並運用佛法於日常生活，向來視為生命中相對更重要的事，如法師所言：

> 我是中國沙門，我的目標仍為中國佛教的前途。誰都知道，我國佛教，一向注重學行兼顧或悲智雙運，以實踐佛陀的根本教義或菩薩精神的自利利他法門，古來宗匠，無一不是沿著這條路線在走，東老人也嘗以寧做宗教家而勿做研究宗教的學者期勉。[2]

故而法師在禪修指導之外，亦曾針對此編寫《華嚴心詮──原人論考釋》[3]，整理了華嚴判教系統；又編著有《天台心鑰──教觀綱宗貫註》（以下簡稱《天台心

[2] 釋聖嚴，〈前言〉，《大乘止觀法門之研究》，《法鼓全集》第 1 輯第 2 冊，臺北：法鼓文化，2020 紀念版，頁 5-6。

[3] 釋聖嚴，《華嚴心詮──原人論考釋》，《法鼓全集》第 7 輯第 14 冊，臺北：法鼓文化，2020 紀念版。

鑰》）❹，探究天台的判教系統；另有《探索識界——八識規矩頌講記》❺，對唯識的名相與修證次第亦多所著墨。法師於上述著作之書序中亦特別指出，清晰的次第化修學，乃學佛不致「以凡濫聖」的重要依據。

本研究即立基於此，試圖探索法師在判教系統的概念下，如何思惟或釐清？其目標為何？本研究所欲整理之判教系統乃以法師所著之《天台心鑰》為主，除了法師對天台判教的重視，主要亦在於法師於書籍出版（2002 年 4 月）後，陸續在二〇〇二年八月、二〇〇三年一月進行了兩梯次的教學，親自整理講綱，對法鼓山體系內的講師群授課，視為種子師資的培訓。並於課程結束後，鼓勵以各種形式將所學習的內容及書中所述及之天台教觀的修證次第，做為重要的修行地圖傳遞而出，顯見其對此之重視與關切。❻

---

❹ 釋聖嚴，《天台心鑰——教觀綱宗貫註》，《法鼓全集》第 7 輯第 9 冊，臺北：法鼓文化，2020 紀念版。

❺ 釋聖嚴，《探索識界——八識規矩頌講記》，《法鼓全集》第 7 輯第 6 冊，臺北：法鼓文化，2020 紀念版。

❻ 林其賢，《聖嚴法師年譜》：「三月十九日，上午，佛學推廣中心於農禪寺舉行『《天台心鑰》講師種子培訓營』，法師為五十多位學員及十餘位法師開示：不為研究而研究，是為實踐而研究；擔任講師並非好為人師，而是為教學相長。
師父勉勵未來的講師，從培訓到來日弘講，應謹記：一、要有正確的知見。天台學對於佛法的知見，有很清楚的判釋，『漢傳佛教之中，講次第講得最深的，就是天台」；二、不為研究而研究，而為實踐而研究。師父指出，當代美日佛教學者，多數皆有修行的體驗，可惜國內尚未有此風氣。「佛法離開實踐，那是沒有生命力的。」希望每位種子講師，除了深入佛學，也要有修行的體驗，否則無法感動人。（《隨師日誌》未刊稿）」《法鼓全集》第 11 輯第 2 冊，2005 網路版，頁 1956。

研究者曾參與第一階段的課程，並於其後的研究專案中，申請法師一九九八年五月一日與達賴喇嘛對談前，於紐約東初禪寺所繪製之「漢傳佛教傳承發展系統表」，從中發現法師於該表所呈顯天台之重點，即著眼於「化法四教」的內容。故向法鼓山文化中心申請此二次課程之授課內容逐字稿及講綱，以之製作為閱讀筆記，並以此筆記為研究文本，探索法師天台教學之重要議題與內容。

本研究主要涵蓋下述主題，包括法師撰述此書之動機、背景、問題意識與目的，同時以其所運用之方法，如撰述、製作講綱、授課、討論，言及未來推廣方向與目標，深入體解其試圖建構之教學系統，以為未來持續推廣之基礎。

此外在教學內容部分，其逐字稿雖涵蓋講述該書之全部內容，然研究者發現，講述已完成之書籍，與撰寫書籍仍有差異，尤其在法師對此延伸而出之相關議題，以及引領如何閱讀等重點，對學習者具備重要的意義與作用，故此亦為本研究所特別指出者。

（一）研究動機、問題意識與研究目的

如前所述，研究者曾參與法師所指導之第一梯次課程，其時乃研究者首次接觸龐大而繁複的天台學系統，故於課程中陷入極大的困難與挑戰，不僅要一一澄清、理解各個專有名詞的意涵，同時還要試圖於思維結構中與縝密又嚴謹的天台學系統生發連結。

因此當課程進行中，聖嚴法師不斷提起，期許參與課程者未來都能成為授課師資，將此天台的修行系統以教學或讀

書會方式傳承下去之際，雖與許多參與者一樣，一邊生發願力，一邊卻也慨嘆也許還需要很長時間的熏育，方有可能完成此一標的。

之後研究者亦與當時許多參與課程者共同進行多次未來開展的討論會議，然因對內容過於陌生，且個人剛進入高等教育教學現場，所開設的課程皆與此無關，之後即使參與法鼓山體系的普化教育，亦無類似課程的講授，便不再持續此相關課題的推進。

惟經歷幾次聖嚴思想研究之討論，發現如欲展開聖嚴法師思想的應用研究，似乎當回溯其所形塑並整理之基礎觀念，亦即緒論中所言及，法師著述中有關華嚴、天台的判教，唯識學的基本導讀等作品。加上自身從事教育工作後，對課程設計、教材彙編有更多的體驗，故而希冀回到此課題，重新檢視，以自己學習歷程為參照，透過重新整理法師所撰述之書籍、編寫之講綱，以及授課之內容，深化理解後，找出學習的方向與脈絡。

其次，緣於法師於課程中所指出的第二個重要議題，即天台學的內容，對修行者，尤其禪修者具有重要的參考意義，並指出其對於漢傳佛教未來的弘傳具備重要的作用。此二者最主要的關鍵，皆在於指出天台的系統化、條理化、次第化等特質，對於被評析為簡化、空洞化、無次第化的漢傳佛教有其補救與調節之作用。同時能避免許多禪修者，在未有紮實的基礎訓練與足夠的修行根柢，卻因稍有領略即誤以為進入悟境，而有以凡濫聖的危機。

針對上述討論，如若天台教學對漢傳佛教、禪修皆具備如此重要的作用，顯然嘗試推展此系統或設置更多的學習平台，以達致法師所希望的標的，有其必要性。然此為複雜而縝密的系統，且法師講授課程當時，亦曾有參與者集結討論，卻未產生組織化、持續性的推廣。❼因此如果試圖建構此教學組織或教學文本，似乎應先回溯法師當時所強調之重點，以做為未來開展之基礎。

本研究即立基於此，先就逐字稿之內容，整理第一階段之重要內容，即上述法師對教學傳承之設定與規畫。其次則找出此系統建構之必要性與時代意義，包括法師對自身從事此一撰書、編輯講綱及授課之動機、問題意識，以及諸多修行與補偏救弊之關切，希望未來得以邀請更多認同者共同參與執行。

而法師於授課過程中，多次提及之教觀並重、解行雙軌、定慧等持等，以及教學或讀書會帶領人並非僅止於名相之解析，須兼顧理論與實踐，方能深刻契入等提點，似乎也為未來帶領人之學習取向導出重要的指標。此課題似乎也可回應佛學、學佛二者的辯證關係。

為回應上述問題，對研究文本之整理，先設定如下原則：其一涉及重要議題者，其二涉及未來開展學習平台須先建置的基礎認知，以此為逐字稿筆記整理之核心主軸。至於未來將持續進行的第二階段研究，則以整理從《教觀綱宗》

---

❼ 黃國清曾於〈聖嚴法師在臺灣法鼓教團推動天台教觀的努力——以《天台心鑰》一書為中心〉一文中，剴切指陳相關歷程，以及出現之問題與待解之課題。該文收錄於聖嚴教育基金會學術研究部編，《聖嚴研究》第三輯，臺北：法鼓文化，2012 年 6 月，頁 349-384。

到《天台心鑰》中所指出之完備修行地圖為主，涵蓋化法四教之定義、各別詮述之法義、當機開示之眾生、所化之對象、所修之觀、所證之涅槃、所出之生死、前三教之六即菩提到圓教之六即佛、修證時劫、十乘觀法等。

蓋上述內容乃如法師授課中所指，須集眾人之力，整理彙編屬於漢傳佛教之修行地圖。其雖已著書、授課，然於現代人而言，如何培養師資或帶領人，將內容消化、內化，並以現代人所能理解之語彙與概念融入生活中，讓有心進入漢傳佛教之修行者，得有一入處，且能長期而持續從事次第修行，似仍有待後繼者為之。故將此視為未來研究方向，並期更多相應者探討與參與。

（二）研究文本與研究方法

雖然法師對《教觀綱宗》的整理，主要呈顯於《天台心鑰》一書中，然而書籍的閱讀與內容的深度，較不易探知法師的「教學理念」與「教學特色」，且法師於授課過程中，會附帶強調其特殊關切，而為書中未提及之議題；另亦有針對學習者之提問而回應之重要反饋，皆為書中所無法窺見者。故而本研究的研究文本，主要為前述兩次聖嚴法師對法鼓山師資群授課的內容，亦即經由法鼓山文化中心錄製並整理之逐字稿，同時輔以法師為此二次授課彙編之講綱。

其中逐字稿共錄出文本十六份，總計字數 112,633 字，分別為第一梯次八堂課及第二梯次八堂課，內容簡表及統計之字數如附件一。此附件主要依授課進度之時間歷程推進，以見授課內容之全貌與輪廓。

至於研究主體，則以內容分析與歸納詮釋為研究方法，就兩梯次共十六堂課的課程內容，對照講綱，予以分析與編整，同時依研究者對應前述研究目的之詮釋脈絡定義主題，並重新整理法師的陳述觀點。原授課講綱乃對應書中次序而編輯，然研究者於閱讀整理中發現，法師對此些內容的關切度、偏重度，或某些議題的再三提醒，往往能提供學習者更清晰的學習視角，故而不依原有講綱與書籍順序而重新編整論述架構。

此外，由於本研究為建置未來發展學習脈絡之基礎，故重點放在重要議題的討論，至於書中所整理《教觀綱宗》有關化法四教的相關內容，則如前述，待未來第二階段的研究再予整理，除非法師於詮解中另外強調或指出該處內容對未來學習有關鍵性的意義者，則亦摘錄彙編。

（三）研究內容概述

研究內容即依逐字稿所分析、歸納之主題及研究者所整理之筆記彙編，為本研究第二至第五之內容，出處標記於表格中，以兩梯次各八堂課的方式，標記為 1－1 至 1－8，2－1 至 2－8 兩組編號。

內容主要分為三大類，其一為法師對天台之學、教、觀，及重要課題如漢傳佛教、如來藏思想等之整理，以理解法師天台教學系統中之理論背景、思想系統與實踐方法。

其次為與教學直接相關的分析與彙整，包括法師籌畫課程初始之動機、背景、問題意識，以及對授課對象之期許，包括對未來「教」與「學」之建議等，以見其所關切，同時於未來開展此教學系統得有參照。

第三個面向，則為以整體脈絡的觀點，考察此教學內容重要議題之時空背景，涵蓋教學文本、課程講述者、聽講受眾，以及彼時佛教發展狀況，經由四者交叉對照，試圖更清晰理解法師的教學目的。

如前所述，由於研究者對本研究有探索之偏向，故筆記彙編主要集中於逐字稿文本編號中第一梯次的 1－1 至 1－8（缺 1－5），另外第二梯次則主要為 2－1、2－6、2－8 三次的內容。所缺者為 1－5、2－2 至 2－5、2－7。究其原因，即在於法師於第一梯次的授課中，主要強調相關動機與目的、基本概念的指導等。第二梯次的第一次、第六次與第八次，則多為回應學習者之提問，或進入其所重視之觀行的討論。而所缺者，即是對藏、通、別、圓四教中的分析與修行細部指導，即前述將於第二階段探究者。其中 1－5 乃進入化法四教之總論，併藏教的相關細部內容與討論，故未列入本階段研究主體中。

研究內容如圖一並說明如下：

1. 天台學之意義與如何體解《教觀綱宗》：分別整理法師於授課動機、學員回饋中所言及，何以特別重視天台學？以及講述天台、重視天台，是否與禪宗的傳承矛盾？另外以天台學之溯源，及其所詮解之《教觀綱宗》作者與該書特色為基礎，提供學習者整體佛教脈絡中，有關天台的定位與根基，以及以本書立論之意義。

2. 天台教學之「觀」行：法師拈出修觀之修行法要，為後學者從事此一學習系統，對觀行的反思與檢視。亦以回應

法師所強調，做為讀書會或課程之帶領與講授，不僅只是名相或佛學義理之陳述與傳遞，尚須解行並重，方符應天台，

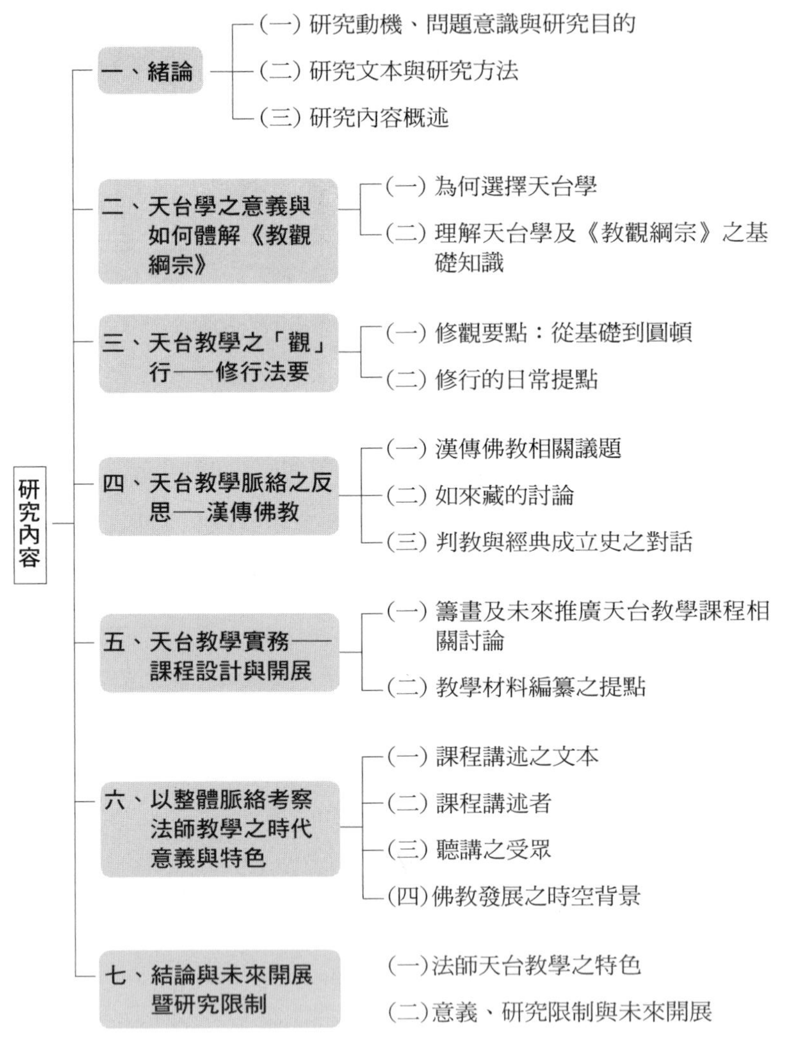

圖一：研究內容綱要

乃至漢傳佛教之發展精神。

3. 天台教學脈絡之反思：此所謂之教學脈絡，乃就法師於課程中將天台置於漢傳佛教開展中的定位而論，有指出天台對漢傳的意義，有提點漢傳佛教發展中的重要議題，另漢傳佛教中引發討論之如來藏思想、消極或積極的實相論，乃至於面對當代學術發展中的經典成立史，尚推重天台判教之意義為何？等，皆屬於天台教學背景脈絡中的重要議題。

4. 天台教學實務——課程設計與開展：以此探討法師如何籌畫並進行課程之教授，包括法師提出之問題與重要關切，對後繼者之建議與提點；同時指出法師於教學材料編纂之重點，以為未來師資培訓之參照。

5. 以整體脈絡考察法師教學之時代意義與特色——本章節主要透過四個面向分別分析有關法師天台教學的重點，以彙整整體意義。此四個面向包括：（1）授課主體，即文本；（2）授課者，即聖嚴法師的身分與立場；（3）聽課之受眾，對參與者之身分別整理彙編，以深入理解法師重要議題的講述動機與目的；（4）彼時佛教發展的時空背景，就法師出版及授課前後時期與當代重要佛教領袖的交流，試圖掌握其對漢傳佛教重視之因。

6. 結論與未來開展暨研究限制：此部分則就前述之內容，指出法師天台教學之整體特色，以及未來開展的可能方向等。

另有關研究限制部分，主要在於本研究之目的為整理法師教學逐字稿之概念與未來落實教學之重要關鍵，故而尚未與其他研究文本對話。

此外，由於此為單獨針對《天台心鑰》一書之授課內容，有其時間與內容之特定指涉，故而當中有若干議題，如欲完整探索法師於其他文本中之論析，仍須進一步整理與討論。例如有關對漢傳、如來藏思想、止觀法門與法師後期重點禪修——默照、話頭之關係，則有待未來之研究處理之。此既為未來發展可能，亦可視為本研究之限制。

二、天台學之意義與如何體解《教觀綱宗》

本章節主要討論兩項重點，其一為心態上的認知與調整，其二為奠定學習背景之基礎，二者皆為進入此門之前行。第一項心態上的認知與調整，主要在於為回應提問：「為何是天台學？」法師選擇天台學做為師資培訓之主題，似與法鼓山傳承之主軸——禪宗系統有別，故整理法師對此之論述，亦可從中見出其進行此一教學活動之動機與目的。

其次為進入此教學系統之門檻，即體解《教觀綱宗》之入門知識，包括簡述天台教觀的特性，以及其後從溯源、作者與該書特色之整理與分析，以為學習者打下學習天台教觀之基礎。圖二即為本單元之重點。

（一）為何選擇天台學

包括天台學於漢傳佛教、禪宗發展、修行系統之重要性與必要性等議題之彙整。

1. 天台於漢傳佛教之意義與作用

視此議題之整理為入門之心態調整，主要在於法師重視且時刻強調其個人即傳承自漢傳佛教，且期待弟子能承繼此脈絡。然而過往理解法師漢傳佛教之傳承與創造，多半指禪宗法脈，故亦有漢傳佛教而漢傳禪佛教之一路相承。如今主動邀集諸多法鼓山體系內未來可能成為讀書會帶領人與講師者，親自授課，而授課主題卻是天台之學，對弟子而言確有疑慮，故首先就此而整理之（參見表一）。

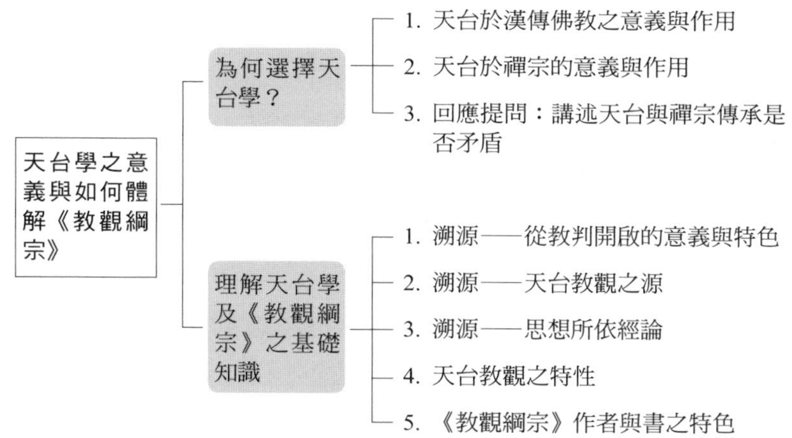

圖二：天台學之意義與如何體解《教觀綱宗》

表一：天台於漢傳佛教之意義與作用

討論主題	筆記	出處
漢傳佛教與天台概說	1. 天台在漢傳佛教中的指標性意義：漢傳具備包容性、消融性，但其系統性、教觀並重的合理性與實用性，則須藉由天台思想補強。 2. 故天台可視為漢傳整合與作用之依據。	1-1
重視次第的天台對漢傳的重要性	1. 從漢傳發展的危機言：漢傳看似不講次第，尤其到禪宗盛行、爛熟後，亦即宋、元、明、清之後的禪宗，不主張經教的探討，不主張對法義的理解，引發中國佛教的危機，包括： (1) 含混籠統 (2) 不懂佛學內涵，只是口頭禪，玩公案、機鋒、話頭。	1-1

	2. 補偏救弊：蕅益智旭時代，即明末清初，看出危機，認為要以天台來補救。（蕅益著《教觀綱宗》之原因） 3. 如何補救？ (1) 以天台的「教」、「觀」並重，教不離觀，觀必配合教。 (2) 教即是義理，觀是禪觀，必須並行。 (3) 定學與慧學互補互動。 4. 目的：回歸佛陀本懷、本義。	
天台於中國佛教（漢傳佛教）中的定位	1. 中國化的佛學或佛教之問題：對應中國思想，亦即漢人文化，具備很大的包容性、消融性，但較缺乏系統性。較偏重行（缺解行對舉、教觀對舉）。 2. 天台特性：行解並重，以及合理性、實用性。 3. 天台與其他宗派的差異：其他中國宗派若非偏於實踐，就是偏於理論、偏於思惟，如果是後者，就不易於實踐上得到力量。 4. 天台的定位：補中國思想、中國文化之不足。	1-1
天台學對彌補挽救漢傳的意義	1. 天台特色：從繁複名相看天台，是整合、組織經論裡原有的名相，予以歸納、次第化，將之架構起來。 並未製造新的名相：天台並未製造更多東西，只是把複雜、不易弄清楚的，使之規律化、次第化、條理化。 天台學：把修行的次第、根器的分類、修行的方法條理化整理出來。 2. 對治中國佛教：喜歡簡單、籠統而不明確的交代。例如禪宗的野狐禪、對佛法的說食數寶。 3. 蕅益著書的目的：彌補挽救漢傳佛教的空洞化、形式化。故蕅益智旭說，唯有天台學可以救中國禪宗的弊病。	1-3

2. 天台於禪宗的意義與作用

承上之說，既然法鼓山為禪宗道場，環境施設為禪境，主要指導之法門為基礎到進階之各種禪修，此又與天台何干？天台於中國佛教向被視為「教下」，與禪宗之「宗門」

而相拮抗❽，故而除了與漢傳佛教之關係需要回應，與禪宗之關聯更須釐清。此一課題，法師亦曾於其他著作中回應與討論，指出二者之別❾，而此逐字稿中所見，則從二者之關係與禪宗發展上之必要性而論。

表二：天台於禪宗的意義與作用

討論主題	筆記	出處
禪宗產生的可能危險與天台的意義	為何漢傳佛教不講次第？ 1. 主要緣於禪宗（及其發展中的狀態） (1)不立文字：不希望繞圈子，不立文字而頓超直入，直指人心，所以修行上不要次第的東西。 (2)禪宗一開始即是圓教、圓頓法門。 (3)問題癥結：如果圓教行者沒有前面的藏、通、別、圓的基礎和認知，會有問題。 (4)出現的問題：以凡濫聖、未得謂得、未證謂證、增上慢。 2. 故蕅益大師直言：離經一句，必同魔說。 3. 天台意義：指出要有經教的依據，禪宗至少要有《楞嚴經》、《維摩經》相應。	1-4
天台與禪的關係(一)	1. 漢傳佛教以禪宗為主流，為什麼要講天台？ (1)如果沒有天台為禪宗的背景，思想、觀念就無法邏輯化、體系化、層次化，可能變成籠統的佛性，顢頇的佛教。	2-1

❽ 釋聖嚴，〈自序〉，《天台心鑰——教觀綱宗貫註》，《法鼓全集》第7輯第9冊，臺北：法鼓文化，2020紀念版，頁5。

❾ 聖嚴法師《學術論考》，〈中國佛教的特色——禪與禪宗〉：「天台宗是倡導教觀並重的法門，雖然並沒有特定的教團如百丈大師所創立的叢林清規，但是仍然代有人才弘揚斯教，主要是研究經論者，都可應用其傳下來的教判方法，對全部佛教可以做系統性的理解，所以是代表義學的流衍而稱為教下。是僧中的講經法師，不是另有教團。」《法鼓全集》第3輯第1冊，臺北：法鼓文化，2020紀念版，頁97。

	(2)禪宗的開悟有不同層次的悟（大悟、中悟、小悟）、曹洞宗有五位、臨濟宗有三關，這些根據以經教而言，不容易明確。所以禪宗的修證，往往模糊。 (3)有身心反應的誤解：以為是見性。得到經驗、現象，就以為徹悟。 (4)悟境的悟，成了主觀而無客觀標準，可能會以盲導盲，給出冬瓜印的印可。 2. 明末幾位禪師對經教的重視與反思。 (1)重要禪師：憨山、紫柏、藕益、蓮池。 (2)對見性的反思：對於禪宗講的開悟、見性，覺得薄弱、虛弱，沒有真正的內容。 (3)重視經教：幾位重要禪師皆重視經教。 (4)藕益大師：尤其重視天台學。 3. 天台的好處：依據經教，才知道自己的層次，知道自己的修證層次在哪裡，才不會以盲導盲。	
天台與禪的關係(二)	1. 不講次第的禪宗：中國，特別是禪宗，不講次第，常以凡夫立場、凡夫境界，講圓教名詞，如「沐猴而冠」，很危險。 2. 法師破禪宗後期禪者的問題：法師禪法與其他禪師不同。（頓漸的討論，強調次第，重視所有禪修的方法調和而用，對治不同需求而設） 3. 禪的問題：禪宗本身沒有問題，末期禪者們有問題。	1-4
法師自己如何免於禪宗的危險？	有天台為基礎，有教觀的基礎。 因此不會輕易地落入有關「開悟」的種種陷阱。	1-4

3. 回應提問——講述天台與禪宗傳承是否矛盾

學員對於身為法鼓山之學習者，即應為禪宗弟子，故而對於法師特別指導並倡議《教觀綱宗》之天台學頗有疑慮，法師則以著書及講述之目的回應之。

表三：聖嚴法師講述天台與禪宗傳承之澄清

討論主題	筆記	出處
講天台不是為了成為天台子孫	1. 沒有要變成天台子孫：書序中指出，不是希望大家變成天台學的子孫❿，蕅益大師也不是，未來也沒有要大家變成只講天台宗。 2. 講天台的目的： (1) 天台學是中國的，是漢傳佛教的學問。 (2) 講授可以得到啟發，有所根據。 (3) 對禪修、對修行日用有根據。 (4) 以後要整合，集結大家的力量（如《大毘婆沙論》就不是一個人完成），完成一個漢傳佛教的修行系統出來。 (5)《天台心鑰》只是一個引子。	2-1

（二）理解天台學及《教觀綱宗》之基礎知識

法師對於經典的詮釋，或是宗派的討論，多會先建立基礎知識，以為學習者奠立學習的背景，整理本書亦不例外。尤其面對龐大的天台學系統，如果未能先擁有相關知識的理解，實難以進入。故本單元即彙整筆記如下五個面向，分別從三個背景知識溯天台之源，包括教判、教觀及思想所源。第四則就天台之特色——教觀，論其特性，一顯天台之特色，亦可對後學者有深刻而切要之提點。第五即進入《天台心鑰》所詮解之文本——《教觀綱宗》該書與其作者之導讀。

---

❿ 聖嚴法師，《天台心鑰——教觀綱宗貫註》：「這也正是我要弘揚天台學的目的，我不是希望大家都成為天台學的子孫，而是像天台思想這樣的包容性、消融性、系統性、教觀並重的實用性，確是有待後起的佛弟子們繼續努力的一種模範。」《法鼓全集》第 7 輯第 9 冊，臺北：法鼓文化，2020 紀念版，頁 10。

1. 溯源——從教判開啟的意義與特色

天台教判乃為天台學之所以能成就觀念與方法系統之主因，而教判一事，本就容易涉入不同學派、不同宗派整合立場上的衝突與對立，然而對於佛法於不同時空背景之傳承、經典主軸精神之偏重差異，教判卻又似乎不可不為。故法師於課程中，亦特別指出教判之精神與定義，從而以融通之概念化解立場差異之拮抗。此外，也列舉由經典、論典到中國佛教發展上已然形成之教判模式與現象，對於理解天台之教判，以及對待教判之態度，皆有重要提醒。

表四：《教觀綱宗》溯源之判教源流與意義

討論主題	筆記	出處
如何理解教判的精神	法無高下，眾生有高下；眾生性向不同，所以法義表達就有不一樣。	1-1
教判的基本認知	1. 中國漢傳佛教特有的名詞。 2. 意指判斷或判別釋迦牟尼佛所說的教義。 3. 方法：為之分類、分時段、分層次。	1-1
為何需要教判——教判的源流	1. 從佛教源流說起：印度重視傳承與信仰，但不重視歷史的考據。故經典成立及經典出現，皆由各宗各派以自己此派所用為最高。 2. 產生現象： (1)部派認為小乘才是根本，大乘不是，甚至有大乘非佛說之論。 (2)大乘三系各有偏重：如來藏、中觀、瑜伽各有自己的根本經典、經論。 (3)另有顯、密之別。 3. 天台宗之判教：認為佛所說是「觀機逗教」、「應機說教」，故法無高下，眾生有高下；眾生性向不同，所以法義表達就有不一樣。	1-1

教判的時代意義與反思	1. 現代學術方法未出現前的重要整理方式：現代的佛教思想史、經典成立史未出現前，為古代大師的用心所在。 2. 古德面對之課題： (1) 面對數量龐大的內容、不一致的經典，如何處理？ (2) 何以皆為佛所說之法，不同經典內容有異。 (3) 為何各自皆說各自為最好、最高者？ 3. 方式：對經典予以分類、歸納，給予合理的說明、完整的解釋。 4. 澄清問題之源： (1) 不同層次的人，不同性向的人，便有不同的自我認定。 (2) 只要對機，對自己的機，無論哪一部經典，都是最好的。	1-1
教判的定義	教判是對佛所講的教義，內容予以分類，時間予以分段，深淺予以層次化，亦即對法義進行合理說明與完整解釋。	1-1
教判意義與重要性	教判為《教觀綱宗》之重要特色，亦為法師整理、詮釋、講述佛法之特色——「層次分明，圓融無礙」，目的在於系統架構與層次之分梳，而非高下之判別。 從應機對機理解：對應不同根器眾生之需求（觀機逗教、應機說教），而予以層次性的整理與引導。	1-1
教判的歷史發展與溯源理解	參考書中所列，整理大乘經典、論典、中國的判教： 1. 大乘經典： (1)《法華經》：三草二木、羊鹿牛三種車（三車喻）、大白牛車。 (2)《華嚴經》：日出、日中、日沒三時段說。 (3)《涅槃經》：五味喻——乳、酪、生酥、熟酥、醍醐。 (4)《解深密經》：有、空、中道三時教。 (5)《楞伽經》：頓教、漸教二說。 2. 論典： (1) 龍樹《大智度論》。 (2) 龍樹《十住毘婆沙論》。 3. 中國的判教如綱要所示，參照書中內容。	1-1

對許多人而言，論及判教，便視之為價值高低之判，故而為了判教中的排序，亦有過不同的立場與判攝。然而法師所指之判教，有不同的定義。對一般人而言，一旦有判攝，必然分高低。但法師所謂之判攝，乃以一味為基礎，依各人根性與相應而擇取，最終走向圓頓，故此判教之目的不在於高低之分，而在於指出修行對應之契機。

故而法師於其對大乘三系之判，亦與太虛法師、印順法師有別。各有立場與朝向一味，是一種從整體出發而顯之體驗，是從禪修者對禪修境界之體證後的闡釋。如法師於《華嚴心詮——原人論考釋》書序中所述，庶幾可為註腳：

> 《原人論》是一部大格局、大架構的佛學導論，論主撰寫它的目的，是對儒道二家、佛教的人天善法、小乘法、大乘的法相宗、中觀學派，一一評論，逐層引導，最後攝歸於直顯一乘的佛性如來藏；乃是會通世間出世間的各派宗教、各派哲學、各派佛教的差異點，而成其一家之說。我的任務，是將內外大小的各家觀點，中觀、瑜伽、如來藏三系的思想脈絡，一一查出原委，一一予以貫通，一一釐清其思想史的軌跡，一一還歸其功能作用，一一導歸於佛陀的本懷。[11]

個人對此之詮解，可以生命教育之精神與經驗觀照。對

---

[11] 釋聖嚴，〈自序〉，《華嚴心詮——原人論考釋》，《法鼓文化》第 7 輯第 14 冊，臺北：法鼓文化，2020 紀念版，頁 6。

任何一法門或任何教育模式，對應不同的對象，本即有不同的教育規格與態度，故而形成不同學派，無論是教育、心理學或哲學，其提出之目的不在高下之爭、高下之別，而是對應性。

故而判教是否一定朝向高下之判？誠乃對待判教之自我立場而觀。如從主客對立、互為主體，至整體性、一體性之觀點視之，則一旦放下以自我為中心，乃至以人為中心的立場，從而有互為客體之法界觀，則其所謂之判教不在高下，而在相容攝之中依生命之相應處而入手，似可理解之。此外法師所強調者，主要在於層次化，乃對應學習者而言，指陳層次分明逐層而習，而非評比高下之作用。

另有關天台止觀、默照禪法次第問題，法師亦曾以禪法究竟有無次第而提點禪眾如下之分析：

> 「禪法本身無次第，修行的過程則是有次第的。」禪法的本身是無相、無我的，既然是無相、無我，怎麼還會有次第？但是修行是有方法的，既然有方法，就必定有次第。⓬

故可進一步理解，法師於判教之探討，乃就修行方法與作用而言。

⓬ 釋聖嚴，《聖嚴法師教默照禪》：「第五天：晚上集中心、統一心、無心」《法鼓全集》第 4 輯第 16 冊，臺北：法鼓文化，2020 紀念版，頁 145。

2. 溯源——天台教觀之源

天台之所以成為理論與實踐並重、解行雙軌同時之宗派，即在於其對「教」與「觀」之獨特解析與開展。故而如欲深切理解天台學，勢必須對天台教觀之形成，有發展上的整體理解。故法師特以天台主要三代祖師之教觀發展為軸，溯其源流，理其內蘊。

表五：《教觀綱宗》溯源之天台教觀重要三代之傳承

討論主題	筆記	出處
從源流看天台與禪的內在脈絡	1. 天台學獨特的教觀，為法師所重視的特色，可以為禪法的修習挹注層次清晰的修行系統。而從教觀源流中的「禪觀」，可以見天台與禪內在系統的連結脈絡。 2. 各種三昧的開展與禪修的關係。	1-1
理解天台教觀如何形塑？ 1. 三代之間的重要特色，產生天台的特質。 2. 禪觀部分，指出禪修與天台的內在關鍵連結，故而回應法師對本書之問題意識：無天台，後世禪容易出問題。 3. 慧思禪師對禪修者的批評。	主要人物的傳承：慧文、慧思、智者大師 三代之間代有發明，形成了天台的思想。 **慧文禪師：** 1. 從「三智一心中得」（《大智度論》）→構成其「一心三智」思想。 2. 從「空、假、中」（《中論》〈觀四諦品〉四句話）→形塑其「一心三觀」之觀行。 眾因緣生法，我說即是無； 亦為是假名，亦是中道義。 3. 構成天台教理、禪觀的結合：從三觀的方法，得三智的作用。 4. 消極實相論→積極實相論： 對應於（消極）龍樹思想→《法華經》如來藏（積極）思想。 **慧思禪師：** 1. 著有《諸法無諍三昧法門》一書，對不當修行者之批評： (1)散心讀經的法師：散亂心讀經。 (2)亂心多聞的論師：非禪觀或禪定的工夫，而是學問家，懂文字、懂思想者。	1-2

	(3) 不親近善知識的暗證禪師：盲修瞎練、得少為足、未證謂證、慢心。 評述總說及分析： (1) 未能同時具足教、觀。 (2) 不知教理，無禪修和禪觀的修行。 (3) 沒有修禪觀，只有教理；僅懂教法，不知修禪觀。 2. 另一書《法華經安樂行義》指出重要三昧之修持： 說出「法華三昧」（半行半坐三昧）——在《摩訶止觀》中，成為智者大師所述之四種三昧中極重要的一種。 **智者大師：** 整理出四種三昧，既傳承慧思禪師，又整理了重要的禪觀方法： 1. 整理自慧思禪師：半行半坐三昧（法華三昧）、非行非坐三昧（隨自意三昧）。 2. 整理自其他經典：常坐三昧（《文殊般若經》）、常行三昧（《般舟三昧經》）。	
理解天台禪觀成為何種樣貌？	與原先傳承上的差異，以及屬於天台的獨特性。	

3. 溯源——思想所依經論

天台學的形構歷程中，最能顯發「詮釋中的開展」者，當屬思想的面向，蓋因思想之開展，本即先立基於某些經典、論典或思想內涵，再以思想家之創發，詮釋原有經、論典或思想，從而建構屬於後起思想之獨特見解或實踐方法。雖然此一詮釋中的開顯，對於某些固守經、論典應符合原初定義者，會有扞格不入之感；然衡諸詮釋學之開展，本即源自經典於不同時空、不同語言與文化脈絡之詮釋、解讀，故知無論古今中外，隨著語言與文化的發展，對經論之解析必生發創造中的開展性。

法師對此亦有其觀察，並視為思想發展中的必然現象⓭，故而於溯天台思想脈絡之源，即特別整理天台思想所依經論之要旨與之對照，以令後學者知所參考，欲深入者得有依循的方向。

表六：《教觀綱宗》溯源之天台思想所依經論

討論主題	筆記	出處
意義	由思想溯源，知天台學之背景與內在底蘊（天台之所以為天台的理路承繼）。	1-2
傳承一 《法華經》	層次分明圓融無礙之傳承——從《法華經》的權實系統，見其以法為根柢究竟，亦同時以眾生根器為漸次修習之方便。 1. 會三歸一：聲聞緣覺二乘＋菩薩大乘＝三，歸於一佛乘（圓教一佛乘） 2. 攝本歸末：末為小乘為枝末，本為大乘。 3. 權實開合 (1)開權（方便）（三乘），顯實（根本）（一乘）。 (2)三乘為一乘所開，三乘全部能收為一乘。 (3)以權方便接引初機或較鈍根者，即是權教。 (4)實為究竟根本：空間無邊含納所有一切根性者，目的是回歸於實。 4. 本門、迹門。	1-2

⓭ 聖嚴法師於其所著《學術論考》，〈從東亞思想談現代人的心靈環保〉一文中曾提及：「研討古代的思想，並不等於主張復古，事實上中國學者一向主張『繼往開來』及『溫故知新』而能『古為今用』。每一個新時代的學者，都該是『推陳出新』，所謂『青出於藍而勝於藍』，不論是儒家或是釋家，每一個時代所出現的傑出思想家，都會對於前人的思想，有所批判和新的詮釋，否則各家學派之間，也不可能有蘭菊競美的局面了。」《法鼓全集》第3輯第1冊，臺北：法鼓文化，2020紀念版，頁434。

傳承二 《大般若經》	空觀思想之基——由《大品般若經》而來，此「空」思想為大乘入門處。	1-2
傳承三 《菩薩瓔絡本業經》	禪觀次第「一心三觀」理論之所由來——《菩薩瓔絡本業經》中所闡釋之方便（從假入空二諦觀、從空入假平等觀）與究竟（中道第一義觀），構成一心三觀的理論。心只有一個，以一心而觀三種觀。	1-2
傳承四 《中論》 〈觀四諦品〉	眾因緣生法，我說即是無； 亦為是假名，亦是中道義。 以空假中開出一心三觀、一心三智的脈絡——由慧文禪師以其詮釋脈絡開創而出，此與《中論》的〈四諦品〉有關，但詮釋內容有異（印順法師即批評天台之詮釋）。	1-2
傳承五 《華嚴經》	1. 圓教「六即佛」的理論基礎——為《華嚴經》「初發心時，便成正覺」的概念。 2. 此亦為法鼓山人間淨土思想的依據連結，對應法師闡釋人間淨土時所引用之「一念相應一念佛，念念相應念念佛」，為形塑之關聯依據。	1-2
傳承六 《大涅槃經》	以五時詮佛陀一代時教的「五時論」——源於《大涅槃經》的五味說，詮釋不同的修行層次：乳、酪、生酥、熟酥、醍醐。	1-2
傳承七 天台諸師其他經論	1. 天台諸宗師如來藏傳承——以統整綱領式的整理，呈顯天台宗傳承開展的祖師最常運用的經典，發現許多皆與如來藏系有關，包括諸如《維摩經》、《金光明經》、《無量壽經》、《梵網菩薩戒經》、《大智度論》、《中觀論》、《寶性論》、《大乘起信論》等，除了《大智度論》、《中觀論》之外，皆屬於如來藏系。 2. 以上述所引經論，法師對其所詮解的意涵為，以中觀做為橋樑、工具，來說明基礎的佛法，根本經典則屬於如來藏系統。	1-2

4. 天台教觀之特性

誠如前述，天台之獨特性並非僅為「教下」之理論系統，法師指其目的實乃以「教」教如何修觀，雖然所謂義理之學，很容易解讀為理論、觀念或哲學，然而天台之「教」與「觀」具二而一之關係。故而如能掌握天台教觀之特性，則不致往理論思辨與哲學探討之方向探入天台之學。此亦為法師所特別強調者，故別立一單元以整理之。

表七：體解天台學之重要基礎——掌握天台教觀之特性

討論主題	筆記	出處
天台的「教」所指為何？	1. 天台宗的著作，講哲學思想者不多，主要是講修行法門。 2. 從《法華玄義》觀之：雖講理論，但目的在於教如實的修行，所以教觀者，教如何修觀。 3. 天台的教非理論、觀念、哲學、思想、邏輯。 4. 此教即是五時八教的教：目的即是為幫眾生除病、除煩惱。 關於煩惱，即惑的定義與分類—— 見思惑：知見為見惑、心理上的為思惑。 塵沙惑、無明煩惱。	2-6
天台教觀精神與佛陀本懷、佛法基本目的之對照	1. 以天台教觀精神回應釋迦牟尼佛的本懷： (1)非思辨、邏輯的討論哲學問題。 (2)非討論本體、宇宙、根本等的問題。 (3)是應病予藥的概念：眾生有種種病，則以種種藥來對治。 (4)眾生有種種根性，就用種種教法來應對，即是度眾生。 (5)沒有一定要用理論、哲學去懾服人、辯論，而是有什麼問題就解決問題。 2. 對應佛法的基本目的：不在於成立學派。 所有的中觀學派、唯識學派、華嚴學派、天台學派，皆是後來的開展。	2-6
直指天台學的特質	1. 不是複雜的學問。 2. 是把佛法的法門次第化、分類化。 3. 把修行的方法調整、整合。 4. 不是思想的學派。	2-6

教的目的為觀，理論非重點	1. 天台、華嚴重在教修而非論理：後人將天台詮釋為性具思想，華嚴為性起思想，但天台或華嚴，不是為了講這些理論，而是教修行。 2. 蕅益大師著書所掌握：《教觀綱宗》一書的教與觀，不是理論、思辨，而是組織、次第化，讓修行者知道入門、各種修行法、次第。教自己修、教別人修。 3. 教觀對照之特色：教的目的是為了觀，而不是理論為教，修行為觀。	2-6
觀法特色	就智者大師的著作而觀： 1. 《小止觀》：修行禪法。 2. 《摩訶止觀》：以圓教的立場講觀門。	2-6

5.《教觀綱宗》作者與書之特色

前述為理解本書心態之對應與調整、天台之學相關的源流探索、基本觀念的釐清等，可謂《天台心鑰》一書中，對詮解《教觀綱宗》之前備知識。之後即導讀《教觀綱宗》之作者與該書特色，以為理解該書之基礎，尤其該書雖以原天台學之「五時八教」判佛陀一代時教之時間歷程與思想類別，確又有作者蕅益智旭獨特之創見，故法師除指出其創見，亦解釋提出創見者之特殊學習背景，以明其何以透過判教而得出層次分明、圓融會通之修行系統。

表八：理解《教觀綱宗》背景知識──作者與該書之特色

討論主題	筆記	出處
作者思想特色──融通	1. 內外學精通。 2. 會通各宗，融會貫通：天台（如來藏）是特長、法相（唯識瑜伽）有工夫──性相融會，中論（三論）、華嚴（賢首）皆熟稔。 3. 中心思想：《梵網經》、《楞嚴經》二經。 4. 歸處：西方淨土。	1-2

《教觀綱宗》一書的特色	不局限於天台宗的一家之說，是新的、新興的天台學（作者對法師的啟發——「承先啟後」的天台傳承）。 1. 創見一： (1)打破傳統五時說，提出新說——以通五時、別五時，重新討論五時。 「隨宜說法，機有五類，教亦五等，這叫作通五時。」別五時，就是事有輕重之分，在不同一個時段多講了某些內容。 (2)頓、漸、祕密、不定：化儀四教的頓、漸、祕密、不定之說，與化法四教藏、通、別、圓裡的頓、漸、不定三觀，名稱同、意義不同，如何區隔？理解？為其創見。 2. 創見二： (1)化法四教皆有六即——智者大師只有圓教六即，蕅益大師卻四教皆有，為何而設？層次分明，圓融無礙，給修行者的信心。每一個層次都能成佛，原因在於四教修行的最高等級不同，所以「佛」的意義也不同。 (2)四諦、十二因緣、六度，各各配置於藏、通、別、圓的化法四教。	1-2
從六即見其特色	1. 六即原只為《摩訶止觀》的圓教而論。 2. 本書作者則於化法四教皆論六即。	1-6

三、天台教學之「觀」行——修行法要

本單元之內容如圖三所示。

（一）修觀要點：從基礎到圓頓

此單元整理之修觀要點，為進入修行狀態之指導，從五停心、四念住最基礎的次第修觀，至於圓頓法要之「觀不思議境」皆有指涉，完整呈顯天台觀門「層次分明、圓融無

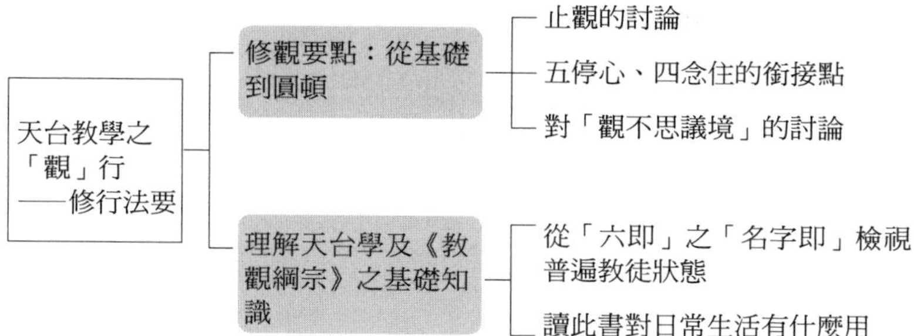

圖三：天台教學之「觀」行——修行法要

礙」之精神。其中特別針對止、觀之釐清，以及五停心、四念住之銜接做了完整陳述，對於修行者而言，不啻提供了基礎、精要又清晰的修行指引。

緣於許多禪修行者之次第修觀中，往往輕忽五停心、四念住之基本工夫，故法師於此特別予以細緻的指導，並指出修觀為入門，掌握清楚對修行乃極為重要事。

然對於五停心觀之修行法要，究係為止抑或為觀，似有不同對應之探討，然如從漢譯名詞理解之，此五項修行方便，目的或作用在於「停心」，此當為「止」而修，亦即停止五種修行上的障礙與煩惱。然而方法卻是「觀」，以修五種「觀」法而得「止」，故於修行指導上，論其如法師下述文本中所言：「**不觀不可能有止，由觀而能止。**」似為一種指稱方法達致目的的說明。

表九：聖嚴法師詮釋修觀法要：止觀、五停心、四念住與觀不思議境

討論主題	筆記	出處
止觀的討論	1. 五停心觀、四念處觀：皆是觀，為何不稱止而名為觀？因止是依觀而現。 2. 禪學的書，依印度文翻譯，其實皆是觀。 3. 不觀不可能有止，由觀而能止。 4. 先觀才能達到止的功能，不觀沒有止的功能。 5. 五停心的目的好像是止，但是它是修觀，從觀達成止。 6. 四念住：是觀，從觀而達止的目的，即修定。 7. 三十七道品的實踐：從五停心的前方便，進入四念住，開始別相念、總相念，再依於四正勤加強觀力，以四神足強化定力，進而產生五根、五力、七菩提分、八聖道，三十七道品修完，進入初果。此修行次第的開端亦是從觀著力。 8. 重點討論：修觀是入門，需要更深刻的體會與掌握，弄清楚很重要。	1-7
五停心、四念住的銜接點	1. 五停心第一觀：不淨觀（觀自己不淨，是觀自己的苦）是觀身 vs 四念住第一個念：觀身不淨 2. 五停心第二觀：慈悲觀，觀眾生的苦。眾生的苦是身體在受苦，觀眾生的身受 vs 四念住第二，觀受是苦。 3. 五停心第三觀：數息觀，用身體數，數息隨息都用身，身的感受。 4. 五停心第四觀：因緣觀，觀十二因緣，裡面的五蘊、十二入、十八界，觀無明一直到老死，實際上就是苦、集、滅、道四聖諦。生滅十二因緣是苦、集二諦，還滅十二因緣是道、滅二諦。此與身體和心有關，十二因緣也是色、心二法，五蘊的身心就是身、受、心、法，也就是四念住的身、受、心、法。 5. 五停心第五：念佛觀，誰在念？我，我以口、心在念，口是身，念時有心理反應，所以也是色、心二法。 6. 因此五停心是四念住的前方便，要銜接著看，五停心是觀的入門處，再進入四念住。 7. 四念住：可以次第修，可以頓修。 8. 觀法無我，是四念住的根本。法是種種現象，也是符號，也是觀念。	1-7

對「觀不思議境」的討論	1. 本書中的意義：十乘觀法第一／觀不思議境。 2. 解說：離名字相、離文字相、離語言相。 3. 意涵：離上述三種相，即離相，便無從思考。 (1) 符號為思考的媒介：因為一般頭腦的思考，都是透過名相、語言、文句為符號，而可以思、可以議。 (2) 思：頭腦的思考、思惟。 (3) 議：言說。 4. 禪宗的對應：離心意識，離心、離意、離識。 (1) 思：思考、分別。 (2) 識：認知。 5. 此二者的禪修理念完全相通：觀不思議境（天台）、離心意識（禪宗）。 6. 禪的頓悟法門：問未出娘胎前的本來面目，不給答案、不給形容、不給說明。 7. 觀不思議境觀成：等於禪宗的禪修見性、破參。	1-8

（二）修行的日常提點

前述修觀法要，直指進入修行狀態之要旨，然法師所欲建立之修行地圖，承繼天台與禪宗皆重視日常修行，故而對此亦有提醒。

表十：聖嚴法師對修行之提點

討論主題	筆記	出處
從「六即」之「名字即」檢視普遍佛教徒狀態	大部分的佛教徒，屬於「名字即」： 1. 還未開始修持，只是知解，知有此名。 2. 只是聽佛法，但沒有如法修行。 3. 今天去這裡，明天去那裡，自稱為善財童子五十三參，親近善知識不怕多。大法師、老法師都參光，但所參內容與自己沒有關係。	1-6
讀此書對日常生活有什麼用	從佛法的不同層面來思考： 1. 日用的、應用的：日常應用沒有理論為背景，會有認知的偏差，可能會變成附佛外道。	1-7

	2. 理論的：為應用的基礎與背景。 (1) 如果理論架構、理論背景不清楚，應用會有問題。 (2) 理論是為了實用與實踐，如果禁不起實用、實踐的考驗，理論就變成空洞的紙上談兵。	

四、天台教學脈絡反思——漢傳佛教

法師經由此授課過程，帶出幾個重要的漢傳佛教思想相關課題，包括法師何以重視並強調漢傳的價值？另有關教界之疑義，如實相論、如來藏等的疑慮，亦皆予以澄清與分析、說明。對於修行或義理的探索，具有重要的提點與啟發，故以此主題，整合於此。

此些議題另有一重要意義，在於呈顯天台學之思想脈絡，如天台乃漢傳中極為重要的一支，然其重要性以及與漢傳的關涉性為何？此外如前所述，天台之思想溯源中，除重要經典外，幾位重要祖師所承繼、運用之經論，皆與如來藏思想有密切關聯，故對如來藏之疑義，亦關係於天台。

另天台思想，尤其本書所詮解之《教觀綱宗》，主要在論述天台「五時八教」之教判，然如以現代學術上對於佛教經典成立、思想發展之探討，似已不再從傳統教判理解之，故而以發展脈絡而言，教判是否仍有其意義？亦為法師反思並回應之課題。

本單元之重點整理如圖四。

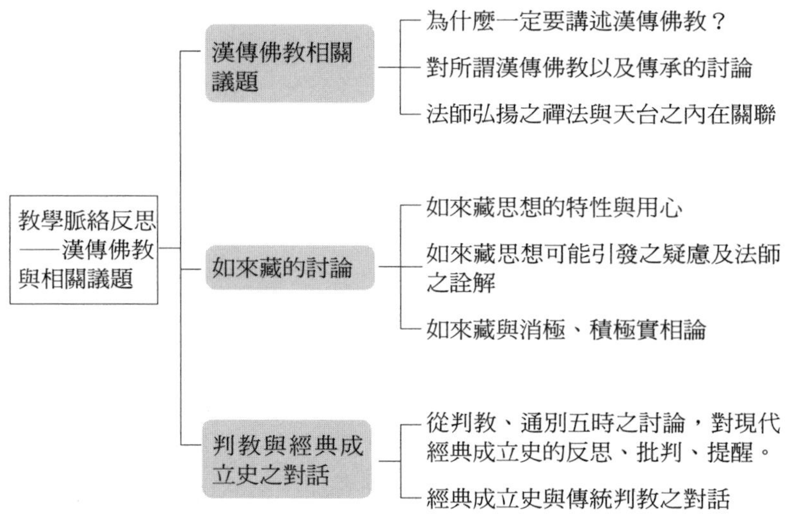

圖四：教學脈絡反思——漢傳佛教與相關議題

（一）漢傳佛教相關議題

法師重視漢傳佛教，除因自身為中國僧人之身分，實乃對漢傳佛教之精神與作用深有體會，亦得益良多。卻見目前佛教發展上，漢傳不但能弘傳者少，被誤解者多，甚且指稱傳統的漢傳思想已不復存在，或漢傳佛教非純佛法，此皆為其所憂心者。[14]

此外對漢傳佛教的認知模糊、簡化，皆使得法師慨嘆，

---

[14] 聖嚴法師於二〇〇六年三月十二日曾手書〈告誡眾弟子書〉，對於漢傳佛教遭遇之嚴峻狀況頗感憂心，且言談之沉重較諸出版此書、講授此課程之時更甚。該文後收錄於《承先啟後的中華禪法鼓宗》一書中，《法鼓全集》第 9 輯第 7 冊，臺北：法鼓文化，2020 紀念版，頁 105。

故而對漢傳中的重要宗派天台學寄予厚望，期望藉由天台之整理與釐清，還歸漢傳之價值。此中討論者包括漢傳之傳承及與天台之關係。

表十一：對漢傳佛教之意義與必要性之釐清

分類次主題	筆記	出處
為什麼一定要講述漢傳佛教？	1. 漢傳需要人弘傳：並非只有或只能理解漢傳佛教，法師也看南傳與藏傳資料，也與之對談相互理解，只是站在漢傳的立場，發揮、發揚漢傳佛教。 2. 以百貨公司與專賣店譬喻：百貨公司象徵有各式各樣不同部門的特色，佛教就像百貨公司，大家隨所需而選。漢傳、南傳、藏傳就像一家一家的專賣店，各有各的特色，都應該允許存在，也能相互學習所長。 3. 做為漢人、華人的承擔：中國人的、漢傳的智慧，應予以傳播、流傳。 4. 菩提心：重視大乘精神的菩提心。 5. 包容性、消融性：此為漢傳的特性。	1-7
對所謂漢傳佛教以及傳承的討論	提問：推廣漢傳佛教，為何又去講唯識、中觀？ 1. 從天台的傳承說起： (1)智者大師、慧文禪師也用《中觀論》、《大智度論》，是中觀。 (2)慧思禪師《大乘止觀法門》用了古譯而非新譯（玄奘大師翻譯之前）的唯識。 (3)天台三代皆沒有排斥中觀、唯識、《大智度論》，還有《大品般若經》。是應用它們，發揮自己的思想，重新組合、重新解釋。 2. 法師個人： (1)講過中觀、唯識，寫《探索視界──八識規矩頌講記》。 (2)漢傳佛教：不是僅以禪為主流。 3. 所謂的禪：勿界定是臨濟宗、曹洞宗或哪一宗叫作禪宗。如果是這樣認定，在這些宗還沒出現前，那些算不算禪宗？六祖惠能之前，有沒有禪？中國的禪宗如果算起來，從道生開始，中國	2-1

	禪宗思想就已經出現。 (1)六祖之後：禪宗才出現純粹的中國禪，但之前從菩提達摩開始，主要是《楞伽經》。《楞伽經》是如來藏，但也有唯識思想在其中。 (2)五祖、六祖才開始以《金剛經》為主，般若系統、空的系統，與中觀思想是相應的系統。 (3)六祖：《壇經》的思想無相、無住、無念，也是般若系的。 (4)六祖的自性：不一定是指如來藏的自性，如果對應《壇經》內容，也符合「空性」。 (5)後來的禪宗：《楞嚴經》、《圓覺經》、《起信論》，才開始變成如來藏系真如的禪。印順法師說禪宗為真常唯心系統，屬於如來藏系統。但中國禪宗很難講就是這樣。 4. 關於佛教、佛法： (1)勿拆開來看。 (2)不同學系的思想，基於時代環境、各個大師的發揮與特色，而有所別。 (3)佛法是整體的，不要把它割裂開。 5. 勿限定自己的宗派，理解漢傳佛教的彈性： (1)漢傳佛教就是漢傳佛教。 (2)有其彈性、包容性、適應性。 (3)如果被某一宗、某一經、某一部論所限制，就不是漢傳佛教了。 (4)重點是掌握漢傳的精神。	
法師弘揚之禪法與天台之內在關聯	1. 話頭禪、默照禪與傳統禪宗之差異：與傳統禪宗不同，是融合天台學與華嚴學的。 2. 默照禪：法師所講的默照禪，就是《摩訶止觀》的止觀雙運、止觀同時，即天台圓教的止觀。沿著默照禪又講默照同時。先照後默，照默，默照，實際上默是由照而產生的。	1-7

（二）如來藏的討論

其次針對漢傳中的重要傳承——如來藏思想，也予以釐清。蓋因如來藏思想雖為信仰者之重要依歸與支持，然如未能指出如來藏思想的不同層次，恐因此而誤解、誤導。故而論及漢傳佛教之主題，亦特別拈出逐字稿中相關內容予以整理。

此中分別整理如來藏思想之特性與弘傳之用心、如來藏思想所可能引發之疑慮及法師之詮解，以及由如來藏思想衍生之消極與積極實相論之區辨。

1. 如來藏思想的特性與用心

表十二：如來藏思想相關課題之整理

分類次主題	筆記	出處
如來藏思想與法界	1. 法：符號、觀念，言語的、物質的都是。以之為邏輯思考的，也是法。一個一個單獨的現象，也是法。 2. 如來藏的法界：所有總體的根本為一法界，一法界裡有大眾相。大眾相的總和為一法界，大眾是差別相、差別法。	1-7
如來藏思想之用心處	1. 消極、積極的實相論。 2. 空性思想的作用。 3. 法師對如來藏的論述與詮釋： (1)如來藏為何被誤解。 (2)法師所詮解的如來藏——與空性、佛性的關係。	1-2
從如來藏思想論漢傳佛教之特性	1. 漢傳佛教被質疑的現況，源於不同宗派的取捨：印順法師對藏傳「實為如來藏，名為中觀」的狀態不認同。也對漢傳以如來藏為主導的思想不認同。究其因為印順法師屬於中觀學派的思想。 2. 漢傳也吸收唯識：但漢傳取其中的如來藏思想而用。 3. 中國漢傳佛教：喜歡如來藏系統（現代的西方人也是）。 4. 為什麼漢傳佛教喜歡如來藏系統？因為如來藏有底下的特性：	彙編

	(1)包容性。 (2)涵蓋性。 (3)積極面的積極性。 (4)實踐方法的層次性。	

2. 如來藏思想可能引發之疑慮及法師之詮解

表十三：如來藏思想可能引發之問題與法師之詮解

分類次主題	筆記	出處
如來藏、真如是否一定有問題？	1. 許多人修行標的上需要：如果成佛之後什麼都沒有，對很多人而言，是很可怕的事。 2. 為了接引、投合某些人的需要：成佛有如來藏，未成佛之前為佛性，成佛之後為如來，可以讓某些需要依靠的人對修行有期待。 3. 法師對於修行，雖直指圓頓，但同時重視次第，乃是為了接引，而後再提昇。 4. 禪宗兩個層次的如來藏：可深可淺。 (1)上述是第一個層次，成佛有如來，自己的佛性與佛一樣。 (2)第二個層次：狗子有無佛性？無。此無，即是否定執著心。超越有的如來藏，進入非如來藏，便是與中觀相應者。	2-1
如來藏可能問題與法師詮解	1. 被誤解：處理不好會跟神教、一神教、泛神論連在一起。 2. 緣起：《楞伽經》中提及，印度即有此混淆情況——把如來藏解釋為第一因、最高因、最後一個因。 3. 誤解：如來藏為佛性，佛性即是根本性，亦即最後仍有一個佛性，成為之後有一個佛性在，此即會連結到有神論的神性。 4. 如來藏的核心掌握就不會誤解：用空性概念糾正前述誤解。 5. 佛性、如來藏必回歸空性而理解之：如來藏就是佛性，佛性就是空性。	

3. 如來藏與消極、積極實相論

表十四：如來藏思想與消極、積極實相論之討論

分類次主題	筆記	出處
消極、積極實相論的討論	提問：實相不是一樣的，為何有積極、消極之別？ 回應： 1. 實相是一樣的，實相論則有別。 2. 實相： (1)從成佛涅槃的歷程：從《大般若經》看，成佛不是容易的事，一定要在因地修無量行、十波羅蜜，時間很長，目的都是成就眾生、莊嚴佛土。所以不講馬上就涅槃，不是佛那樣就涅槃。 (2)天台論涅槃有層次：有小乘的、大乘的涅槃，大乘中又有別教、通教、圓教的涅槃。涅槃本身叫作實相，但從不同層次來看，解釋就不一樣。 3. 實相論是用以解釋、說明、處理實相，故二者（消極、積極）之別是解釋的態度不同。 4. 同一個名詞涅槃、實相，詮釋的層次、程度、理解不一樣，故有消極、積極之別。如有餘涅槃、無餘涅槃、無住處涅槃等。 5. 消極的實相論： (1)只破不立。 (2)阿含、中觀屬之。 6. 積極的實相論： (1)別教、圓教比較積極。 (2)不只破，還要立，還要提昇人品、建設淨土（嚴土熟生）。	1-4
積極、消極實相論再討論	提問：積極的實相論與《法華經》有何關係？ 回應： 1. 一般現代學者的分析： (1)《法華經》是積極的實相論。 (2)《中觀經》、《大智度論》是消極的實相論。 2. 從《大智度論》對「相」的解說而論： (1)諸法有二相，一是各各相：即是差別相，每一法皆有其差別相。	2-1

	(2)諸法有二相，另一是實相：即是空相，亦即任何一法的本相、實相就是空相，因皆為因緣所生法，因為是因緣法，所以是空相。 (3)般若系統、中觀系統的實相論即是空相。 (4)沒有積極地指出空相是什麼。 3. 法師引用其與印順法師的對話： 法師問：「空了以後怎麼樣？」印順法師答：「空了還要什麼？空了還有什麼東西？」 法師說：「空了以後叫作『妙有』，妙有就是如來藏。」 4. 《法華經》的十如是： (1)諸法實相就是十如是，亦即相、性、體、力、作、因、緣、果、報、本末究竟。 (2)積極實相論：有功能，有豐富的功能在其中。 (3)《法華經》的實相論即從此而來。 5. 天台與《中觀》實相論之別： (1)《大智度論》為中觀思想的實相無相。 (2)天台：無相無不相。	
慧文禪師的轉化——將消極實相論，轉為積極實相論	消極實相論： 1. 主要概念：緣起性空，空的思想。 2. 空的大作用：化解眾生的煩惱，化解眾生的我執。 3. 空之中有什麼：化解之後，存在著什麼？即是空，即是緣生性空，性空之後就是空，沒有再說空裡產生什麼，觀一切法都是空。 4. 與《阿含經》的內在相通處：與《阿含經》緣起思想相通，即「此有故彼有，此滅故彼滅」。四聖諦滅苦之道達成滅，滅時為寂滅，寂滅就是空。 5. 此思想作用：把人導入涅槃，涅槃即已經得解脫。 6. 未論及功能：涅槃之後有無功能？未講到此問題。 積極實相論： 1. 源於：《法華經》的如來藏思想。 2. 關於如來藏：即佛性、法性。於眾生，是心中藏著如來藏；成佛後，此如來藏即是佛性，或稱之為真如，或真如涅槃。	1-2

	3. 發展：出現隨緣思想，如來藏會隨染緣，但不會失去如來藏的本性。 4. 意義：指出眾生心中有如來，對所有眾生有很大的鼓勵。此鼓勵的心，即是積極的實相論。	

（三）判教與經典成立史之對話

《教觀綱宗》頗為重要的核心論旨，即在於其中的判教思想與論述，而此判教系統乃為傳統佛教發展中，對佛典成立、佛教發展定位的歸納與分析。然而到了近代，開始有所謂的「經典成立史」的學術考據，依於現代學術操作方法而回應傳統判教所處理的課題。

故而在指導天台判教內容之際，亦有學習者針對此提出疑慮，認係已有經典成立史，是否還須借助傳統判教以理解佛教發展歷程。法師故而對此有所回應，並提出其反思與提醒。

表十五：判教說與經典成立史之探討與對話

分類次主題	筆記	出處
從判教、通別五時之討論，對現代經典成立史的反思、批判、提醒	此經典成立史，主要針對日本學者的考據而提出。 1. 最早提出學者：望月信亨。 2. 主要概念： (1)討論經典成立歷史的演變。 (2)以佛在世或涅槃後為經典出現之區隔：區隔不同經典的開展與流傳時間。 (3)討論經典出現的時空背景：認為某些經典是逐漸出現於印度某些地方，某些經典是某個時代已經有或後來出現的。 (4)從經典的增刪討論：研究某些經典原先的樣貌，或者在某些時候又增加、刪除了等問題。例如《華嚴經》、《法華經》成立和之後的彙編時間。	1-3

	(5)對經典成立，做各種不同面向的討論：論述、考據經典成立歷史的過程。 3. 時代意義： (1)經典成立史的觀念，在二十世紀前還沒有。印順法師即以經典成立史的角度，亦即歷史的、思想史的觀點，批判大、小乘經典。此亦受日本經典成立史影響，目前為學術的主流思想和觀念。 (2)在沒有這些觀念和研究方法前，五時判教是大思想家將佛與佛教的思想整理、貫穿後，層次化、類別化，方成為五時八教的系統與結構。 (3)二者對照的意義：不在於否定或一定接受哪一種，而是指出，一個時代有一個時代的思潮，古代的教判在該時代有其意義，現在的經典成立史，於此時代也有其意義與作用。未來如果有新的證據，說不定也會發現現在的觀點不一定就是絕對的對。 (4)視野、超越的眼光：我們可以如何看待？以何種方式理解？ 經典成立史、思想判教史之別，即各自的差異？以尊敬的心態，看他們的用心與智慧。	
經典成立史與傳統判教之對話	提問：現在已有經典成立史，為何還要用傳統的五時八教？ 回應： 1. 經典成立史： (1)於十八、十九世紀開始。 (2)有歷史考證、有邏輯、有軌跡，故而並不反對。 (3)沒有否定，也沒有一定要贊成哪個一定是正確的。 (4)學者的考證、推論，言之成理，但並不一定就是這個結論。 (5)此為學術：根據資料排比、推論。 (6)但對於佛法：整體而觀較適宜。 2. 蕅益大師講通五時：有考證的參照。 3. 五時：是沒有辦法的分類法，也不一定要全然接受這個分類法。 4. 教判：為之前就已經提出的。 5. 對於天台智者大師所提出的五時八教： (1)有其整合力、統合力。	2-1

	(2)將各宗、各系統整合為漢傳佛教的一個系統。 (3)如果有人，可以將現在的南傳、藏傳、漢傳也整合為一個獨立的佛教系統，亦不反對。 6. 回到漢傳佛教的定義與特質： (1)包容性、適應性、消融性，能消化、能適應、能包容。 (2)如能發揚光大，將漢傳的精神展現。	

五、天台教學實務——課程設計與開展

本單元針對法師於天台教學之課程設計及其後之開展而整理，涵蓋（一）籌畫及未來推廣天台教學課程之相關討論，就法師推動之背景、動機與問題意識，理解此中關鍵意義，同時亦為未來有心從事者，提供內在連結。而（二）教學材料編纂之提點，則以法師之實際作法與提醒，為來者提供示範模組與參考對照。如圖五所示。

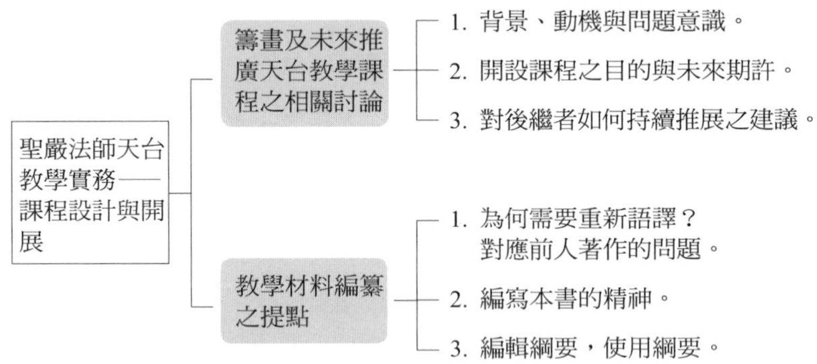

圖五：聖嚴法師天台教學實務——課程設計與開展

（一）籌畫及未來推廣天台教學課程之相關討論

整理之主題包括法師籌畫並親授課程之背景、動機、問題意識，開設目的以及未來期許，乃為對未來後繼者開課或讀書會帶領方式之提點。

1. 背景、動機與問題意識

表十六：聖嚴法師撰述《天台心鑰》之背景、動機與問題意識

討論主題	筆記	出處
《教觀綱宗》文本難以理解	此重要文本因言簡意賅，閱讀不易，使得大眾無法用之於修行。	1-1
缺乏當代適用之註解、詮釋系統	許多詮釋、註解《教觀綱宗》的文本，缺乏現代語彙的解釋，尚無以學術性、組織化的方式整理，故亦無法提供學習理解的管道。	1-1
臺灣天台學發展偏重學術與學問	僅重於學問或思想的釐清、資料的整理編撰，變成一種學術、學問的天台。至於應用的，或者是普遍推廣的天台學，幾乎已經消失。	1-1
目前臺灣佛教界的偏頗	解行無法並重： 1. 行門：學佛似乎很普遍，但修行只有念佛、禪的機鋒話頭、口頭禪。不是念佛就是打坐。 2. 解門：應該是從教義上解，現在很多是思想學問的用功。 3. 臺灣佛教似乎很興盛，各宗各派皆有，有南傳、藏傳，卻也說漢傳已經死亡，對此感到遺憾。 4. 中國佛教歷史上有很多思想家、實踐家，既重思想也強調實踐，行解雙軌並行。因此問題不在於打坐或念佛或做義理研究，而是能否雙軌並行。	1-1
佛教出現廟堂與民間的落差	1. 佛教發展出現廟堂——高層次、上層次，高不可攀，或者與民間信仰結合的落差。 2. 或者偏向學術研究，或者走向民間信仰，對於一般人而言，不易得到佛法的受用。	1-1

	3. 佛教應該很大眾化，不僅只是上層次知識分子來用。	

2. 開設課程之目的與未來期許

表十七：聖嚴法師講述《天台心鑰》課程之目的與未來期許

討論主題	筆記	出處
培養未來的師資	1. 期許參與者為未來之種子師資，包括以讀書會、授課等方式推廣之。 2. 原則上此二次課程就是講師訓練，聽完以後希望大家能講。法師帶著進入天台學的門，往後就要去開課。	1-1
推廣天台學與漢傳佛法	從《教觀綱宗》到《天台心鑰》，期許未來能接下任務，在當今社會推廣天台學，推廣漢傳佛教。	1-1
傳統天台與當代推廣	原先天台祖師開創天台，也是為了眾生使用，而非少數人。	1-1
推廣之用心	上課之後，能對天台學真的起興趣，但聽完之後自己要下工夫。	1-1

3. 對後繼者如何持續推展之建議

表十八：聖嚴法師對推展《天台心鑰》後續課程者之建議

討論主題	筆記	出處
擬定自修、作業方向	1. 自修的作業與進行方式： (1) 多讀幾遍原典（即《教觀綱宗》）。 (2) 查找法師提供的資料。 (3) 查找法師的註解。 (4) 再看語譯。 (5) 先把整體脈絡理清楚，若尚有不懂，再回看註解。（整體輪廓全面式掌握，再探索細節）	2-8

	2. 以自修、帶領讀書會、講課等，推展本書。 3. 上述三者需要整合，彼此配套： (1)不作作業：讀書時會看不明白。 (2)不讀書，沒有參加或帶領讀書會，無法講（只能照著書念）。 4. 結束後找有興趣者一起開始自修作業、讀書會、弘揚。 5. 發心：對書更熟練、更熟悉，對自己有用，就發心迴小向大，去講述弘揚。	
講述弘揚的原則	檢核下列項目： 1. 是否講對，亦即不斷檢視、檢核自己的理解。 2. 別人是否能懂，非僅只是說自己所理解。 3. 別人是否願意接受，而非單向推銷。 4. 講的時候是否已經消化了→須內化。 5. 不作作業、不讀書，不可以去弘講。	2-8

（二）教學材料編纂之提點

法師如何從事教學材料之編纂，以展開此教學模組之建構？包括其撰述《天台心鑰》之過程、編寫綱要之精神等，提供後繼者之參考。

表十九：對教學材料編纂之提點

討論主題	筆記	出處
為何需要重新語譯？對應前人著作的問題	1. 《教觀綱宗》作者著書考量之對象：乃為學者，或對天台學、佛學有基礎之人而作，故一般人無法閱讀。 2. 雖然許多人註解（日本甚且有幾十多種），仍不容易理解：主因為缺乏現代語的解釋，其次非以現在的學術的、組織的、引用文字清楚的方式來書寫。 3. 許多現代語體文亦不易解讀的原因：不解其意，只照字面譯成語體，不論內容。	1-1

編寫本書的精神	1. 現代化的立場：依法師的角度蒐集資料，希望用現代人的角度，理解它、說明它。 2. 原著與作者的釋義對照：根據蕅益大師自己的解釋，法師再進一步解釋。所以一來要找出原著《教觀綱宗》，然後找出大師的《教觀綱宗釋義》，兩本對照著看，再予以整合。 3. 找出相關的典故：原書引用的經典從何而來？找出原始的資料。	1-7
編輯綱要，使用綱要	1. 目的：透過綱要編輯，使大家掌握本書重點。 2. 使用綱要（素材）之方式：上課前、上課後皆對照閱讀，理解更深才能討論。 3. 未來如果要講本書，希望各位自己重新編一次講綱，不一定以目前的形式講述。	1-7

六、以整體脈絡考察法師教學之時代意義與特色

在此教學過程中，涵蓋四個主要面向，彼此互為因緣相互影響，生發作用，如從此四個面向考察之，或可更清晰理解此教學歷程之重要元素或關鍵課題何以產生？此四個面向分別為講述之文本、講述者聖嚴法師、聽講的受眾，以及授課之時空背景，尤其扣緊彼時佛教於臺灣乃至世界的發展現象為主。以下即分別論述之。

（一）課程講述之文本

其一為法師教學之文本，亦即內容之主體，為《天台心鑰》一書，關於此文本，又可分為兩個主軸，其一為《教觀綱宗》，其次為經法師貫註後之《天台心鑰》，於法師之詮釋而言，《教觀綱宗》主要的意義有兩個，一為判教系統的完整建構，一為修行次第的層次分明。而《天台心鑰》，則

為法師將此二者以當代人能理解的方式，並就意義註解結合文字語譯的特殊詮解方式，為漢傳佛教的修行脈絡提供完整的學習模組。

如從上述說明理解法師何以選擇此文本做為其天台教學之主要內容，當可更深刻理解其動機與目的，即在於透過判教提供完整的理論架構，透過次第嚴明之修行脈絡，建立不致以凡濫聖的修行層次。

（二）課程講述者

第二個面向，為聖嚴法師個人所代表的身分，法師自日本取得博士學位，復赴美弘化並返臺接任住持後，幾乎是以禪師身分為弘化主軸。然而其於日本留學期間所研究者，卻又以天台為要。如另以法師對其自身身分之定義，又跳脫二者，非為佛教學者，亦非僅為禪師，而是「宗教師」。因此如以宗教師之身分理解之，庶幾可見其二次專門講述此書之精神，不僅是建立天台之學，亦非僅只強調禪觀禪修，而是從宗教師，且為漢傳佛教宗教師之身分發言。故而其所闡述之相關重點，亦多繫於此脈絡。

（三）聽講之受眾

第三個與此相關之重要面向，為法師講課之受眾。此二次課程之參與者，可以下列圖表觀察之。此二次之受眾，大致可依其身分概分為四大類，一者為具備佛學研究或正從事佛學研究或其他研究背景者（尤以中華佛學研究所之教師、學生、校友為主），二者為講授佛法或弘揚法鼓山理念之講師群，三為法鼓山僧眾，第四則為法鼓山專職、重要護法悅眾等。此四類之排序，乃依與佛學研究背景或佛法講授相關度之高低而排，試圖以分類統計核對法師講述之主要目的，當然亦可能因其背景差異，影響法師講述之偏重度。此外，有關前述聽者所問之議題，如禪修道場與天台子孫的關係等，亦與參與對象及其關懷課題有關。

表二十：兩梯次學員類型分析對照表（研究者依兩次參與者名單分析製表）

<table>
<tr><th colspan="5">第一梯次學員類型分析（108）</th></tr>
<tr><th>身分別</th><th>類型</th><th>人數</th><th>類總1</th><th>類總2</th></tr>
<tr><td>佛研所學生／校友</td><td>一</td><td>15</td><td rowspan="4">28</td><td rowspan="4">28</td></tr>
<tr><td>佛教學者</td><td>一</td><td>7</td></tr>
<tr><td>非佛教背景學者</td><td>一</td><td>3</td></tr>
<tr><td>佛研所體系講師</td><td>一</td><td>3</td></tr>
<tr><td>體系講師</td><td>二</td><td>14</td><td rowspan="3">23</td><td rowspan="6">80</td></tr>
<tr><td>學者／體系講師</td><td>二</td><td>6</td></tr>
<tr><td>佛學講師</td><td>二</td><td>3</td></tr>
<tr><td>僧團法師</td><td>三</td><td>28</td><td>28</td></tr>
<tr><td>體系悅眾</td><td>四</td><td>19</td><td rowspan="2">29</td></tr>
<tr><td>體系專識</td><td>四</td><td>10</td></tr>
</table>

<table>
<tr><th colspan="5">第二梯次學員類型分析（82）</th></tr>
<tr><th>身分別</th><th>類型</th><th>人數</th><th>類總1</th><th>類總2</th></tr>
<tr><td>佛研所學生／校友</td><td>一</td><td>21</td><td rowspan="4">31</td><td rowspan="4">31</td></tr>
<tr><td>佛教學者</td><td>一</td><td>4</td></tr>
<tr><td>非佛教背景學者</td><td>一</td><td>3</td></tr>
<tr><td>佛研所／體系講師</td><td>一</td><td>3</td></tr>
<tr><td>體系講師</td><td>二</td><td>9</td><td rowspan="3">17</td><td rowspan="6">51</td></tr>
<tr><td>學者／體系講師</td><td>二</td><td>5</td></tr>
<tr><td>佛學講師</td><td>二</td><td>3</td></tr>
<tr><td>僧團法師</td><td>三</td><td>14</td><td>14</td></tr>
<tr><td>體系悅眾</td><td>四</td><td>15</td><td rowspan="2">20</td></tr>
<tr><td>體系專識</td><td>四</td><td>5</td></tr>
</table>

如以此四者之比例觀之，則可發現，第二、三、四類比重偏高，亦即此二次之課程主要的對象，並非著重於佛學研

究，更多在於修行與法鼓山漢傳理念之傳遞為主。

（四）佛教發展之時空背景

第四個面向為時空環境的考察，亦即法師是在什麼樣的背景中，開出這樣的課程。亦可視之為社會文化背景，從而深入社會文化背景中的宗教背景，或可再聚焦為當時「佛教發展脈絡」的背景以理解之。佛教在歷史的發展中，本不離時空環境，故而理解法師講述此課程的背景，亦可進一步理解其何以對有關漢傳、如來藏、禪修等課題給予特殊關懷。

此可以該時期與法師交流或對話之佛教宗教師或主要修行者之動態觀察。法師出版並講授《天台心鑰》之時間，為二〇〇二年四月至二〇〇三年一月之間。該時期前後，法師曾與藏傳佛教、南傳佛教重要宗教領袖有過如表二十一所示之交流互動與對話。此些交流與對話過程中，法師曾分別就不同系統之佛教發展現況，及其與世界接軌深入理解。

此外如以法師至日本取得博士學位後，自一九七六年赴美弘化、教禪，到一九七七年住持農禪寺開始，即持續往返臺灣、美國兩地，開展於東西方的禪修、講演與一般弘化教育，對於世界佛教發展狀況有深刻的觀察與反思。

從上述自身的觀察，暨與其他系統佛教領袖之對話與交流，聖嚴法師對於漢傳佛教於此世代的困境與獨特作用及意義，自有其感慨與關懷。故於前述之逐字稿分析中，可見出其特別指陳漢傳佛教之價值，以及弘傳困難之要因分析，乃至於對將漢傳禪佛教推往世界最可能接軌的如來藏思想，殷切地交代與論析，似可視為法師用心所在。

表二十一：聖嚴法師出版並講授《天台心鑰》前後與不同系統佛教領袖交流紀錄

時間	對象	事件
1995/3/22	一行禪師	至農禪寺拜訪、對談⓯
1997/10/16		赴紐約東初禪寺訪問掛單⓰
1995/7/9	葛印卡	至農禪寺拜訪、對談⓱
1996/8/14		二度到訪農禪寺，交流禪修與臨終關懷⓲
1998/8/5		參訪法鼓山，為結夏僧眾介紹內觀禪法⓳
1997/3/24	達賴喇嘛	達賴喇嘛來臺，於下榻飯店短暫會談⓴
1997/5/24		共同參與紐約大莊嚴寺落成開光活動㉑
1998/5/1		聖嚴法師與達賴喇嘛紐約世紀大對談㉒
2000/4/1	索甲仁波切	《西藏生死書》作者拜訪農禪寺㉓
2003/3/19	倫珠梭巴格西	訪中華佛學研究所㉔

⓯ 林其賢編著，《聖嚴法師年譜》：「三月二十二日，一行禪師至農禪寺訪問，並與法師進行『禪與環保』對談；一致認為『心靈』為一切環保之根源。一行禪師出生於越南，旅居法國，為越南臨濟法脈第四十二代傳人，在歐美享有盛名。（〈聖嚴師父 VS. 一行禪師「禪與環保」對談〉，《法鼓》，64 期，1995 年 4 月 15 日，版 1）」《法鼓全集》第 11 輯第 2 冊，臺北：法鼓文化，2005 網路版，頁 984。

⓰ 林其賢編著，《聖嚴法師年譜》：「十月十六日至十八日，國際知名越南籍一行禪師，及其弟子一行四十餘人至紐約東初禪寺訪問。（〈1997 大事記〉，《法鼓》，97 期，1998 年 1 月 15 日，版 7）」《法鼓全集》第 11 輯第 2 冊，臺北：法鼓文化，2005 網路版，頁 1128。

⓱ 林其賢編著，《聖嚴法師年譜》：「七月九日……下午，來自印度，以教授內觀禪法聞名歐美之葛印卡居士（S. N. Goenka），由《慧炬》雜誌社安排至農禪寺拜訪。葛印卡並與法師就禪修舉行對談，由該雜誌社發行人鄭振煌居士擔任翻譯。」《法鼓全集》第 11 輯第 2 冊，臺北：法鼓文化，2005 網路版，頁 1001。

⑱ 林其賢編著，《聖嚴法師年譜》：「八月十四日，印度內觀禪葛印卡居士由《慧炬》雜誌社發行人鄭振煌、太子建設董事長莊南田及中華佛研所兼任研究員林崇安陪同，再度蒞臨農禪寺拜訪。雙方就禪修、臨終關懷交換意見。（〈印度內觀禪葛印卡大師來訪〉，《法鼓》，81 期，1996 年 9 月 15 日，版 2）」《法鼓全集》第 11 輯第 2 冊，臺北：法鼓文化，2005 網路版，頁 1067。

⑲ 林其賢編著，《聖嚴法師年譜》：「八月五日，緬甸內觀中心葛印卡居士由《慧炬》出版社發行人鄭振煌陪同至法鼓山上拜訪。適逢法鼓山僧團結夏安居，法師因邀請其向全體常住眾介紹內觀禪法。（〈內觀中心葛印卡參訪法鼓山〉，《法鼓》，105 期，1998 年 9 月 15 日，版 1）」《法鼓全集》第 11 輯第 2 冊，臺北：法鼓文化，2005 網路版，頁 1178。

⑳ 釋聖嚴，〈二、達賴喇嘛訪問臺灣〉，《空花水月》，《法鼓全集》第 6 輯第 10 冊，臺北：法鼓文化，2020 紀念版，頁 15-16。

㉑ 聖嚴法師，《兩千年行腳》：「一九九七年五月二十四日，在紐約莊嚴寺大殿落成，以及大佛開光的典禮上，請到了二十位來自臺港各地的華僧長老，共同主持開光儀式；達賴喇嘛與我，也都是其中的一位，因此有緣從臺北見面後，時隔一月，和達賴喇嘛再度相遇。當時雖然未有機會個別交談，但在同桌的午齋席上，彼此交換了好幾項意見的看法。」《法鼓全集》第 6 輯第 11 冊，臺北：法鼓文化，2020 紀念版，頁 25。

㉒ 林其賢編著，《聖嚴法師年譜》：「一九九八年五月一日至三日，於美國紐約玫瑰廣場音樂廳，與達賴喇嘛共同主持「文殊菩薩智慧法門——漢藏佛教世紀大對談」。」《法鼓全集》第 11 輯第 2 冊，臺北：法鼓文化，2005 網路版，頁 1156-1157。

㉓ 林其賢編著，《聖嚴法師年譜》：「四月一日，下午，《西藏生死書》作者索甲仁波切，由名建築師姚仁喜陪同，至農禪寺拜訪法師，並就漢藏佛教空性、中陰身等觀念對談。」《法鼓全集》第 11 輯第 2 冊，臺北：法鼓文化，2005 網路版，頁 1316。

㉔ 林其賢編著，《聖嚴法師年譜》：「三月十九日，上午，西藏黃教倫珠梭巴格西（Geshe Lhundub Sopa）應邀以『聖道三要』為題至中華佛研所發表專題演說，法師親自接待，並在隨行臺灣西藏交流基金會副祕書長翁仕杰陪同下，參觀中華佛研所圖資館。」《法鼓全集》第 11 輯第 2 冊，臺北：法鼓文化，2005 網路版，頁 1695。

七、結論與未來開展暨研究限制

結論從兩個面向綜述本研究，其一就前述筆記彙整之內容，及整體教學內涵，指出聖嚴法師天台教學之特色，主要仍在於對往後從事此推廣平台者，提供學習重點與相關要領。

其次就法師天台教學之整體意義、本研究之研究限制與未來開展而分析，就本研究不足之處、尚未整理之內容，陳述原因；並略述未來可開展之研究方向與重要課題，以逐步探索、彙編《教觀綱宗》之修行地圖，而落實法師撰述、講述《天台心鑰》之目的與期許。

此外須特別指出者，本研究雖以未公開之逐字稿文本為對象，然其中除法師所特別關懷之議題，並回覆學員提問之內容，不一定見於《天台心鑰》一書，其餘直接講述書中內容者，皆可對應書中所撰述。故而本研究所彙編之逐字稿重點，如於書中可見者，其意義在於提供閱讀該書之對照參考。

而未見於本書中的相關議題，則為聖嚴法師畢生持續關切與論述之內容，或可於其他法師著作中對照研究，而形成其他研究主題。故可謂本研究為聖嚴法師對於天台教觀、漢傳佛教，乃至層次分明之修行地圖之基礎研究，以期開啟後續系統化整理之端。

（一）法師天台教學之特色

以下就筆記彙編整理後，分析、詮釋法師教學之重點與特色，或可做為未來有心從事者之參考（如圖六）。

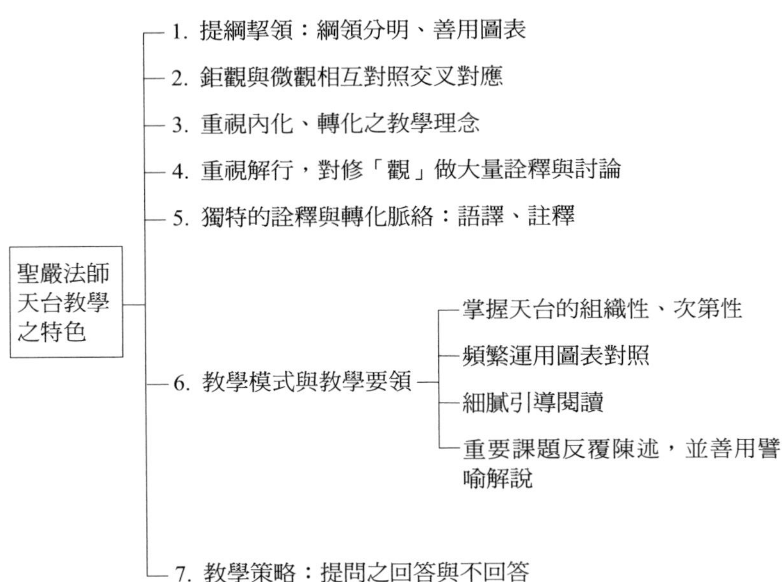

圖六：聖嚴法師天台教學之特色

1. 提綱挈領

（1）以綱領的方式，指出整部書的重要概念，讓學習者得以掌握輪廓式、全面式、重點式的核心要義。

（2）善用圖表：共有十八個圖，對照著看可以從繁複的系統中理出頭緒。

2. 鉅觀與微觀相互對照交叉對應

法師於此教學過程中，充分掌握鉅觀與微觀兩個視角的對照與對應，首先從鉅觀的角度，指出《教觀綱宗》於天台學之定位，天台學於漢傳佛教之定位，漢傳佛教於整體佛教之定位，讓學習者由一本書見整體佛教的視野。

同時於詮釋、解讀修行方法與修行觀念之際，復論述、闡釋其中的細節，層次分明之外，亦讓學習者掌握微觀的理解，從而對於佛法的學習有親切的入處，與自身日常修行的連結。

由細部的內容擴大視野，又從超越的高度引導到微觀的修持與觀念的調整，二者依所詮解的文本交互運作，故能兼顧層次分明的次第法要，又能見及圓頓法門的圓融、包容。

3. 重視內化、轉化之教學理念

法師指稱，其教學之方式，非填鴨式、輸血管式，或所謂的「灌頂」，而是如橋樑般成為媒介與傳遞者，也希望學習者能消化、內化後，經由轉化，而能推廣或成為講師從事教學。

4. 重視解行，對修「觀」做大量詮釋與討論

從五停心到四念住，討論了默照與止觀的關係，原因在於修觀是入門，弄清楚了對之後的學習很重要。

5. 獨特的詮釋與轉化脈絡

透過下列方式進行：

（1）語譯：通過對原典《教觀綱宗》的認知，進一步將其表達出來。

（2）註釋：詳細的整理，包括天台裡深奧的內容、找出名詞觀念原典出處，以為《教觀綱宗》溯源，從而讓學習者於思想發展有脈絡式的體解，而非片段或片面的「專」而不「通」。

運用方式：依天台大師依據的經典、經教理論整理為

註釋。

整理為短的論文，把相關問題解說清楚。

6. 教學模式與教學要領

（1）掌握天台的組織性、次第性

無論是化儀或化法，只要是對照性的概念，講一個也會連帶帶出三或四個（三教或四教對照），並強調同樣的名稱或主題，在不同的層次上會有不同的差異。此提醒得以讓學習者不致見樹不見林，且能見出層次，從而於此修行地圖上尋究自身學習的進度與位置。

（2）頻繁運用圖表對照

無論是修觀內容、所詮述者、修證次第、六即、十乘觀法，讓聽聞者藉由清晰而完整的圖表，持續處在全面性思考的整體概念下。

（3）細膩引導閱讀

指出如下閱讀與學習的方式：

①閱讀《教觀綱宗》原典——經法師分段、標點者

②閱讀語譯：將精簡的原文翻譯為現代語體文

③閱讀註解：如小論文般，將相關問題予以解說，搭配找出名詞、觀念的原典出處，可以將深奧的天台講清楚。

④搭配附圖：一一比對，重要篇章或較複雜、須對照理解處，皆帶讀附圖與解說。

⑤提醒閱讀要領：勿從頭到尾一路看下去，會看不懂。

（4）重要課題反覆陳述，並善用譬喻解說

對《教觀綱宗》或天台的重要議題，或對修行具重要性的觀點，法師會重複用不同方式，在不同情境下解說，運用

各種譬喻，反覆地說明，以期讓聽者更清楚理解。

例如：禪的問題如何透過天台補救、漢傳佛教的次第問題，以及天台的系統化對應、祕密與不定教的類似與差別如何澄清、如來藏的重要性與如何化解疑慮、消極積極實相論等皆屬法師重視，且反覆論述者。

7. 教學策略：提問之回答與不回答

對於某些關鍵問題，或屬於容易產生誤解者，法師會反覆論述，如前所述之相關問題回應。另對於應自行探索的提問並不回答，此些問題多為內容之深化或辭典即能找出解釋者、書中已經論說者。不回答之原因在於法師指出：禪的修行，老師是不給答案的，老師是讓弟子自己去找答案。如果輕易就能得到他人的答案，就失去自己探索的動力。

另外也指出，成為會問問題的人還不夠，會問問題、提問題，只是「問題人物」。不能僅止於問問題，還要解決問題找出答案，能解決問題才能走出自己的學習與教學之路。

（二）意義、研究限制與未來開展

此分別指出法師之天台教學對學習者所提供之整體意義，再就本研究之研究限制、未來開展予以陳述。

1. 法師天台教學對學習者提供之意義

如簡述前所整理之內容，可理解為《天台心鑰》是對《教觀綱宗》的詮釋，其詮釋脈絡與對後人學習之提點為：

（1）「教」：閱讀原典，理解原典，從「教」理去掌握，並予以語彙的對譯。

（2）「觀」：經由修行體驗，內化、消化其所指出的修行要義與修證次第。亦即「觀行」的體證。

（3）「教觀並重」：經由對教理教義的概念、知識性的掌握，並以修行的體驗檢核對應，成為體驗後的知識。

（4）當代詮釋：嘗試以當代人所能理解，或者修行所體驗的內容，予以整理與詮釋，並以之教導弟子學習。

兩梯次親自授課，即為完成前述教導。至於如何經由兩梯次授課的逐字稿，見其教學特色與精華，則為本文所處理者。

2. 研究限制與未來開展

前述逐字稿之整理，雖只設定與聖嚴法師對天台教學之推展相關的內容，以及未來如欲建構漢傳佛教修行系統之重要議題，即已發現當中仍有許多需要更細膩處理、探索或澄清之課題。然受限於本研究之文本須先以筆記彙編，以及本研究之目的在於基礎性的素材處理與分析，故僅先就法師所講授之內容予以整理，並做概要式的主題歸類、分析與詮解。

從上述筆記之彙整，可以先找出建構教學或研修系統之基礎工夫，以形成學習脈絡。其次，可就法師所指出之重要學習基礎，包括對天台之相關溯源，以及對作者、該書之介述等。此部分之內容，或許可以先形塑有心學習者的前備作業與基礎建置。此外，此部分的內容，相對較單純，毋需太多進一步地釐清，因此可先規畫於教學內容中。

至於重要議題中，包括實相論的討論、修觀的課題、經典成立史與傳統判教之關係，皆可形成更多的問題意識與研究發展，緣於目前所彙整之內容，如前面所述及，乃為法師針對單一文本的詮解與指導，有其時間與內容之凸顯，然相對亦會形成限制。例如法師曾指出其所指導之默照，即為《摩訶止觀》之止觀法門，此論點如能與《摩訶止觀》及法師關於默照禪法之指導，包括禪堂開示與教授內容對照分析，似乎更能理解二者之內在脈絡與修行作用之關聯。故未來諸多課題如何藉由法師其他相關文本的對照探討，則為下一階段的研究方向。

此外於內容之彙整上，如前文所述，本研究為第一階段基礎概念與教學方法之整理，第二階段則就《教觀綱宗》化法四教——藏、通、別、圓各自的修行地圖、所化、所證、所觀等對照整理，以為法師所期許之完整漢傳佛教修行脈絡之建置與推廣。

綜觀法師以《天台心鑰》細膩的註解、語譯《教觀綱宗》，成為閱讀、學習該書的重要參照文本，為吾人學習之重要指引。唯世代遞嬗，語言的表述、時空環境改變後，人們對於理解佛法之名相，也會更加地困難。故而未來如何形塑或開展另一本解讀《天台心鑰》的書，或者更全面而容易地理解此修行系統，當為長期研討目標，亦如法師所指，此乃為眾人共同努力開發之事，故本研究僅做為拋磚之作，期待更多研究者共同參與、評析。

參考文獻

釋聖嚴，《大乘止觀法門之研究》，《法鼓全集》第 1 輯第 2 冊，臺北：法鼓文化，2020 年。

釋聖嚴，《學術論考》，《法鼓全集》第 3 輯第 1 冊，臺北：法鼓文化，2020 年。

釋聖嚴，《探索識界——八識規矩頌講記》，《法鼓全集》第 7 輯第 6 冊，臺北：法鼓文化，2020 年。

釋聖嚴，《天台心鑰——教觀綱宗貫註》，《法鼓全集》第 7 輯第 9 冊，臺北：法鼓文化，2020 年。

釋聖嚴，《華嚴心詮——原人論考釋》，《法鼓全集》第 7 輯第 4 冊，臺北：法鼓文化，2020 年。

釋聖嚴，《承先啟後的中華禪法鼓宗》，《法鼓全集》第 9 輯第 7 冊，臺北：法鼓文化，2020 年。

林其賢編著，《聖嚴法師年譜》，臺北：法鼓文化，2016 年。

期刊論文

黃國清，〈聖嚴法師在臺灣法鼓教團推動天台教觀的努力——以《天台心鑰》一書為中心〉，收錄於聖嚴教育基金會學術研究部編，《聖嚴研究》第三輯，臺北：法鼓文化，2012 年 6 月，頁 349-384。

附錄

逐字稿文本簡表（含基本內容與統計字數）：

1－1~1－8 講授時間：2002 年 8 月 23 日 ~25 日，共八堂課。

2－1~2－8 講授時間：2003 年 1 月 24 日 ~26 日，共八堂課。

表一：第一階段課程內容資料表

編號	授課內容簡述	字數
1-1	第一梯次第一堂課，緣起動機、內容與相關問題之釐清： 1. 課名與書名來源、上課目的。 2. 天台在漢傳佛教中的意義： (1)漢傳中的禪宗爛熟危機以及天台如何可能補救。 (2)教觀並重、定慧互補的意義。 3. 臺灣天台學發展現況說明，進而陳述雙軌並行、解行並重的重要，以及天台祖師開創天台學的目的與發展的偏頗。 4. 本次課程對學員的期許與任務交代、教學方式及未來推廣的提醒。 5. 導讀：介紹綱要，以及如何透過對讀綱要與書籍深入理解。 6. 十大題目的基本認識：概論、源流、五時八教、化儀四教及其部相教觀、化法四教的三藏教、三藏教的六即菩提、通教的六即菩提、別教的六即菩提、何謂圓教、圓教的六即佛。 7. 壹、概論：分述特色、重點、如何研讀本書。 8. 貳、源流：分述之一教判。	6379

1-2	接續第一堂課貳、源流之二教觀源流，到參、五時八教： 1. 接續第一堂課，貳、源流分述之二：教觀源流。 2. 源流之三：天台思想依據的經論。 3. 源流之四：《教觀綱宗》的作者及該書的特色。 4. 參、五時八教，順著《教觀綱宗》特色中的五時有通有別而說。	8864
1-3	回覆問題、接續從五時開始上課： 1. 有學員提出問題，先予以回覆： (1)關於南傳、藏傳易懂，漢傳，尤其天台專有名詞多得繁複。法師針對天台的特色，不在於製造複雜的名相，而是規律化、條理化、次第化，對漢傳尤其禪宗發展的意義與作用。 (2)關於一心三觀與一心三智的關係。 2. 接續前一堂課，繼續討論五時：每一時的內容與化儀四教、化法四教的關係，以及五時的通與別（通五時為《教觀綱宗》一書的特色）。 3. 對經典成立史的討論：五時是傳統上的判教法而討論的經典發展脈絡，現代的學術討論中，似乎改變了一些傳統的認定。因此法師針對此，提出反思、批判與提醒。可以從傳統五時判教與現代經典成立角度對照，給出不同的視野和超越的眼光。 4. 內容講解到通五時的依據。	6780
1-4	接續通五時的依據，接著別五時的依據： 1. 別五時的依據。 2. 回應前一天的提問：關於實相與實相論的討論，以及消極與積極的實相論。 3. 肆、化儀四教及部相教觀。	5276
1-5	接續肆、化儀四教，從化儀之三觀開始： 1. 化儀的三種觀（不含祕密教，因不立為觀）。 2. 化法四教：總論四教，再進入三藏教的討論（治眾生病之藥方的四種層次）。 3. 三藏教基本定義、所詮述內容——生滅四諦、思議生滅十二因緣、事六度、實有二諦；從四諦討論四教各各所詮的比較與說明。 4. 三藏的修證：析空觀，出分段生死；並簡述四教的四種觀行。	6522

1-6	接續三藏教分段生死，講到六即菩提之觀行即： 1. 論分段生死，同時對照變易生死的差異性。 2. 三藏教當機所化眾生：正化二乘，傍化菩薩。 3. 三藏教的六即菩提，對照原先只有《摩訶止觀》中圓頓止觀有六即，後化法四教皆有六即，此為《教觀綱宗》之特色。 4. 六即講到觀行即：五停心、四念住。	7715
1-7	回應學員提問，接續講三藏教的相似即、分證即菩提： 1. 教學精神：對提問題一事的教學回應，學習者不只要找出問題，還要想辦法找出答案，才能深化學習。 2. 提出編書、編講綱的過程、方法、重點、作用。對未來講課者的提醒，要能自己重編講綱。 3. 如何閱讀本書？如何找出與《教觀綱宗》相關的釋義，以深入理解之。 4. 回應提問：學習此內容，對日常生活有什麼用？討論理論與日常應用之間的關係與二者的相互作用。 5. 回應提問：漢傳有這麼好嗎？為什麼一定是漢傳的，南傳、藏傳有何不妥？以百貨、專賣店譬喻，以自身為華人之承擔，以菩提心的立場回應。 6. 指出法師所弘揚之禪法的實用性，所教的話頭禪、默照禪與天台、華嚴的關係。如何在止觀雙運、止觀同時中見其內在底蘊。 7. 對五停心、四念住是止或是觀的詮釋。完成三十七道品次第，應從止或觀入手？指出「觀」為著力點。 8. 討論五停心與四念住的銜接點與對照。 9. 繼續講述三藏教六即之相似即、分證即。	7259
1-8	持續三藏教六即菩提之分證即未完部分： 1. 分證即之各各所修、所斷、所證。進入究竟即。 2. 三藏教十法成乘，原本十法也只指圓教，即十乘觀法，此處一樣擴及四教。 3. 回應提問：心是什麼？用什麼來觀心？ 4. 從圓教十乘觀法第一觀不思議境，討論離名字相、離文句相、離語言相，以及與禪宗的離心、意、識之關係。 5. 三藏教的十法：一觀正因緣境、二真正發心、三遵修止觀、四遍破見愛煩惱、五識通塞、六修道品、七修對治事禪、八知位次、九能安忍、十無法愛。	7813

表二：第二階段課程內容資料表

編號	授課內容簡述	字數
2-1	接續第一梯次之後的第一次上課。 回應第一梯次課程後，學員提出之問題： 1. 推廣漢傳佛教，為何要講唯識、中觀？ 2. 有了經典成立史論，何以還要討論天台的五時八教？ 3. 從《法華經》與實相論，問何謂消極的、積極的實相論？	8431
2-2	通教： 1. 通教定義：通前藏教、通後別教。 2. 通教詮述：無生四諦、思議不生滅十二因緣、理六度行、含中二諦。 3. 別入通三諦、圓入通三諦。 4. 當機、修證、所化：界內利根眾生、修體空觀、出分段生死、證真諦涅槃、正化菩薩傍化二乘。 5. 六即佛：理即、名字即、觀行即。	7725
2-3	通教的六即之相似即開始： 1. 通教六即：相似即、分證即、究竟即。 2. 通教所化、所證、修證次第。 3. 通教十乘觀法：一明所觀境、二明真發心、三善巧安心如空之止觀、四破法遍、五識通塞、六道品調適、七對治助開、八知位次、第九能安忍、第十離法愛。	5894
2-4	別教： 1. 定義，從教、理、智、斷、行、位、因、果分別論之。 2. 別教的詮述：無量四諦、不思議生滅十二因緣、不思議六度十度、顯中之二諦、圓入別之二諦、別三諦。 3. 別教的當機及其修證：化界外鈍根、修次第三觀。 4. 別教的六即：理即、名字即、觀行即。	5949
2-5	從別教的相似即開始： 1. 別教的相似即、分證即、究竟即。 2. 別教的佛所化的眾生。 3. 別教的修證次第。	5027

2-6	從別教十乘觀法到圓教的功能、詮述： 1. 十乘觀法前，論述天台教觀的「教」所代表的意義。 2. 別教十乘觀法：一觀不思議境、二真發菩提心、三善巧安心止觀、四次第遍破三惑、五善識通塞、六調適道品、七對治助開、八知道位次、第九能安忍、第十離法愛。 3. 進入圓教： (1) 圓教的定義：圓妙、圓融、圓足、圓頓。 (2) 圓教的功能：圓伏、圓信、圓斷、圓行、圓位、圓自在莊嚴、圓建立眾生。	6816
2-7	圓教： 1. 圓教詮述：無作四諦、不思議不生滅十二因緣、稱性六度和十度、不思議二諦、圓妙三諦。 2. 圓教當機：開示界外利根菩薩；修證：令修一心三觀、圓超二種生死、圓證三德涅槃。 3. 圓教的六即：理即。	5179
2-8	從圓教六即之名字即開始： 1. 圓教六即：名字即、觀行即、相似即、分證即、究竟即。 2. 圓教接別教、接通教。 3. 圓教十乘觀法：一觀不思議境、二發大菩提心、三善巧安心止觀、四已圓三觀破三惑遍、五善識通塞、六調適無作道品、七對治助開、八知位次、第九能安忍、第十離法愛。 4. 擬定未來修學、讀書會、講授課程相關計畫。	11004

A Study of Master Sheng Yen's Pedagogy on Tiantai School:

Tiantai keys to the Mind : A Vernacular Translation of the Commentary on Master Ouyi's the Essence of Teaching and Meditation

Tsung-Yu Gu

Assistant Professor, Master of Life Education, Dharma Drum Institute of Liberal Arts

Abstract

Master Sheng Yen's Pedagogy on Tiantai School to be studied in this paper is based on his class-lectures on his work, *Tiantai keys to the Mind : A Vernacular Translation of the Commentary on Master Ouyi's the Essence of Teaching and Meditation (Hereafter, the Commentary)*. Upon the publication of the *Commentary* in 2002, April, Master Sheng Yen gave two series of lectures to his disciples in 2002, August, and 2003 January. These lectures were intended to train the future lecturers on the *Commentary*. After these lectures, Master Sheng Yen encouraged the students to deliver what they learned regarding the content of the book, and demonstrate the meditation practice thereof. Apparently, Master Sheng Yen has a high regard to the teaching of the *Commentary*.

I have participated in the first series of the lectures abovementioned, and in my later research project, I have procured the "Flowchart of the transmission and development of Chinese Buddhist schools", which was prepared by Master Sheng Yen for dialoguing with Dalai Lama in 1998 in New York, and in which I found that Master Sheng Yen pointed out that the theory "Four Types of Buddha's Teachings" is essential to the Tiantai' thought. Hence, the contents of Master Sheng Yen's two series of lectures are essential for understanding of Tiantai's thought in-depth. For this study, I have procured the lecture-transcipts and lecture-outlines from Dharma Drum Publication.

The topics for this study include Master Sheng Yen's motivation for writing the Commentary, his pedagogy, objectives, and prospective. I hope to bring to light Master Sheng Yen's vision of promoting this Tiantai's thought by introducing his method of teaching, such as, lecturing, producing lecture outlines, class-discussions and so on. The content of his lecuctures can be devided into two aspects: 1. guidance for reading and learning the essential points of the *Jiaoguan Gangzong*, 2. key concepts related to the role of Tiantai in Chinese Buddhist thought and meditation, Tiantai's interpretation of the thought of Tathāgatagarbha, pointing out the salient features of the *Jiaoguan Gangzong* and its spirit of "systematic and harmonious without obstruction". Moreover, I will describe the contour and salient features of Tiantai school through its doctrinal classification, origin of its teaching and practice of meditation as well as analysis that tracing the key scripture that Tiantai drawing upon.

Through my thematic analysis mentioned above, I intend to explore and tease out Master Sheng Yen's Tiantai pedagogy, and to show how to promote the Tiantai transmission as expected by Master Sheng Yen. Henceforth, is my response to the motivation and purpose of the *Commentary* written and lectured upon by Master Sheng Yen.

Keywords: Tiantai pedagogy, Chinese Buddhism, doctrinal classification, distinction and harmony, meditation

聖嚴法師的念佛禪法
——參究念佛的演變

釋果鏡
法鼓文理學院副教授／中華佛學研究所所長

摘要

聖嚴法師（1930–2009）在一般人的印象中以「禪師」著稱，然而他早在一九六〇年曾應邀在屏東東山寺主持過彌陀佛七，又從一九八二年開始，每年在臺北農禪寺固定舉行兩次佛七——彌陀佛七、清明報恩佛七，在他有生之年未曾間斷過，更在二〇〇〇年開創出「念佛禪七」的新面向。他分別於二〇〇〇年及二〇〇四年親自主持了兩次「念佛禪七」，禪七中開示的內容雖已被整理成《聖嚴法師教淨土法門》一書，但是筆者將此書與聖嚴法師「念佛禪七」開示的內容比對之後，發現書中將聖嚴法師對「參究念佛」開示的重要線索遺漏，又或者編者認為不重要而刪去？筆者有幸參與了此兩次的「念佛禪七」，又親耳聽聞聖嚴法師本預定再辦第三次的宣告，但因病體虛弱而無法再辦第三次「念佛禪七」。筆者深感婉惜聖嚴法師未能完整地建構念佛禪法的體系，因此本論文擬以已經成書的《聖嚴法師教淨土法門》與錄影 DVD 的逐字稿之比對內文為依據，推測聖嚴法師終極地念佛禪法教學，將聖嚴法師未完成的念佛禪法教學本懷，嘗試架構出聖嚴法師念佛禪法的完整教學體系。

聖嚴法師的念佛禪法架構可分為：一、觀念；二、方法；三、經典文獻。本論文主要針對成書中遺漏的「參究念佛」思想深入探究，且試圖追溯根源至明代，甚而推究到元代的「念佛不礙參禪，參禪不礙念佛」之不二概念發展而來。經過時代潮流的演進又開出「念佛參禪即參究念佛」的風潮，更一步引發明、清時期諸師對「參究念佛」的論爭，紛紛提出反對與辯護的論點，將中國佛教禪淨之間的發展，推向新的紀元，此種思想與實踐上的發展，聖嚴法師是抱持怎樣的看法？他的念佛禪法的教學，是否延續明、清時期「參究念佛」的系統？這些議題將是本論文探討的核心，也是架構起聖嚴法師念佛禪法的完整性，以及重要思想與實踐體系。

關鍵詞：參禪、念佛、話頭、參究念佛、聖嚴法師

一、前言

念佛禪的溯源相關研究，拙作〈數數念佛禪法之研究〉❶中已有概略的探討，此處不再贅言。另外麻天祥曾探討念佛禪之濫觴與流布的議題之中，認為真正念佛禪的出現，還是在元、明禪宗思想異化期間。❷方立天認為自宋以來，念佛禪幾乎席卷整個中國禪界，宋、元、明、清直至當代，著名禪師都奉行禪淨雙修的路線。❸龔雋也針對念佛禪，做了詳盡的思想史讀解，並在餘論之中提出：

> 宋以後的禪師於念佛與參禪的融會到底有些發明，最鮮明地表現在「參究念佛」這一特別的形式當中。參究念佛，與早期祖師們的念佛三昧，存在某些意趣上的相近，而畢竟融攝了新的內容。❹

認為「參究念佛」是一種不同於早期形式的新內容。又龔曉康針對參究念佛與禪淨雙修是同是異之議題，以憨山

---

❶ 釋果鏡，〈數數念佛禪法之研究〉，收入聖嚴教育基金會學術研究部編，《聖嚴研究》第七輯，2016 年，頁 279-326。

❷ 麻天祥，《中國禪宗思想發展史》，武漢：武漢大學出版，2007 年，頁 219。

❸ 方立天，〈文字禪、看話禪、默照禪與念佛禪〉，《中國禪學》，北京：中華書局，2002 年，頁 18。

❹ 龔雋，〈念佛禪——一種思想史的讀解〉，《普門學報》第 7 期，2002 年，頁 15。

德清（1546－1623）與蕅益智旭（1599－1655）的主張進行辨析，兩者的看法著重點不同，一是攝淨歸禪；一是攝禪歸淨。❺又蕭愛蓉提出蕅益智旭與雲棲袾宏（1535－1615）對參究念佛不同的態度，蕅益智旭是排斥與批評；雲棲袾宏是同意並改造成體究念佛。❻何松在〈明代佛教諸宗歸淨思潮〉之中，認為雲棲袾宏以體究念佛獲證本心的念佛方法，會通達摩所傳的當下直指之禪，並以之為融通禪淨的論據。亦認為參究念佛方法約分兩種：一以參究話頭工夫攝念佛法門；二以持名念佛本身即攝參究。❼又熊江寧〈「參究念佛」的流行與爭議〉中，認為參究念佛思想，因涉及禪宗與淨土兩種不同運思模式的差異問題，因此有著多元化的思考取向，而表現出不同的立場。❽又吳孟謙〈明代伏牛山鍊磨法門考論〉中，認為獨空智通（1334－1406）的鍊磨道場，可謂明代力行參究念佛之嚆矢。❾另外日本學者長谷部幽蹊探討明朝禪的淨業修行文中云：

---

❺ 龔曉康，〈參究念佛與禪淨雙修之辨〉，《五台山研究》第 97 期，2008 年，頁 42-45。

❻ 蕭愛蓉，〈從禪淨交涉論雲棲袾宏的體究念佛論〉，《雲漢學刊》第 34 期，2017 年，頁 231。

❼ 何松著，〈明代佛教諸宗歸淨思潮〉，《佛教研究》第 1 期，2002 年，頁 53-54。

❽ 熊江寧，〈「參究念佛」的流行與爭議〉，《法音》第 10 期，2017 年，頁 60。

❾ 吳孟謙，〈明代伏牛山鍊磨法門考論〉，《漢學研究》第 35 卷第 1 期，2017 年，頁 180。

体究念仏と参究念仏とはこのように一応は区別されているようであるが、その相違は必ずしも明確ではない。方法よりは寧ろ修行態度の問題といってもよい。両者はともに禅浄双修的学道が一般化する過程における一産物であるが、強いていえば参究は禅の側に、体究は浄門に近く位置しているといえるであろう。⑩

認為體究念佛與參究念佛並無明確的區別，只是修行態度上的問題，兩者都是禪淨雙修學道過程的產物，只是參究念佛偏重禪的立場，體究念佛偏重淨門的立場。以上討論學界與本議題相關之研究成果後，筆者擬以當代聖嚴法師（以下敬稱省略）的念佛禪法思想脈絡為切入點，探討參究念佛的歷史痕跡，藉著歷代祖師的教學經驗，企圖架構聖嚴未完成的念佛禪教學體系。

二、聖嚴的念佛禪七

聖嚴一生主持過無數次的一般佛七，到了晚年主持了兩次念佛禪七，其內容大綱附錄表於後。在第一次（2000）的念佛禪七教學，為了點出念佛禪法與一般佛七的差異，明確地說：

念佛禪與佛七最大的不同，在於無相或是有相。佛七，要求感應、要迴向願生西方淨土，可以觀像念佛，也可以

⑩ 長谷部幽蹊，〈明朝禅における浄業の行修〉，《日本仏教学会年報》第 42 期，1976 年，頁 214。

> 觀想念佛，所以絕對是有相。念佛禪則是無相，它不求感應，甚至連這種念頭都不要有，即使真的看到佛、蓮花、菩薩或是聽到聲音，也不要執著它、在乎它、留心它，就裝作沒有看到、沒有聽到。[11]

認為兩者之間的差異主要在於相之有無來區分，一般佛七是執取感應、有西方的存在，以持名、觀像、觀想念佛為主；念佛禪則是不執取任何有相的存在，也就是無相、無住的境界。第一次念佛禪七的基本教學，採用出聲持名念佛為原則，指導在默念佛號時，如果打妄想或打瞌睡，可使用印光（1862－1940）之數數念佛法來攝心[12]，而念佛達到統一時，指導教學上則運用參話頭，說：

> 此時還是持續念佛，念到最後佛號沒有了，就可以問「念佛的是誰」、「誰在念佛」，這就是參話頭。不過，念到佛號沒有了，並不表示已達統一心了，有時是因為念得很累、很無聊，不想念了。此時頭腦裡雖然也沒什麼雜念妄想，但其實是在休息，是偷懶、懈怠。這時參話頭也沒有用，應該要馬上精進，再提起心力繼續念佛。[13]

---

[11] 釋聖嚴，《聖嚴法師教淨土法門》，臺北：法鼓文化，2010 年，頁 196。

[12] 釋聖嚴，《聖嚴法師教淨土法門》，臺北：法鼓文化，2010 年，頁 97。

[13] 釋聖嚴，《聖嚴法師教淨土法門》，臺北：法鼓文化，2010 年，頁 192。

認為念佛與參禪是可以融合，也可以成為持續性的一種修行方法，此種教學即是盛行於明、清時期的「參究念佛」。聖嚴在第一次念佛禪七即有參究念佛方法的教學，在報到日當天晚上的開示中，云：

> 我們一定知道自己在念佛，一定聽著大家在念佛，念到自己就跟佛號能夠合而為一，你自己就融入於佛號之中，阿彌陀佛阿彌陀佛，非常清清楚楚你是在念佛，這個時候你的身體、你的環境都是一句佛號，這個時候還有妄念沒有，沒有妄念只有佛號，你已經是跟佛號合而為一，這個是我們希望達成的目的，然後就是你可以參話頭了，參什麼話頭呢？「念佛是誰」。你一定要念到身心和佛號、環境全部合而為一，這個時候你參話頭，參話頭說「念佛的是誰」。……因此念佛禪跟話頭禪可以連在一起的，中國古代許多的禪師，他們都是念佛的，念一句阿彌陀佛念到身心統一，佛號跟自己身心環境是融合在一起的時候，那你究竟是誰？這個時候可以參話頭，可是參話頭參得覺得沒有力量，你的身體又是身體，環境又是環境，這個時候你還是老老實實的做什麼？再念佛不要參話頭。⓮

聖嚴此種的教學即是參究念佛的方法，只是參究念佛的名詞並未明言，而是在第二次（2004）念佛禪七最後一天的

⓮ 參見 2000 年《念佛禪七》DVD 影帶及逐字稿頁 3。此段內容在《聖嚴法師教淨土法門》一書，頁 198。

開示之中，介紹雲棲袾宏的念佛方法時，提出說：

> 蓮池大師的念佛，有稱名念佛、有參究念佛。稱名念佛念到事一心不亂，你的心就是淨念相繼，正念不斷。你念到這個程度的時候，就可以進入第二個階段叫做參究念佛。什麼叫做參究念佛？就是參念佛是誰。⓯

認為念佛的第一階段是稱名念佛，念到淨念相繼，正念不斷時，就進入第二階段參究念佛，參「念佛是誰」的話頭。因此聖嚴在第一次念佛禪七第一天的開示之中，就已經指導了參究念佛的方法，但是為什麼沒有直接點出參究念佛一詞？聖嚴應該是考量到，如何讓習慣一般佛七的人，順其自然地進入念佛禪七，為了削減學人在觀念上、方法上的衝突，因此漸次地從有相到無相的教學，先使用學人熟悉的《楞嚴經・大勢至菩薩念佛圓通章》，「都攝六根，淨念相繼」的念佛三昧，做為第一次念佛禪七的教學核心，第二次念佛禪七的教學，一開始仍以《楞嚴經・大勢至菩薩念佛圓通章》的念佛三昧為主，之後轉而運用《般舟三昧經》的無相三昧⓰、《文殊師利所說摩訶般若波羅蜜經》的一行三昧為主，完整地從有相、有心的念佛開始著力，慢慢漸次地實

⓯ 參見2004年《念佛禪七》DVD影帶及逐字稿頁122-123。此段文字在《聖嚴法師教淨土法門》一書中未收錄。

⓰ 釋聖嚴，《聖嚴法師教淨土法門》，臺北：法鼓文化，2010年，頁269。

證無心、無念、無相的方法。[17]聖嚴有意再舉辦第三次念佛禪七，是可以從第二次念佛禪七，刻意留下「參究念佛」的明示之中，得知其中的意圖。

聖嚴在《明末佛教研究》之中，提到雲棲袾宏的念佛法門，說：

> 雲棲袾宏大師，他的思想背景是屬於華嚴宗的，而他極力主張「參究念佛」，原則是禪和淨土並重並修，但仍側重於念佛法門。[18]

認為雲棲袾宏是極力主張「參究念佛」的一位明末高僧，同書又說：

> 蕅益批評雲棲不廢參究念佛之說，其實雲棲《阿彌陀經疏鈔》所用是「體究念佛」，未用參究念佛之名，參究是問出「念佛的是誰」，體究則審查能念的心與所念的佛，本原之體是什麼？性質類似而方法稍異。[19]

提出同時期的另一位高僧蕅益智旭是反對「參究念

---

[17] 釋聖嚴，《聖嚴法師教淨土法門》，臺北：法鼓文化，2010 年，頁 271。

[18] 釋聖嚴，《明末佛教研究》，《法鼓全集》第 1 輯第 1 冊，臺北：法鼓文化，1999 年網路版，頁 265。

[19] 釋聖嚴，《明末佛教研究》，《法鼓全集》第 1 輯第 1 冊，臺北：法鼓文化，1999 年網路版，頁 185。

佛」，並曾經批評過雲棲袾宏。而聖嚴依據雲棲袾宏所著《阿彌陀經疏鈔》，認為若嚴格來說的話，雲棲袾宏所使用的念佛方法是「體究」非「參究」，兩者之性質相似而方法有所不同，主張「體究」是一種審查的工夫；「參究」是一種參問的工夫。聖嚴亦在《念佛生淨土》一書中提出：

> 他（蕅益大師）不同意蓮池大師的體究之理，為理一心，並以為體究念佛或參究念佛的方法，不過是攝禪宗歸淨土的一種方便。事實上蓮池大師是基於禪修經驗而將理一心及理持，解釋為禪宗的見性明心，蕅益大師則是從理論思辨上說明禪是禪，淨土是淨土，不應相混。蓮池大師的說法，是從修證體驗及禪淨論點的會合，而指出如何來修念佛法門，也跟禪修不相違背。[20]

認為蕅益智旭主張「參究念佛」是一種攝禪歸淨的方便法門，這是從理論思辨上切入的主張，而雲棲袾宏的主張是從修證體驗上來彙整禪淨的論點。

以上根據聖嚴之著作，探討兩位明末高僧對「參究念佛」的不同主張，雖然聖嚴是研究蕅益智旭的專家，但是可以窺知聖嚴本意是維護雲棲袾宏的明確立場，而相關雲棲袾宏的思想，在後文之中將有詳細的探討與論述，在進入討論「參究念佛」之前，念佛與參禪之間的議題，是有必要先行

---

[20] 釋聖嚴，《念佛生淨土》，《法鼓全集》第 5 輯第 7 冊，臺北：法鼓文化，1999 年網路版，頁 110-111。

研究，方才能了知其演變的痕跡。

三、參究念佛的歷史起源

佛教傳入中國，到第四世紀為止，被稱為翻譯的時代，第五及六世紀，被稱為研究的時代，而到了第七世紀以後，被稱為宗派大成的時代。[21]處於翻譯時代所翻譯出的相關禪與淨的文獻，如後漢支婁迦讖（147–?）所譯的《般舟三昧經》，是一部最早傳入中國與阿彌陀佛有關的經典，內容是念佛與禪定結合的法門；姚秦鳩摩羅什（344–413）所譯的《坐禪三昧經》、《思惟要略法》、《禪秘要法經》皆是觀想念佛與禪定結合的禪經；劉宋畺良耶舍（383–442）所譯的《佛說觀無量壽佛經》，亦是觀想念佛與禪定結合的經典；以上得知漢、晉時代傳入的經典內容主要是念佛與禪定合一的思想。

何時念佛與禪定分流？這個問題的探討，必須從禪宗的形成歷史著手，楊曾文著《唐五代禪宗史》云：

> 從被禪宗奉為初祖的菩提達摩，到惠可、僧璨，可作為醞釀期；唐朝的道信、弘忍正式成立宗派；六祖慧能從五祖弘忍受法南歸弘傳「頓教」禪法，神秀與其弟子普寂在北方弘傳「漸教」禪法，形成南北二宗對峙的局面；經神會北上與北宗爭禪宗正統，唐末（九世紀後）借助朝廷的

---

[21] 野上俊靜等著，釋聖嚴譯，《中國佛教史概說》，臺北：商務印書，1993年，頁29。

裁定，南宗取得正統地位，逐漸形成南宗獨盛的局面。㉒

因為南宗頓教禪法的興盛，由漸教的禪定轉向頓教的參禪。又顧偉康著《禪淨合一流略》云：

> 禪淨兩家，從原始的、混沌合一的禪法中分流而出，其歷史淵源的追溯，可到達摩和曇鸞的時代。從他們開始，禪宗和淨土宗的宗派自覺和發展脈絡，漸漸清晰，日益顯著。㉓

認為禪淨分流是隋、唐時代宗派自覺抬頭，開宗立派所產生的現象。此種宗派自覺產生的分流現象，直到唐末出現了危機，有如圭峰宗密（780－841）《禪源諸銓集都序》云：「禪者目教為漸修」、「今時有但目真性為禪者，是不達理行之旨，又不辨華竺之音也。」、「禪者偏播頓宗」、「講者毀禪，禪者毀講」、「今時禪者多不識義，故但呼心為禪；講者多不識法，故但約名說義；隨名生執難可會通。」㉔等等批評唐末時期禪者與講者的種種現象。針對此種現象，楊曾文著《唐五代禪宗史》云：

㉒ 楊曾文，《唐五代禪宗史》，北京：中國社會科學出版社，1995 年，頁 31。

㉓ 顧偉康，《禪淨合一流略》，臺北：東大圖書，1997 年，頁 70。

㉔ 唐・宗密述，《禪源諸銓集都序》，《大正藏》第 48 冊，經號 2015，頁 397-401。

宗密所處的時代，禪宗南宗不僅已經廣泛傳播，而且禪宗與其它教派以及禪宗內部諸派之間，已產生不少分歧乃至爭論。㉕

由於宗密憂慮如此發展下去，勢必會影響整個佛教存在的危機，所以主張會通禪宗內部諸宗，以及提出禪、教一致論。雖然宗密並沒有直接提出禪淨合一的主張，但是他所提出回歸傳統，重立經典權威的主張，是當時清除佛教內部種種弊端的一副良藥。因此宗密被視為是禪淨合一的關鍵人物。

「參究念佛」雖說是形成於明代，其實在明代之前就已經出現念佛與參禪不相障礙的發展跡象，例如元優曇普度（?–1330）《廬山蓮宗寶鑑》卷三〈念佛參禪求宗旨說〉，舉出北宋時期長蘆宗賾（生卒不詳）云：

念佛不礙參禪，參禪不礙念佛，法雖二門，理同一致。上智之人，凡所運為，不著二諦；下智之人，各立一邊，故不合多起紛爭。故參禪人破念佛，念佛人破參禪，皆因執實謗權，執權謗實，二皆道果未成，地獄先辦。㉖

在北宋時就有念佛與參禪不相障礙的思想，不過這還是

㉕ 楊曾文，《唐五代禪宗史》，北京：中國社會科學出版社，1995 年，頁 413。

㉖ 元・普度編，《廬山蓮宗寶鑑》，《大正藏》第 47 冊，經號 1973，頁 318 中 24-29。

把兩者當作兩種法門來看待，主張兩者不應彼此詆毀。雖然從事相上來看是有二門，但是從理相上來說是一致，此種主張也可以得知北宋時期念佛與參禪之間存在著衝突，因此長蘆宗賾才會提出兩者不相障礙的論調和思想。此種思想到了明雲棲袾宏《雲棲法彙》卷十三〈念佛不礙參禪〉中，更進一步地強調說：

> 念佛不惟不礙參禪，實有益於參禪也。[27]

主張念佛與參禪不只是不相障礙，還對參禪有助益。以上所討論的念佛與參禪，從被視為兩種互相矛盾的法門，漸漸被視為不相障礙的法門。

又根據善遇編《天如惟則禪師語錄》卷二中，天如惟則（?–1354）云：

> 有出家在家諸佛子，念佛脩淨土者，自疑念佛與參禪不同，蓋不知參禪念佛不同而同也。參禪為了生死，念佛亦為了生死。參禪者直指人心見性成佛，念佛者達惟心淨土見本性彌陀，既曰本性彌陀惟心淨土，豈有不同者哉！經云：「譬如大城外有四門，隨方來者非止一路，蓋以入門雖異，到城則同。」參禪念佛者，亦各隨其根器所宜而

---

[27] 明・袾宏著，《雲棲法彙》，《嘉興藏》第33冊，經號B277，頁50下4-5。

已，豈有異哉！㉘

提出念佛與參禪依根器不同而入門有所不同，但其根本為了生脫死以及見佛性是相同。從文中也可得知當時念佛者對參禪是存在著疑慮，所以天如惟則為了解除念佛者的疑心而提出的此種觀念。《雪關禪師語錄》卷四〈答集生余居士問〉中雪關智誾（1585－1637）云：

> 若初心參學宜求一門深入，不可腳踏兩船，參禪則單提一句公案，徹悟本地風光；念佛則單提一句彌陀，究極惟心淨土。然後融禪入淨，似一毫致於太虛，融淨入禪，譬一滴投於巨壑，可謂埜色更無山間斷，天光直與水相通。㉙

主張念佛與參禪對於初心學人，最好選擇一門深入，深入之後不論是融禪入淨或是融淨入禪，都是自自然然達成一體。雖然天如惟則依根器來說明兩者的不同而同；雪關智誾依初心學人來強調兩者的不同而同，但是兩位高僧皆主張念佛與參禪不相障礙的思想是一致。

另外與天如惟則同時期的妙叶（生卒不詳，元、明之際）於其所集《寶王三昧念佛直指》卷一〈開示禪佛不二法

㉘ 善遇編，《天如惟則禪師語錄》，《卍纂續藏》第 70 冊，經號 1403，頁 767 上 17-23。

㉙ 明・智誾說，成巒等錄，開詗編，《雪關禪師語錄》，《嘉興藏》第 27 冊，經號 B198，頁 464 中 5-9。

門第七〉中，云：

> 參禪即念佛，念佛即參禪，禪非佛不得往生，佛非禪不得觀慧，念佛參禪豈有二致！[30]

妙叶不再討論念佛與參禪同或不同的問題，直接以不二的立場，主張念佛即是參禪，參禪即是念佛的思想。針對念佛與參禪不二的思想，明德清撰《憨山老人夢遊全集》卷五〈示慧鏡心禪人〉中，憨山德清云：

> 若念佛念到一心不亂，煩惱消除，了明自心，即名為悟，如此則念佛即是參禪。若似菩薩，則是悟後不捨念佛，故從前諸祖皆不捨淨土，如此則念佛即是參禪，參禪乃生淨土。此是古今未決之疑，此說破盡而禪淨分別之見，以此全消，即諸佛出世亦不異此說。若捨此別生妄議，皆是魔說非佛法也。[31]

認為念佛達到一心不亂、了明自心時，念佛即是參禪，參禪定生淨土，來破除古今學人分別禪淨的疑見。而此種以一心不亂說明念佛與參禪不二的思想，尚有《象田即念禪師語錄》卷一，湛如上人設茶請示眾下，云：

---

[30] 明・妙叶集，《寶王三昧念佛直指》，《大正藏》第 47 冊，經號 1974，頁 364 上 24-26。

[31] 明・德清撰，福善日錄，《憨山老人夢遊全集》第 5 卷，《嘉興藏》第 22 冊，經號 B116，頁 522 上 19- 中 1。

> 往往謂念佛參禪不同，誰道參禪念佛不同？當知參禪參此心也，念佛念此心也。蓋參禪者，貴乎心如牆壁，方可入道。念佛者貴乎一心不亂，始得三昧。若得心如牆壁，自然一心不亂；若得一心不亂，自然心如牆壁，豈有二哉！[32]

即念淨現（生卒不詳）乃石雨明方（1593－1648）之法嗣，主張念佛與參禪所用的心是同一個，不是另外有兩個念佛的心與參禪的心，既然是用同一個心，就不需要再分別念佛與參禪有何不同，重點在於是否達到一心不亂，一旦達到一心不亂的境界，念佛即是參禪。又《新續高僧傳》卷四十七，清潤州焦山寺沙門釋覺源傳中，性海覺源（1751－1819）云：

> 以念佛之心參禪，則參禪即歸淨土；以參禪之心念佛，則念佛即是深禪。[33]

也是主張心才是能夠使念佛即是參禪的主要因素。又《禪祖念佛集》卷二，〈鼓山永覺禪師〉中，永覺元賢（1578－1657）云：

---

[32] 淨現說，淨癡等錄，《象田即念禪師語錄》，《嘉興藏》第 27 冊，經號 B191，頁 160 下 29-161 上 3。

[33] 喻謙著，《新續高僧傳》，《大藏補編》第 27 冊，經號 151，頁 350 中 8-9。

> 汝謂參禪為頓者，謂其一念不生，即名為佛也。試觀憶佛念佛，至於心開見佛，與一念不生，果有淺深否？[34]

主張念佛的心開見佛與參禪的一念不生，兩者沒有淺深之分別，可以說是同等境界。在永覺元賢的《淨慈要語》〈念佛正行〉中云：

> 持名有理有事，理持者直將阿彌陀佛四字當個話頭，二六時中直下提撕，不以有心念；不以無心念；不以亦有亦無心念；不以有非非無心念，前後際斷一念不生，不涉階梯超登佛地。[35]

得知永覺元賢提倡念佛，主張將阿彌陀佛四字當個話頭的念佛方法，而此種念佛只是參禪的另一種方式[36]，又此種參禪的方式即是「參究念佛」的方法之一。有關此議題留待後文再詳細地探討之。

又《湛然圓澄禪師語錄》卷六，記載有一僧問湛然圓澄（1561－1626）：「參禪與念佛是同是異？」的問題，湛然圓澄回應說：

---

[34] 慧中集，《禪祖念佛集》，《大藏補編》第 32 冊，經號 183，頁 551 下 1-3。

[35] 明・元賢述，《淨慈要語》，《卍纂續藏》第 61 冊，經號 1166，頁 812 中 9-13。

[36] 釋聖嚴，《明末佛教研究》，臺北：法鼓文化，2020 年，頁 194。

> 自己尚不會，管他閒事。[37]

以一種完全不理會漠視的態度處理此議題，這是中國禪宗臨濟一派的風格。又《破山禪師語錄》卷九〈示昇所冉居士〉中，破山海明（1597－1666）云：

> 參禪與念佛，頓漸兩條路，勿問別與同，到家驀直去。[38]

也是主張不用問念佛與參禪的同或異，兩者的終極目標是一致。又《東山梅溪度禪師語錄》卷十〈示允章李居士〉中，云：

> 欲出無明千仞淵，必須念佛與參禪，參禪可破去來相，念佛能空生死緣，生死緣空風在樹，去來相破月橫天，古今多少修持輩，未有不由二事圓。[39]

梅溪福度（1637－1701）認為念佛與參禪可以超出無明，參破執著，解脫生死。又《暉州昊禪師語錄》卷六〈垂

---

[37] 明凡錄，丁元公・祁駿佳編，《湛然圓澄禪師語錄》，《卍纂續藏》第72冊，經號1444，頁808上6-7。

[38] 清・海明說，印正等編，《破山禪師語錄》，《嘉興藏》第26冊，經號B177，頁36下29-30。

[39] 清・福度說，慶緒等編（依駒本印），《東山梅溪度禪師語錄》，《嘉興藏》第39冊，經號B447，頁417上8-11。

問〉中，云：

> 示念佛參禪無二，師云：「若論禪淨兼修，別無奇特，只要放下身心，忘言絕慮，各向本參念佛是誰，徹底掀翻，疑情頓破，心鑒圓明，了無瑕翳，頭頭總是西方，步步無非極樂。」[40]

暉州昊姪（生卒不詳）乃屬了宗超見（1614–1688）的法嗣，認為念佛與參禪無二，主張直接參念佛是誰，頓破疑情，西方極樂就在當下。甚至到了當代的虛雲（1840–1959）對念佛與參禪也提出云：

> 念佛到一心不亂，何嘗不是參禪，參禪參到能所雙忘，又何嘗不是念實相佛。禪者淨中之禪；淨者禪中之淨，禪與淨本相輔而行。[41]

認為念佛念到一心不亂，就是參禪，而參禪參到能所雙忘，就是念實相佛，因此主張禪與淨之間是相輔相成的關係。以上探討完諸師對念佛與參禪的種種主張與態度，可以得知北宋開始至元、明、清，祖師們對念佛與參禪的議題持續關注，並開導導正當時學人的疑惑、觀念，促使念佛與參

---

[40] 清・昊說，性珍・寂寶等錄（依駒本印），《灤州萬善暉州昊禪師語錄》，《嘉興藏》第 39 冊，經號 B460，頁 740 下 23-26。

[41] 岑學呂等編，《虛雲和尚年譜法彙合刊》，臺北：新文豐，1996 年，頁 152。

禪兩者之間，由矛盾衝突發展成和平融合，其中有著祖師們的智慧勇於向傳統挑戰，才有念佛與參禪不二之成果。

念佛與參禪不二的發展過程，形成念佛即是參禪的思潮，此種風氣在明代產生出「參究念佛」的新名詞。擬以三點來探究之：一、何謂參究念佛；二、參究念佛起自何典；三、參究念佛始於何人。

（一）何謂參究念佛？

根據元斷雲智徹（1310－?）述《禪宗決疑集》中，云：

> 或有參無字者；或有參本來面目者；或有參究念佛者；公案雖異，疑究是同。[42]

認為參究念佛即是公案的一種。明憨山德清撰《憨山老人夢遊集》卷十一中云：

> 參究念佛意在妙悟者，乃是以一聲佛，作話頭參究，所謂念佛參禪公案也。[43]

主張參究念佛即是念佛參禪公案之意，也就是念佛參話頭的公案稱為參究念佛。雲棲袾宏輯《禪關策進》中，評論

---

[42] 元・智徹述，《禪宗決疑集》，《大正藏》第48冊，經號2021，頁1015下22-24。

[43] 福善日錄，通炯編輯，《憨山老人夢遊集》第11卷，《卍纂續藏》第73冊，經號1456，頁531上20-22。

黃檗希運（?–850）禪師示眾下云：

> 此後代提公案，看話頭之始也。然不必執定無字，或無字；或萬法；或須彌山；或死了燒了等；或參究念佛；隨守一則，以悟為期，所疑不同，悟則無二。㊹

點出參究念佛即是看話禪的一種。然而雲棲袾宏又在《佛說阿彌陀經疏鈔》卷三中，解釋「持」分事理，並提出「體究念佛」云：

> 憶念無間是謂事持，體究無間是謂理持，下當詳辯，以是為因。後一心不亂亦有事理，其不解此意者，以念佛是被鈍根，參禪乃能悟道。初機聞此，莫能自決，不知體究念佛，與前代尊宿教人，舉話頭下疑情，意極相似。故謂參禪不須別舉話頭，只消向一句阿彌陀佛上著到，妙哉言乎！㊺

主張「體究念佛」與參話頭起疑情的理體上是相同。但是《無異元來禪師廣錄》卷二十四，無異元來（1575–1630）針對雲棲袾宏的「體究念佛」，加以辯正云：

㊹ 明・袾宏輯，《禪關策進》，《大正藏》第 48 冊，經號 2024，頁 1098 中 6-9。

㊺ 明・袾宏述，《阿彌陀經疏鈔》，《卍纂續藏》第 22 冊，經號 424，頁 659 下 14-20。

> 《鈔》中謂體究念佛，參與體者，不容無說。參謂參破；體謂體貼，體貼亦有佇思之義，宗門必不用。[46]

認為雲棲袾宏的體究念佛是有必要深究「參究」與「體究」之差異，並且提出參究是參破問出「念佛的是誰」，而體究是佇思審查能念的心與所念的佛，其本原之體是什麼？兩者性質類似而方法稍異。[47]無異元來主張「體究」一詞，禪宗必定不會使用此語，認為應該使用「參究」，方才符合禪宗之本意。事實上雲棲袾宏雖然在《佛說阿彌陀經疏鈔》中使用「體究」之詞，但是在其另一著作《雲棲法彙》之中，也提出贊同「參究」之說法，如〈雲棲大師遺稿〉卷三雜答下云：

> 歸元性無二。方便有多門。今之執禪謗淨土者。卻不曾真實參究。執淨土謗禪者。亦不曾真實念佛。若各各做工夫到徹底窮源處。則知兩條門路原不差毫釐也。[48]

文中真實參究指參禪，而真實念佛指體究念佛，因此雲棲袾宏是兩者都贊同的態度，並沒有嚴格區別體究與參究之

---

[46] 清・弘瀚彙編，《無異元來禪師廣錄》，《卍纂續藏》第 72 冊，經號 1435，頁 332 下 3-4。

[47] 釋聖嚴，《明末佛教研究》，《法鼓全集》第 1 輯第 1 冊，臺北：法鼓文化，1999 年網路版，頁 163。

[48] 明・袾宏撰，《雲棲法彙》，《嘉興藏》第 33 冊，經號 B277，頁 145 下 3-7。

分，還提出兩者的念佛參禪方法是可以並行，足見參究念佛可分成兩種類型的方法，有關此議題待後文再探究之。

（二）參究念佛起自何典？

此問題的提出首見於明、清之際，唐時（生卒不詳，乃雲棲袾宏的門人）於康熙五年（1666）編《如來香》卷四〈叅究念佛門〉中，列舉了《大方等大集經賢護分》、《坐禪三昧經》、《大般若經》㊾等經，提出經中所說念佛三昧可視為參究之出處，並稱此為如來禪之修淨土者。又舉出禪宗開始於印度迦葉、阿難二尊者，直至馬鳴、龍樹二禪祖中興教法，造諸論以申明念佛，稱此為祖師禪之修淨土者。魏晉菩提達摩東來，六代傳衣惠能，直至宋五燈鼎盛時，諸大宗匠，或自己密修；或以勸人修；皆發揚淨土之要旨，稱是淨土之禪，禪之淨土。元、明之際諸師的參究念佛，以念佛作禪參，令人參禪生淨土，認為此是如來禪與祖師禪合一的淨土之禪。㊿根據唐時的說法，「參究念佛」法門可以溯源自念佛三昧，講述念佛三

㊾ 唐時所引的《大方等大集經賢護分》、《坐禪三昧經》兩經出處，是來自優曇普度《廬山蓮宗寶鑑》之內文。筆者查核後，《大方等大集經賢護分》現前三昧中十法品第十三之偈文，確有念佛得三昧入無上深妙禪之意。（《大正藏》第13冊，經號416，頁892中19-下9）；《坐禪三昧經》第五治等分法門之中，提出「專心念佛，不令外念，外念諸緣，攝之令還」得成念佛三昧。（《大正藏》第15冊，經號614，頁277上2-3）；玄奘譯，《大般若波羅蜜多經》第575卷，《大正藏》第7冊，經號220，頁972上18-22。

㊿ 筆者簡要唐時文意，全文詳見唐時編，《如來香》第52冊，國家圖書館善本，編號8951，頁407中1-408上6。

昧法門的經論皆是參究念佛之濫觴。

（三）參究念佛始於何人？

此問題有兩種不同意見，一種唐時主張真歇清了（1089–1151）；另一種蕅益智旭主張斷雲智徹。

1. 真歇清了

此種說法乃唐時《如來香》〈叅究念佛門〉中，云：

> 參究之說，則自真歇始，優曇、智徹、楚石、毒峰、天奇、古音，皆教人參念佛者是誰？[51]

明言參究，參的是「念佛者是誰」之話頭，主張教授此種方法的祖師，首列真歇清了，之後連著列出優曇普度、斷雲智徹、毒峰本善、天奇㷀絕（?–1508）、古音淨琴（生卒不詳，1512 年左右）等多人。由於真歇清了的著作並未遺留下來，也無法進一步做深入的研究，期待日後能有新文獻的出世。

2. 斷雲智徹

蕅益智旭著《靈峰蕅益大師宗論》卷五〈參究念佛論〉中云：

> 顧念佛一行，乃有多塗，《小經》重持名，《楞嚴》但

---

[51] 唐時編，《如來香》第 52 冊，國家圖書館善本，編號 8951，頁 408 上 6-7。

> 憶念，《觀經》主於觀境，《大集》觀佛實相，後世智徹禪師，復開參究一路；雲棲大師極力主張淨土，亦不廢其說，但法門雖異，同以淨土為歸。[52]

此文中舉出念佛法門有多種，其中有參究念佛法門。蕅益智旭認為是斷雲智徹所開創，但是主張斷雲智徹與雲棲袾宏兩者皆以淨土為依歸。根據斷雲智徹述《禪宗決疑集》〈復懲懈惰止境息迷〉中，云：

> 汝暫舉心，塵勞先起，是至此心無二用，究竟非一，或有參無字者，或有參本來面目者，或有參究念佛者，公案雖異，疑究是同。[53]

明確地提出參究念佛的詞語，而在斷雲智徹之前的祖師，都未曾有人提出參究念佛的詞語。

總之，參究念佛是公案的一種，是念佛參話頭的公案，也是看話禪的一種。而參究念佛的起源出處是來自念佛三昧，凡是講述念佛三昧的經論，皆是參究念佛的依據。蕅益智旭認為參究念佛的創始者是斷雲智徹；唐時認為創始者是真歇清了。真歇清了與斷雲智徹兩人都有參究念佛方法的教學，但是真歇清了並沒有留下著作，所以無法斷定是創始

---

[52] 明・智旭著，《靈峰蕅益大師宗論》，《嘉興藏》第 36 冊，經號 B348，頁 344 上 26-29。

[53] 元・智徹述，《禪宗決疑集》，《大正藏》第 48 冊，經號 2021，頁 1015 下 21-24。

人，但是斷雲智徹留下了《禪宗決疑集》，文中提到參究念佛的詞語，因此以目前現存的文獻資料，可以判斷參究念佛的詞語，開始於斷雲智徹。

四、參究念佛的種類與特色

參究念佛之種類，雖然曾有學者認為約分二種[54]，但是筆者認為當可細分為三種，其一，念佛號參「念佛的是誰」；其二，直將四字佛號當話頭；其三，一句佛號念到底。以下逐一分析探究之。

（一）念佛號參「念佛的是誰」

此種類又可分幾種模組，現將以代號型式，將「佛號」當作甲，「念佛的是誰」當作乙，「疑情」當作丙，「悟境」當作丁，來分析比較歷代祖師的教學。

1. 優曇普度

《廬山蓮宗寶鑑》卷二〈參禪念佛三昧究竟法門〉中，云：

> 遠祖師禪經序云：「禪非智無以窮其寂，智非禪無以深其照，禪智者照寂之謂其相濟也。照不離寂，寂不離照，感則俱遊，應則同趣。」慈照云：「寂而常照，照而常寂，常寂常照，名常寂光。」念佛之人，欲參禪見性，但依此法，要於靜室正身端坐，掃除緣累，截斷情塵。瞠開

---

[54] 何松，〈明代佛教諸宗歸淨思潮〉，《宗教學研究》第 1 期，頁 53。

眼睛，外不著境，內不住定，回光一照，內外俱寂。然後密密舉念南無阿彌陀佛三五聲，回光自看，云：「見性則成佛，畢竟那箇是我本性阿彌陀？」却又照覷看，只今舉底這一念，從何處起覷破這一念，復又覷破這覷底是誰？參良久。

又舉念南無阿彌陀佛，又如是覷、如是參，急切做工夫，勿令間斷，惺惺不昧，如雞抱卵，不拘四威儀中亦如是。舉如是看、如是參，忽於行住坐臥處聞聲見色時，豁然明悟，親見本性彌陀，內外身心，一時透脫，盡乾坤大地，是箇西方，萬象森羅，無非自己，靜無遺照，動不離寂。[55]

優曇普度的教學雖然沒有明確提出「參究念佛」之用詞，但是已經教人念佛三聲五聲之後，回看「那箇是我本性阿彌陀」，又此念頭從何處起？進一步再看破起此念頭底是誰？工夫急切不斷，清楚而綿密，有如母雞抱孵蛋卵一般，忽然於日常生活中，開悟見本性彌陀。其中過程：念甲→自看乙→照覷看乙→起乙→覷破乙；又念甲→覷（看）乙→參乙→丁兩種模組，尚未用到疑情，但是重視「寂照不二」的工夫，還列舉東晉佛陀跋陀羅（359－429）譯《達摩多羅禪經》與南宋慈照宗主（?－1166）的觀點。優曇普度的看「那箇是我本性阿彌陀」即是「看話頭」，或許這可以被視為是

[55] 元・普度編，《廬山蓮宗寶鑑》，《大正藏》第47冊，經號1973，頁311下22-312上9。

後來發展成「念佛底是誰」的始端。

2. 斷雲智徹

《如來香》卷四〈參究念佛門〉西蜀智徹禪師下，云：

> 若坐時待喘息已定，微微動口念南無阿彌陀佛一聲，或三五七聲，默默返復，一問這一聲佛從何處起？問三五七遍。又復一問這念佛底是誰？又問三五七遍，有疑只管疑去。若問處不親，疑情不切，再舉個畢竟念佛底是誰？如是問，如是疑。所以古德云：「有疑即悟，無疑即不悟。」直須問這念佛底是誰？問教親，疑教切。前設一問，這一聲佛從何處起？最尊最貴，最妙最玄。後一問，念佛底是誰？徹骨徹髓，見膽見心。又問畢竟念佛底是誰？如痛上加鞭，似喉中一捏，便欲斷人命根也。於前一問，少問少疑，只向第二問這念佛底是誰？諦審諦問，此一問正如就窠打劫，當處發機。於是學人命根未斷，至理不明，不得已而起模畫樣，說箇方便。十二時中，四威儀內，動靜寒溫，苦樂逆順，道在其中。若是動處鬧處，疑情不現，出聲念南無阿彌陀佛亦可。或念三五十聲，依前復疑復問，問來問去，疑來疑去，不疑自疑，不問自問，寢食俱忘，不覺築着磕着，囫地一聲，心華燦發，夢眼豁開。目前總是故鄉，本性彌陀獨露，唯心淨土，步步相隨，這邊那邊，應用不缺。[56]

---

[56] 唐時編，《如來香》第 52 冊，國家圖書館善本，編號 8951，頁 405 上 2-406 上 2。

斷雲智徹的教學是教人念佛一聲或三聲、五聲、七聲之後，一問「念佛底是誰」，反覆審問「念佛底是誰」，達到不疑自疑、不問自問，甚至廢寢忘食，工夫成熟，得見自性彌陀，唯心淨土。其中過程：念甲→問甲→問乙→丙→丁的模組，已經出現疑情的用法。此文中雖然也尚未提及「參究念佛」，但是明確地使用「念佛底是誰」的話頭，而且是「問話頭」的方法。

3. 楚石梵琦

《如來香》卷四〈叅究念佛門〉楚石梵琦禪師下，云：

> 但將一句阿彌陀佛，置之懷抱，默默體究。常時鞭起疑情，這念佛底是誰？念念相續，心心無間。如人行路，到水窮山盡處，自然有箇轉身的道理，囫地一聲，契入心體。[57]

楚石梵琦（1296－1370）的教學已經出現前人未有的「體究」用詞，提出經常抱著佛號，以體究「念佛底是誰」起疑情而契入心體。其中過程：甲→丙→乙→丁的模組，先起疑情再念佛底是誰，有別於斷雲智徹。

4. 天真毒峰

《天真毒峰善禪師要語》卷一〈示本空禪人〉中，云：

---

[57] 唐時編，《如來香》第 52 冊，國家圖書館善本，編號 8951，頁 406 上 5-8。

誠有如是操志，先與汝等傳授菩薩戒法，此為成佛之基本，然後付與一則參究念佛公案……但將無始劫來，習熟底世間之事，放教生疏，卻將出世間未聞之事，行持得純熟，自然成就。向一切時中，提起所參話頭，念佛三五七聲，卻返問念佛底是誰？念佛底是誰？畢竟念佛底是誰？吽。

前問念佛底是誰？徹骨徹髓，見膽見心，正是就窠打劫，當處發機。又問畢竟念佛底是誰？卻似痛上加鞭，一如喉下一捏，便要斷人命根。若是命根不斷，則見理不明，須是深下疑情，疑這念佛底是誰？綿綿密密，挨拶將去，如撞著生冤家相似，直下不能解交，憤憤地逼拶得他情窮理極，意識不行。卻似老鼠入牛角底時節，一念不生全體是佛，雖然亦是暫時，岐路相逢若便認著，則與昨日之迷，無有異也。直待久久純熟，打成一片，行亦如是，坐亦如是，東西不分，南北不辨，通宵不寐，寢食俱忘，做到這裡，只喚作塵勞暫息，寂靜輕安之境……驀然信手，摸著鼻孔，囫地一聲，元來秪是舊時人，只改舊時行履處。58

天真毒峰（1419－1482）的教學是先傳菩薩戒，再教參究念佛公案，而參究念佛以「參話頭」為先，再念佛三聲、五聲、七聲，不斷地反問「念佛底是誰」，直至起疑情，達到一念不生全體是佛，寂靜輕安之境界。其中過程：參乙→

58 明・本善記，悟深編，《天真毒峰善禪師要語》，《嘉興藏》第25冊，經號B159，頁138上26-中26。

念甲→問乙→丙→丁的模組，因此天真毒峰教授的方法，是有別於前幾位祖師先念佛再問「念佛底是誰」的方法，而是主張先參「念佛底是誰」再念佛，之後反覆問「念佛底是誰」，在方法的順序上有些差異。

5. 天奇𥩟絕

《禪關策進》卷一〈天奇和尚示眾〉中，云：

> 終日念佛，不知全是佛念，如不知，須看個念佛的是誰？眼就看定，心就舉定，務要討個下落。[59]

天奇𥩟絕的教學主張不能只念佛，一定要看「念佛的是誰」，才能眼定心定，否則不稱作念佛而是佛念，因此強調「看」也就是反觀的重要性。其中過程：念甲→看乙而已，雖然沒有詳細的教學內容，但是與前面三位祖師所用「念佛底是誰」改成「念佛的是誰」，「底」與「的」[60]字雖不同，並不影響用功功效，在歷代祖師還有省掉此字「念佛是誰」的用法。

6. 憨山德清

《憨山老人夢遊集》卷八〈示性覺禪人〉中，云：

> 禪人發心真實，為生死大事，唯有參究向上一著，為真

---

[59] 明・袾宏輯，《禪關策進》，《大正藏》第 48 冊，經號 2024，頁 1104 下 16-18。

[60] 「底」乃指示代詞，有此、這之意；「的」乃代詞，有代替所指的人之意。

實工夫，先要辨一片長遠決定不退之志。古人二三十年，單提一念，不悟不休，第一不得指望速成就。釋迦老子，三大阿僧祇劫，磨煉身心，豈是鈍根耶？古德參究機緣儘多，唯有念佛的是誰一則，審實話頭，最易得力。禪人今日發心參究，但將此一則公案，時時提撕。先將身心內外，一切妄想褷亂念頭，一齊放下，放到沒可放處，即深深提起一聲阿彌陀佛四字，歷歷分明，急著眼看，看得少不得力。又提一聲佛，有力便下疑情，審問者念佛的是誰？

審之又審，畢竟是誰？看得纔有昏散現前，即便快著精彩，又提又看，又審又疑，疑到疑不得處，胸中如銀山鐵壁，立在心目之閒，如此便是話頭得力時也。若到此得力處，正好重下疑情，於日用一切時，一切處，念念不移，乃至久久夢中，一似醒時一般。若用力到此，決不可退墮，忽然疑團迸裂，自然頓見本來面目。[61]

憨山德清的教學主張先提起一聲阿彌陀佛，歷歷分明，有力便下疑情問「念佛的是誰」，如此反覆提、看、審，疑情生起直到疑團迸破，頓見本來面目。其中過程：念甲→下丙→問乙→重下丙→丁的模組。又同書卷十一〈答湖州僧海印〉中，云：

參究念佛亦如此參，但提起一聲佛來，即疑審是誰，深

---

[61] 福善日錄，通炯編輯，《憨山老人夢遊集》，《卍纂續藏》，第 73 冊，經號 1456，頁 514 下 17-515 上 8。

> 深觀究，此佛向何處起，念的畢竟是誰，如此疑來疑去，參之又參，久久得力，忽然了悟，此為念佛審實公案，與參究話頭，原無兩樣，畢竟要參到一念不生之地，是為淨念。《止觀》云：「若心馳散，應當攝來歸於正念。」正念者無念也，無念乃為淨念，只是正念不昧，乃為相繼。[62]

文中憨山德清認為參究念佛與參究話頭相同，都是要參到一念不生，淨念、正念、無念的境地。

7. 印光

《印光大師全集》〈書信一函遍復〉中，云：

> 念佛之人，不可涉於禪家參究一路。以參究者，均不注重於信願求生。縱然念佛，只注重看念佛的是誰，以求開悟而已。[63]

印光雖然主張念佛的人，不可以用禪宗的參究方法，其原因是參究的人，只重視求開悟，不注重信願期求往生，並非反對看「念佛的是誰」。又在〈復汪雨木居士書附來書〉中，云：

> 鄙意以為念佛求生之人，當先求知念佛的是誰。蓋既見

---

[62] 福善日錄，通炯編輯，《憨山老人夢遊集》，《卍纂續藏》第 73 冊，經號 1456，頁 531 中 2-9。

[63] 釋印光，《印光大師全集》第 2 冊，臺北：佛教書局，1999 年，頁 17。

主人翁，則念佛方有用處，求生方有把握。不特念佛應當如是，即念經持呪，亦何莫不然。

今人動則老實念佛，死心念佛，即可往生。不知苟不能識得念佛的是誰，則念佛何能死心。[64]

認為念佛求往生之人，首先應當了知「念佛的是誰」，見得主人翁，也就是見到自性佛後，念佛才會有用，才能老實念佛，死心念佛。又在〈彌陀聖典序〉中，云：

禪宗看念佛的是誰，並各種話頭，以期親見父母未生前本來面目者是。此於四種念佛中，名為實相念佛焉。[65]

文中的四種念佛乃是觀像（相）、觀想、持名、實相等念佛法，印光把看「念佛的是誰」列入實相念佛。雖然印光在其著作之中，並沒有明確標出參究念佛一詞，但是也主張念佛的人必須先求知「念佛的是誰」。

8. 虛雲

《虛雲和尚年譜》癸巳師一百一十四歲下，云：

宋朝以後，念佛者多，諸大祖師，乃教參「念佛是誰」，現在各處用功的都照這一法參究。話頭者，「念佛

[64] 釋印光，《印光大師全集》第 1 冊，臺北：佛教書局，1999 年，頁 204-205。

[65] 釋印光，《印光大師全集》第 2 冊，臺北：佛教書局，1999 年，頁 316。

是誰」就是一句話，這句話在未說的時候叫話頭，既說出就成話尾了。我們參話頭就是要參這「誰」字，未起時究竟是怎樣的。66

又《虛雲和尚法彙》〈參禪的先決條件〉中，云：

念佛即是觀佛。觀佛即是觀心。所以說。「看話頭。」或者是說。「看念佛是誰。」就是觀心。即是觀照自心清淨覺體。即是觀照自性佛。……若是參禪看話頭，就看「念佛是誰」。你自己默念幾聲「阿彌陀佛」，看這念佛的是誰？這一念是從何處起的？當知這一念不是從我口中起的，也不是從我的肉身起的。若是從我身或口起的，我若死了，我的身口猶在，何以不能念了呢？當知此一念是從我心起的。即從心念起處，一覷覷定，驀直看去，如貓捕鼠，全副精神集中於此，沒有二念。但要緩急適度，不可操之太急，發生病障，行住坐臥都是如此，日久功深，瓜熟蒂落，因緣時至，觸着碰着，忽然大悟。67

主張「看念佛是誰」就是觀心，觀心就是觀自性佛。因此虛雲的教學主張先默念幾聲佛號，再看念佛的是誰，而且

---

66 岑學呂等編，《虛雲和尚年譜》，臺北：新文豐，1996年，頁217。

67 岑學呂等編，《虛雲和尚法彙》，臺北：新文豐，1996年，頁157-158。

強調重點是看誰在念佛的這一念心，專注此一念心，達到心無二念的境地，待因緣成熟，當下即能開悟。其中過程：念甲→看乙→丁的模組，文中雖然沒有提到疑情，但在〈話頭與疑情〉中，云：

> 看話頭先要發疑情，疑情是看話頭的拐杖。何謂疑情？如問念佛的是誰，人人都知道是自己念。但是用口念呢？還是用心念呢？如果用口念，睡著了還有口？為什麼不會念？如果用心念，心又是個什麼樣子？卻沒處捉摸。因此不明白，便在「誰」上，發起輕微的疑念，但不要粗，愈細愈好，隨時隨地，單單照顧定這個疑念，像流水般不斷地看去，不生二念。若疑念在，不要動著他；疑念不在，再輕微提起。……「念佛是誰」四字，最著重在個「誰」字，其餘三字不過言其大者而已。[68]

得知虛雲認為「念佛是誰」的「誰」，才是發起疑念的重點，而看念佛的是誰，必先發疑情，因此其過程模組可為：念甲→丙→看乙→丁。又〈致馬來亞麻坡劉寬正居士函三則（其一）〉中，云：

> 居士既徘徊於禪淨之門，則何妨合禪淨而雙修。於動散之時，則持名念佛；靜坐之際，則一心參究念佛是誰，如

[68] 岑學呂等編，《虛雲和尚法彙》，臺北：新文豐，1996 年，頁 166-167。

斯二者，豈不兩全其美。[69]

主張禪淨之門，可合而雙修。平日生活動散的時候，可以持稱佛名號；而靜坐的時候，可以專心參究念佛的是誰。

以上列舉八位祖師的參究念佛方法，每位祖師的教學各有特色，從元代優曇普度、斷雲智徹、楚石梵琦，明代天真毒峰、天奇鞶絕、憨山德清、清末民初印光、虛雲等皆認為念佛必須看「念佛是誰」的參究念佛方法，足以見得明、清之際此種參究念佛方法之盛行。以下再介紹另一種四字佛號當話頭的參究念佛方法。

（二）直將四字佛號當話頭

1. 真歇清了

《淨土或問》引用真歇清了的語句，云：

一心不亂兼含理事，若事一心，人皆可以行之，由持名號心不亂故。如龍得水，似虎靠山，此即《楞嚴》憶佛念佛，現前當來必定見佛，去佛不遠，不假方便，自得心開，連攝中下二根之義也。若理一心，亦非他法，但將阿彌陀佛四字，做箇話頭，二六時中，直下提撕，不以有心念，不以無心念，不以亦有亦無心念，不以非有非無心念，前後際斷，一念不生，不涉階梯，徑超佛地。[70]

---

[69] 岑學呂等編，《虛雲和尚法彙》，臺北：新文豐，1996 年，頁 205。
[70] 元・天如則著，明・雲棲袾宏編，弟子廣信校，《淨土或問》，《大正

真歇清了的教學，是直接將「阿彌陀佛」四字當作話頭來使用，也能達到一念不生頓入佛地，稱此種方法即是理一心。

2. 天如惟則

《天如惟則禪師語錄》卷二中，云：

> 念佛者，只是靠取阿彌陀佛四字話頭，別無他說。若是初心參禪者，恐未有下手處，未有趣向處，然此亦無他說，只是汝諸人，各各有箇本來面目，不曾認得這箇本來面目，直下與諸佛同體。你十二時中，語默動靜，行住坐臥，莫不承他恩力，但於此密密體認，即此便是下手處，即此便是趣向處也。[71]

天如惟則的教學，直接承襲了真歇清了的佛號當話頭的禪法，主張「阿彌陀佛」是初心參禪者用功的下手處，認為直接體認吾人與諸佛是同一本體，即能趣向佛地。

3. 終南伏牛山[72]

《紫柏尊者全集》卷八〈法語〉中，云：

藏》第 47 冊，經號 1972，頁 296 中 6-14。

[71] 善遇編，《天如惟則禪師語錄》，《卍纂續藏》第 70 冊，經號 1403，頁 767 中 23- 下 5。

[72] 吳孟謙，〈明代伏牛山鍊磨法門考論〉，摘要：「河南嵩縣的伏牛山，於有明一代與五臺、少室諸山齊名，為僧人參學必至聖地，『鍊磨場』的稱號名聞遐邇。伏牛山鍊磨場，始創於明初臨濟宗禪僧獨空智通，他採取參究念佛的修行方法，並藉由集眾苦修、剋期取證，幫助學人祛除昏散、精勤辦道，從而達到入定、開悟的目標。」《漢學研究》第 35

> 然水齋緣起，考諸大藏未見所據，即其方法相傳，一晝夜芝麻三抄，棗三七二十一枚，分三飧服之，終南伏牛皆以此為定式，或以念佛為話頭，持咒為話頭。[73]

紫柏真可（1543－1603）開示法語中，談及終南伏牛山（河南嵩縣）佛教派系[74]，接眾修行方法之中，有一種以念佛為話頭，即屬參究念佛的方法之一，足見中晚明時期，此種方法依舊流行，例如：無極明信（1512－1574）、笑巖德寶（1512－1581）、雲棲袾宏、憨山德清、紫柏真可、麓亭祖住（1522－1587）、大智真融（1524－1592）……等，都曾經到過伏牛道場參學，多半具有在道場裡實修的經驗。[75]另外，還有一種一句佛號念到底也被認為是參究念佛方法之一。

（三）一句佛號念到底

1. 空谷景隆

《角虎集》卷一〈杭州正傳院空谷景隆禪師〉中，云：

卷第 1 期，2017 年，頁 165。

[73] 德清閱，《紫柏尊者全集》，《卍纂續藏》第 73 冊，經號 1452，頁 213 上 19-22。

[74] 黃夏年，〈明代伏牛山佛教派系考〉：「在這裡（伏牛山）傳教修行的僧人，主要是元代禪宗斷橋妙倫一支的浙江天目山高峰原妙及其弟子中峰明本一系，其中受四川禪宗無際明悟禪師一派的影響很大，早期來山的僧人大多數都是無際明悟的弟子與後人，可以說成立了無際伏牛山禪派一系。」《世界宗教研究》第 2 期，2010 年，頁 45。

[75] 吳孟謙，〈明代伏牛山鍊磨法門考論〉，《漢學研究》第 35 卷第 1 期，2017 年，頁 166。

優曇和尚令提念佛的是誰？汝今不必用此等法，只平常念去。但令身心閑淡，默念不忘，靜鬧閑忙，一而無二，忽然觸境遇緣，打著轉身一句，始知寂光淨土不離此處，阿彌陀佛不越自心。76

空谷景隆（1393－1470）的教學，主張不必提念佛的是誰，只要一句佛號念到底（平常念去），也能達到專一無二的境界，自心與阿彌陀佛無差無別。

2. 古音淨琴

《禪關策進》卷一〈古音琴禪師示眾〉中，云：

行住坐臥之中，一句彌陀莫斷，須信因深果深，直教不念自念。若能念念不空，管取念成一片，當念認得念人，彌陀與我同現。77

古音淨琴的教學，以不斷地念佛（莫斷），念到不念自念的境地，念到認得念佛之人時，即是阿彌陀佛與我合而為一。

3. 雲棲袾宏

《憨山老人夢遊集》卷二十七〈雲棲蓮池宏大師塔銘〉中，云：

---

76 濟能纂輯，《角虎集》，《卍纂續藏》第 62 冊，經號 1177，頁 194 下 2-6。

77 袾宏輯，《禪關策進》，《大正藏》第 48 冊，經號 2024，頁 1104 下 29-1105 上 2。

> 初師發足參方，從參究念佛得力，至是遂開淨土一門，普攝三根，極力主張，乃著彌陀疏鈔十萬餘言，融會事理，指歸唯心。[78]

從憨山德清為雲棲袾宏撰寫的塔銘中，可以知道雲棲袾宏修行參究念佛得力的證據。又《阿彌陀經疏鈔》卷三中，云：

> 參禪乃能悟道，初機聞此，莫能自決。不知體究念佛，與前代尊宿，教人舉話頭下疑情，意極相似。故謂參禪不須別舉話頭，只消向一句阿彌陀佛上著到。妙哉言乎！[79]

雲棲袾宏主張體究念佛與舉話頭下疑情，內涵非常類似，因此不需要另外舉話頭，只要一句佛號念到底即可達到悟道的境地。又《淨土資糧全集》卷六〈論參究念佛〉中，云：

> 蓋參禪乃寂照無為之法，不是塵世中說得的事，要在放下，澄心靜慮，方許少分相應，不須別舉話頭，但持一箇阿彌陀佛，自參自念，久久自有所得。[80]

---

[78] 福善日錄，通炯編輯，《憨山老人夢遊集》，《卍纂續藏》第 73 冊，經號 1456，頁 656 上 12-14。

[79] 袾宏述，《阿彌陀經疏鈔》，《卍纂續藏》第 22 冊，經號 424，頁 659 下 17-20。

[80] 明・袾宏校正，莊廣還輯，《淨土資糧全集》，《卍纂續藏》第 61

此文雖非雲棲袾宏所撰寫，但是其校正而成，所以可以說他贊成參禪是寂照無為的方法，不必要另外舉話頭，只要專持佛號，自參自念，日久也自會得成就。又《雲棲淨土彙語》卷一〈與南城吳念慈居士廣翊〉中，云：

> 入道多門，直捷簡要，無如念佛。念佛一門，上度最勝利根，下至極愚極鈍，蓋是徹上徹下之道，勿以俗見搖惑。古來尊宿教人看話頭，起疑情以期大悟。或看無字；或看萬法等，不一而足。今試比例，假如萬法歸一，一歸何處？與念佛是誰？極相似。若於是誰處倒斷，一歸何處不著問人，自豁然矣。古人謂念佛人欲參禪，不須別舉話頭，正此意也。念佛數聲，回光自看，這念佛的是誰？如此用心，勿忘勿助，久之當自有省。如或不能，直念亦可，使其念不離佛，佛不離念，念極心空，感應道交，現前見佛，理必然矣。[81]

得知雲棲袾宏除了主張第一種的參究念佛之外，也主張舉話頭不能省悟者，可以一句佛號念到底，念到心空境界，感應道交，阿彌陀佛必然現在眼前。

4. 憨山德清

《憨山老人夢遊集》卷九中，云：

冊，經號 1162，頁 611 中 15-18。

[81] 清・虞執西・嚴培西同錄，《雲棲淨土彙語》，《卍纂續藏》第 62 冊，經號 1170，頁 7 下 19- 頁 8 上 5。

> 禪淨二行，原無二法，永明大師示之於前矣，禪本離念固矣。然淨土有上品上生，未常不從離念中修。若曰念佛至一心不亂，豈存念耶？但此中雖是無二，至於下手做工夫，不無巧拙，以參究用心處，最微最密。若當參究時，在一念不生；若云念佛，則念又生也，如此不無兩橛。念就參究念佛處，打作一條，要他不生而生，生即不生，方是永嘉惺寂雙流之實行也。[82]

憨山德清除了主張第一種的參究念佛，也主張一句佛號念到底的參究念佛，認為參究與念佛合而為一時，念不生而生，此時即是達到生即不生的境地，此種境界即是實踐永嘉玄覺（665－713）的「惺寂」雙流的工夫。因此憨山德清更是進一步地認為，參究念佛是可以達成「惺寂」、「止觀」、「寂照」[83]不二的工夫。

總而言之，參究念佛從元代開始，經過明代、清代，直至民初皆可見三種方法的推廣者，而三種參究念佛的方法之中，第二種與第三種可以歸屬為體究念佛，有如前言中日本學者長谷部幽蹊所主張，體究念佛與參究念佛並無明確的

---

[82] 福善日錄，通炯編輯，《憨山老人夢遊集》，《卍纂續藏》第 73 冊，經號 1456，頁 524 上 3-9。

[83] 釋聖嚴，《拈花微笑》：「從永嘉玄覺的《永嘉集》之〈奢摩他頌〉所說『惺惺寂寂，寂寂惺惺』的主張來看，惺惺是『觀』，觀照我們的心念；寂寂是『止』，靜止散亂的心念。當一念不生之時，仍是非常清楚，便成了止觀不二，或云寂照不二的工夫，悟境因此現前。」《法鼓全集》第 4 輯第 5 冊，臺北：法鼓文化，1999 年網路版，頁 257。

區別，只是修行態度上立場的不同，也如聖嚴所主張的兩者性質相似而方法有所不同，所以第一種的參究念佛是參問工夫，而第二種與第三種的體究念佛是審查工夫。

歷史上但凡一種新方法的出現，都會有支持者也會有反對者，所以雙方勢必將會有一場激烈的論諍，此議題留待下文探討之。因此聖嚴念佛禪法的教學，離不開以上三種類型，他會以何種方法為教學中心？聖嚴著《拈花微笑》中云：

> 佛、菩薩或徹悟以後的祖師、禪師們，對眾生的需求，是依眾生所需要而給予的，眾生需要什麼，他們就給什麼！眾生需要聽何種法門，就說何種法門。[84]

依上文所述，筆者認為聖嚴當是依隨學人之根性而定，靈活運用三種類型的參究念佛來接引眾生。

五、諸師論諍參究念佛

參究念佛雖然盛行明、清之際，但是往往一個新方法的出現，大多會經歷一場激烈的論諍，有持反對意見者，也有持擁護意見者。因此參究念佛的出現，也是在論諍的洗禮之下，漸漸地確立其地位方得以發展。

明代推廣參究念佛以雲棲袾宏、憨山德清為首，同時期

---

[84] 釋聖嚴，《拈花微笑》，《法鼓全集》第 4 輯第 5 冊，臺北：法鼓文化，1999 年網路版，頁 140。

之中持反對意見，提出廢除參究念佛者有之。依據《雲棲法彙》卷十三〈參究念佛〉中，云：

> 國朝洪永間，有空谷、天奇、毒峰三大老，其論念佛，天、毒二師，俱教人看念佛是誰？唯空谷謂只直念去，亦有悟門，此二各隨機宜皆是也。而空谷但言直念亦可，不曰參究為非也。予於疏鈔，已略陳之，而猶有疑者，謂參究主於見性，單持乃切往生，遂欲廢參究而事單持。言經中止云執持名號，曾無參究之說，此論亦甚有理，依而行之決定往生，但欲存此廢彼則不可。蓋念佛人見性，正上品上生事，而反憂其不生耶！故疏鈔兩存而待擇，請無疑焉。若夫以誰字逼氣下行，而謂是追究念佛者，此邪謬誤人，獲罪無量。[85]

足見當時以經中無參究之說為由，提出廢除參究念佛有之。然而雲棲袾宏強調不可存單持名號而廢參究念佛，認為應該兩者並存，隨其根機抉擇，才不至於誤人而獲罪無量。雲棲袾宏的主張採取折衷兩存的方式，對於雲棲袾宏的作法不以為然的蕅益智旭，在《靈峰蕅益大師宗論》卷四批評云：

> 雲棲大師發揮念佛法門曰：「有事一心不亂，理一心不亂。」說者謂持名號是事一心，參誰字是理一心，亦何訛

---

[85] 明・袾宏，《雲棲法彙》，《嘉興藏》第 33 冊，經號 B277，頁 49 中 24- 下 3。

也。夫事一心者，歷歷分明，不昏不散是也；理一心者，默契無生，洞明自性是也。是參時話頭純熟，猶屬事門，念時心佛兩忘，即歸理域，安得事獨指念，理獨指參也。又參誰字謂之究理則可，謂理一心不可。然非其人，即究理亦未可輕易。何以故，事有挾理之功，理無隻立之能，幸審思之。[86]

認為雲棲袾宏解釋參念佛是誰為理一心的看法是錯的，主張事有助於理的功效，理不能離開事而獨立，反駁雲棲袾宏對事理一心的詮釋。又在同書卷五云：

後世智徹禪師，復開參究一路，雲棲大師極力主張淨土，亦不廢其說。但法門雖異，同以淨土為歸，獨參究之說，既與禪宗相濫，不無淆訛可商。[87]

認為參究念佛與禪宗相互影響，容易造成混淆錯訛，而怪罪雲棲袾宏不廢參究念佛之過。又在同書卷五云：

無禪之淨土，非真淨土，無淨土之禪，非真禪。然淨土之禪，本不須參究，但一心不亂即靜，名號歷然即慮。若

[86] 明・智旭，《靈峰蕅益大師宗論》，《嘉興藏》第 36 冊，經號 B348，頁 331 下 13-15。

[87] 明・智旭，《靈峰蕅益大師宗論》，《嘉興藏》第 36 冊，經號 B348，頁 344 上 27-30。

夫禪之淨土，必須證極淨心，非可以理奪事。[88]

強調淨土之禪本就不需要參究，主張一心不亂即是靜，名號分明即是慮，靜慮即是禪。又在同書卷二云：

宗鏡云：「一念相應一念佛，念念相應念念佛也。」若更問念佛是誰，頭上安頭，騎驢覓驢，明眼為之噴飯。而近代無知狂悖之徒，反以話頭為奇特，名號為尋常，棄如意珠王，競取瓦礫，可哀矣！[89]

引用永明延壽（904－975）《宗鏡錄》中念佛的方法，認為念佛還問念佛是誰，是一件可笑的事，哀嘆只有無知狂妄的人，才會把話頭當寶珠。雖然蕅益智旭的態度是諷刺當時參究念佛的人，但是在同書卷五中云：

故知參究念佛之說，是權非實，是助非正，雖不可廢，尤不可執。廢則缺萬行中一行，執則以一行而礙萬行也。高明學道之士，試熟計而力行之。[90]

---

[88] 明・智旭，《靈峰蕅益大師宗論》，《嘉興藏》第 36 冊，經號 B348，頁 344 中 19-22。

[89] 明・智旭，《靈峰蕅益大師宗論》，《嘉興藏》第 36 冊，經號 B348，頁 295 中 2-6。

[90] 明・智旭，《靈峰蕅益大師宗論》，《嘉興藏》第 36 冊，經號 B348，頁 344 下 5-7。

蕅益智旭卻同意參究念佛是一種權法、助門，並沒有主張一定要廢除，反而認為參究念佛是萬行之一，只是強調不可執著此方法而已。

清順治己亥年（1659），周克復（生卒不詳）著《淨土晨鐘》，於卷八〈辨參究念佛〉[91]文中，全部選錄雲棲袾宏的說法，認同雲棲袾宏參究念佛與單持名號兩存的主張。卻在清末出現一股反對參究念佛的風潮，有如王耕心（1846－1909）《摩訶阿彌陀經衷論》卷一：

> 先哲論念佛三昧者，厥誤有十，十誤具存，適為真修實證之害，不可不察也。十誤者：一、七日刻期之誤；二、不坐不睡之誤；三、高聲念佛之誤；四、事持理持之誤；五、參究念佛之誤；六、集眾念佛之誤；七、執著觀想之誤；八、執著事懺之誤；九、因陋就簡之誤；十、避難趨易之誤也。[92]
>
> 雲栖大師未能會通遺教，不知念佛三昧有定慧之別，輒以持名念佛所證之一心，為事一心；以參究念佛所證之一心，為理一心。雖先佛遺教，絕無參究念佛之說，亦在所不顧，不知何意也？且禪宗參究話頭，數逾恒沙，亦何取強易念佛為參究？淨宗念佛，本無疑義，今因參究念佛，轉生疑義，詎非枝節？且以參究念佛為理，是以持名念佛

---

[91] 清・周克復，《淨土晨鐘》，《卍纂續藏》第 62 冊，經號 1172，頁 72 中 3-11。

[92] 清・王耕心，《摩訶阿彌陀經衷論》，《卍纂續藏》第 22 冊，經號 401，頁 165 上 14-19。

> 為非理矣！先佛所謂念佛之理，決不如此，諸經具在，亦可覆按，無取空談也。又參究念佛，雖獲一心，仍不能外見諸佛，及極樂淨土，心淨土淨，然後得為念佛三昧。今既不然，尚何一心？尚何三昧之有？蓋大師本以參究念佛，得破本參，故執著枝節之舊法，毅然不讓，不知其說不足增益禪宗，適足破壞淨業，且使先佛所示二種三昧之正宗，皆湮沒無傳，非細故也。二種三昧之別，已詳見上文，而參究之非，尤不容不辯，此參究念佛之誤也。[93]

評斥古德對念佛三昧的十大誤導之禍，也對雲棲袾宏的參究念佛，嚴厲地指出是破壞淨業無益禪宗的舊法。王耕心的個人見解提出後，當時代的印光對王耕心的論調提出反駁的看法。印光於《印光大師全集》〈復永嘉某居士書二〉之中，批評王耕心云：

> 《彌陀衷論》……指斥紫閣、雲棲、蕅益等，適彰其少見少聞，不達如來權實法門，欲以己之一機為準。如古德謂得鳥者網之一目，不可以一目為網；治國者功在一人，不可以一人為國。王耕心決欲以一目為網，一人為國，發而為論，頗自矜張，猶是少年時空復高心，不可一世之狂態。[94]

---

[93] 清‧王耕心，《佛說摩訶阿彌陀經衷論》，《卍纂續藏》第 22 冊，經號 401，頁 166 中 24- 下 15。

[94] 釋印光，《印光大師全集》第 1 冊，臺北：佛教書局，1999 年，頁 98-99。

直接斥責王耕心是孤陋寡聞、少年輕狂、空腹高心，對於佛陀的權實教法不能通達，才會出現不可一世之狂態。甚至虛雲也提出自己的看法，云：

> 有一般不識先人的苦心者，便說念佛是老太婆幹的事；或說參禪是空亡外道。總之，說自己的是，談他人之非，爭論不已，這不僅違背佛祖方便設施的本懷，且給他人以攻擊的機會，妨礙佛教前途的發展，至深且鉅。因此，虛雲特別提出，希望各位老參及新發心的道友們，再不可這樣下去。如果再這般下去，便是佛教的死路一條。[95]

對於批判念佛及參禪爭論不休的人，認為是不懂佛陀方便設施，是有礙佛教發展的行為，並且苦口婆心地勸導阻止，擔憂佛教會走上滅亡之路。

明代盛行的參究念佛，有以佛經中無參究之說為由，主張廢除的大有人在；也有主張單持名號與參究念佛並存，隨根機不同來抉擇法門；也有主張參究念佛與禪宗互用，容易造成混淆錯訛，淨土之禪是不需要參究；也有主張一心不亂，佛號分明即是禪，諷刺參念佛是誰；也有認為參究念佛是萬法之一，是一種權法、助門；也有嚴厲批判念佛三昧，指責參究念佛是執著枝節的老舊法門；也有為了護教，勸阻念佛與參禪的爭論。總之，參究念佛的論諍，雖然經歷一場

---

[95] 岑學呂等編，《虛雲和尚年譜》，臺北：新文豐，1996 年，頁 195-196。

激烈的辯證過程，表現出立場的不同，思考模式的差異，但是卻反映出明末禪風的中興，以及清末民初也曾興起一股禪淨的潮流。聖嚴的念佛禪法是否會將參究念佛的論諍歷史加入教學？雖然筆者不敢妄自揣測，但是對於歷史的軌跡事實，聖嚴應該會巧妙地帶入教學，讓學人清楚三種參究念佛方法不同，並加以細心指導。

六、結論

聖嚴法師第一次念佛禪七的教學，以學人熟悉的《楞嚴經・大勢至菩薩念佛圓通章》，「都攝六根，淨念相繼」的念佛三昧為核心；第二次念佛禪七的教學，仍以《楞嚴經・大勢至菩薩念佛圓通章》的念佛三昧為開端，之後轉而運用《般舟三昧經》的無相三昧、《文殊師利所說摩訶般若波羅蜜經》的一行三昧為主，並完整地指導從有相、有心的念佛開始著力，慢慢漸次地實證無心、無念、無相的方法。筆者根據聖嚴法師在第二次念佛禪七中，最後留下雲棲袾宏的參究念佛方法，暗示著第三次念佛禪七教學的指導方向。

北宋開始至元、明、清甚至到民初，祖師們對念佛與參禪的議題都相當關注，並開導導正當時學人的疑惑、觀念，極力促使念佛與參禪兩者之間，由矛盾衝突發展成和平融合，其中過程有著祖師們的智慧，勇於向傳統挑戰的精神，才有念佛與參禪不二之成果，再由念佛與參禪不二發展至念佛即是參禪，參禪即是念佛的地步，進而有了念佛參話頭的公案，稱之為參究念佛。

參究念佛經過歷代祖師的改造與創新，可分為三類型：

一以念佛參「念佛是誰」為方法；二以「阿彌陀佛」四字當話頭為方法；三以一句佛號念到底為方法。聖嚴法師在第二次念佛禪七，已經明示是依雲棲袾宏的參究念佛為導向。雲棲袾宏的參究念佛主張是依根機抉擇指導方法，聖嚴法師亦當是隨學人之根性而定，靈活運用三種類型的參究念佛來接引眾生。例如：根機屬參禪之人，則令其直參「念佛是誰」的話頭；根機屬念佛禪之人，則引導念幾聲佛號後參「念佛是誰」的第一種類型教學；或引導不起「念佛是誰」之疑者以第二類型教學；根機屬念佛之人，則引導以第三類型教學。以上乃筆者探討推斷之結論，但願能有助於日後念佛禪七的發展與推動。

參考文獻

一、佛典文獻

《大般若波羅蜜多經》，《大正藏》第 7 冊，經號 220。
《大方等大集經賢護分》，《大正藏》第 13 冊，經號 416。
《坐禪三昧經》，《大正藏》第 15 冊，經號 614。
《淨土或問》，《大正藏》第 47 冊，經號 1972。
《廬山蓮宗寶鑑》，《大正藏》第 47 冊，經號 1973。
《寶王三昧念佛直指》，《大正藏》第 47 冊，經號 1974。
《禪源諸銓集都序》，《大正藏》第 48 冊，經號 2015。
《禪宗決疑集》，《大正藏》第 48 冊，經號 2021。
《禪關策進》，《大正藏》第 48 冊，經號 2024。
《佛說摩訶阿彌陀經衷論》，《卍纂續藏》第 22 冊，經號 401。
《佛說阿彌陀經疏鈔》，《卍纂續藏》第 22 冊，經號 424。
《淨土資糧全集》，《卍纂續藏》第 61 冊，經號 1162。
《淨慈要語》，《卍纂續藏》第 61 冊，經號 1166。
《雲棲淨土彙語》，《卍纂續藏》第 62 冊，經號 1170。
《淨土晨鐘》，《卍纂續藏》第 62 冊，經號 1172。
《角虎集》，《卍纂續藏》第 62 冊，經號 1177。
《天如惟則禪師語錄》，《卍纂續藏》第 70 冊，經號 1403。
《無異元來禪師廣錄》，《卍纂續藏》第 72 冊，經號 1435。
《湛然圓澄禪師語錄》，《卍纂續藏》第 72 冊，經號 1444。
《紫柏尊者全集》，《卍纂續藏》第 73 冊，經號 1452。
《憨山老人夢遊集》，《卍纂續藏》第 73 冊，經號 1456。
《憨山老人夢遊全集》，《嘉興藏》第 22 冊，經號 B116。
《天真毒峰善禪師要語》，《嘉興藏》第 25 冊，經號 B159。

《破山禪師語錄》，《嘉興藏》第 26 冊，經號 B177。
《象田即念禪師語錄》，《嘉興藏》第 27 冊，經號 B191。
《雪關禪師語錄》，《嘉興藏》第 27 冊，經號 B198。
《雲棲法彙》，《嘉興藏》第 33 冊，經號 B277。
《靈峰蕅益大師宗論》，《嘉興藏》第 36 冊，經號 B348。
《東山梅溪度禪師語錄》，《嘉興藏》第 39 冊，經號 B447。
《暉州昊禪師語錄》，《嘉興藏》第 39 冊，經號 B460。
《新續高僧傳》，《大藏補編》第 27 冊，經號 151。
《禪祖念佛集》，《大藏補編》第 32 冊，經號 183。
《如來香》，國家圖書館善本第 52 冊，編號 8951。

二、《法鼓全集》

釋聖嚴，《明末佛教研究》，《法鼓全集》第 1 輯第 1 冊，臺北：法鼓文化，1999 年網路版。
釋聖嚴，《念佛生淨土》，《法鼓全集》第 5 輯第 7 冊，臺北：法鼓文化，1999 年網路版。
釋聖嚴，《拈花微笑》，《法鼓全集》第 4 輯第 5 冊，臺北：法鼓文化，1999 年網路版。
釋聖嚴，《明末佛教研究》第 1 輯第 1 冊，臺北：法鼓文化，2020 紀念版。

三、專書著作

釋印光，《印光大師全集》，臺北：佛教書局，1999 年。
方立天，〈文字禪、看話禪、默照禪與念佛禪〉，《中國禪學》，北京：中華書局，2002 年。
麻天祥，《中國禪宗思想發展史》，武漢：武漢大學出版，2007 年。
岑學呂等編，《虛雲和尚年譜法彙合刊》，臺北：新文豐，1996 年。

野上俊靜等著，釋聖嚴譯，《中國佛教史概說》，臺北：商務印書，1993 年。
楊曾文，《唐五代禪宗史》，北京：中國社會科學，1999 年。
顧偉康，《禪淨合一流略》，臺北：東大，1997 年。
釋聖嚴，《聖嚴法師教淨土法門》，臺北：法鼓文化，2010 年。

四、中文期刊

何松，〈明代佛教諸宗歸淨思潮〉，《宗教學研究》第 1 期，2002 年 3 月，頁 52-55。
吳孟謙，〈明代伏牛山鍊磨法門考論〉，《漢學研究》第 35 卷第 1 期，2017 年 3 月 1 日，頁 165-190。
黃夏年，〈明代伏牛山佛教派系考〉，《世界宗教研究》第 2 期，2010 年 4 月，頁 45-52。
熊江寧，〈「參究念佛」的流行與爭議〉，《法音》第 10 期，2017 年，頁 55-60。
蕭愛蓉，〈從禪淨交涉論雲棲袾宏的體究念佛論〉，《雲漢學刊》第 34 期，2017 年，頁 229-261。
釋果鏡，〈數數念佛禪法之研究〉，收入聖嚴教育基金會學術研究部編，《聖嚴研究》第七輯，2016 年，頁 279-326。
龔雋，〈念佛禪——一種思想史的讀解〉，《普門學報》第 7 期，2002 年 1 月，頁 141-171。
龔曉康，〈「參究念佛」與「禪淨雙修」之辨〉，《五台山研究》第 97 期，2008 年，頁 42-45。

五、日文期刊

長谷部幽蹊，〈明朝禅における浄業の行修〉，《日本仏教学会年報》第 42 期，1977 年 3 月，頁 203-221。

六、網路電子版

《中華電子佛典》光碟版，臺北：中華電子佛典協會，2016 年。

《法鼓全集》網路版，臺北：法鼓山基金會，2007-2017 年。

七、影音資料

2000 年聖嚴法師念佛禪七開示 DVD 及逐字稿。

2004 年聖嚴法師念佛禪七開示 DVD 及逐字稿。

附錄

	2000 年念佛禪七	2004 年念佛禪七
報到日	1. 念佛禪基本的方法及態度	1. 念佛法門的修行方法
第二天	2. 修行的方法——解行並重 3. 念佛禪的來源及功能 4. 大勢至菩薩念佛圓通章 (一)什麼是念佛三昧	2. 念佛三昧 (一)一心念佛、信願行 3. 念佛三昧 (二)正念不斷、淨念相繼
第三天	5. 苦、無常的觀念及修行的方法 6. 有相與無相的念佛法門 7. 大勢至菩薩念佛圓通章 (二)念佛三昧如何修	4. 念佛三昧 (三)念佛法門也是禪宗基本方法 5. 大勢至菩薩念佛圓通章
第四天	8. 四種淨土 9. 念佛的方法 10. 大勢至菩薩念佛圓通章 (三)事一心、理一心	6. 般舟三昧經 (一)般舟三昧 7. 般舟三昧經 (二)般舟三昧
第五天	11. 菩提心 12. 有相與無相淨土 13. 大勢至菩薩念佛圓通章 (四)十方如來、佛	8. 般舟三昧經 (三)般舟三昧 9. 般舟三昧經 (四)般舟三昧
第六天	14. 菩提心的五個層次 15. 如何發菩提心 16. 大勢至菩薩念佛圓通章 (五)五分功德法身香及香光莊嚴 17. 大勢至菩薩念佛圓通章 (六)最好的修行法門——念佛	10. 文殊師利所說摩訶般若波羅蜜經：一行三昧 11. 念佛的正知、正行、正念
圓滿日	18. 感恩 19. 懺悔和迴向	12. 念佛的層次、功能、目標：參究念佛

Nianfo-Chan—Chan Meditation with Reciting Buddha-name of Master Sheng Yen's Teaching:
The development of investigative Buddha-name recitation

Guo-Jing Shi

Director, Chung-Hwa Institute of Buddhist Studies
Associate Professor, Dharma Drum Institute of Liberal Arts

Abstract

Master Sheng Yen is known as a Chan master to most people. Nonetheless, he was invited to lead a seven-day Amitabha retreat（彌陀佛七）as early as 1960 at Dongshan Temple in Pingdong. In addition, there have been two Buddha-name recitation retreats（佛七）held annually at Nung-Chan Monastery in Taipei, respectively a seven-day Amitabha retreat（彌陀佛七）and a grace-repaying retreat at the Tomb-sweeping Festival（清明報恩佛七）, beginning ever since 1982 and persisting when he was alive. Furthermore, in year 2000, the master made renovation and opened up a new approach for the Buddha-name recitation retreat. While his dharma talks during these two seven-day "Buddha-name recitation" retreats（Nianfo; 念佛禪七）, in years 2000 and 2004 respectively, have been compiled into the book "*Master Sheng Yen on Pure Land practice*", the author compared the book with recordings of the master's dharma talks and found that some key concepts related to "investigative Buddha-name recitation"（參究念佛）were missing, which might be due to the editors' considerations and judgments. The author was fortunate enough to attend both retreats mentioned above and also heard in person that

Master Sheng Yen was planning on the third one, which was later canceled due to his health problem. It is such a pity that Master Sheng Yen could not have accomplished a complete Buddha-name recitation teaching system. This article, based on the published book "*Master Sheng Yen on Pure Land Practice*" and the transcripts of the Master's recorded dharma talks, would try to conjecture the original intend of Master Sheng Yen's unfinished teaching with an attempt to construct the master's complete pedagogical system on Chan meditation with Buddha-name recitation.

Master Sheng Yen's Nianfo-Chan could be viewed in a framework of three parts: First, the concept; second, the method; and third, connections to classical scripture. This article focuses mainly on the ideas about "investigative Buddha-name recitation", omitted in the published book, for a thorough investigation and tries to trace back its origin to Ming Dynasty; and in addition, connects to the non-duality concept of "Reciting Buddha's name doesn't impede Chan practice; Practicing Chan doesn't impede Buddha-name recitation" back in Yuan Dynasty. Furthermore, this led to the campaign of "'practicing Chan by reciting Buddha's name' is just 'investigative Buddha-name recitation'" and induced the debates among masters on "investigative Buddha-name recitation" during Ming and Qing Dynasties. These debates, with arguments from opposing and supporting viewpoints, enforced the interaction between Chan and Pureland schools in Chinese Buddhism and propelled into a new epoch. For such developments, both ideological and practical, how did Master Sheng Yan gorm his insights in this case? Is his teaching on Nianfo-Chan in line with the system of "investigative Buddha-name recitation" since Ming and Qing Dynasties? These issues are central to this article, which are meant to build up a complete whole for the master's Nianfo-Chan teaching, as well as significant thoughts and the practical framework in it.

Keywords: Chan practice; Recitation of Buddha's name

（Nianfo）; Hua-tou; investigative Buddha-name recitation; Master Sheng Yen

聖嚴法師華嚴與如來藏思想之脈絡化與再脈絡化詮釋與反思

鄧偉仁

法鼓文理學院佛教學系副教授暨系主任

摘要

華嚴與如來藏思想為聖嚴法師所意圖建構之「漢傳禪佛教」的重要核心思想。學者對於聖嚴法師所詮釋的華嚴與如來藏思想著墨甚多，內容上也相當完整。因此本論文不需要在思想內容上重複闡述，而是從脈絡化與再脈絡化兩個視角來呈現聖嚴法師之華嚴與如來藏思想的意涵與現代意義。採取此一研究進路，主要因為思想的內容與意涵往往視詮釋角度或詮釋脈絡而定，因此，本論文聚焦於說明聖嚴法師思想產生的多重脈絡，以及這些脈絡之間的辯證（dialectics）關係。與此同時，本論文以佛教現代化所形成的「後世俗」的社會樣態做為一個新的脈絡，來「再脈絡化」聖嚴法師的華嚴與如來藏思想。

關鍵詞：聖嚴、華嚴、如來藏、佛教現代主義、後世俗化

> 一個人的思想，從不同的角度去分析，就會產生不同的觀點；從不同的身分、立場去解讀，也會產生不同的結果。因此，要為「聖嚴思想」定位，只能描述出大意、輪廓，而不容易有一個精準的聚焦、明確的定位
>
> ——聖嚴法師，〈如何研究我走的路〉

一、導言：課題、進路與理論

（一）課題

本論文分為三部分：一、「導言」的部分說明本論文所涉及的課題、討論論文所意圖之方法與理論——「脈絡化」與「再脈絡化」；二、「脈絡化的詮釋」，則具體分析聖嚴華嚴與如來藏思想之多重脈絡以及各脈絡下之思想詮釋；三、「後世俗的再脈絡化」，則探索聖嚴法師華嚴與如來藏思想置於所謂「後世俗」的現代社會，其意義與挑戰。

本論文的研究進路是從脈絡化與再脈絡化兩個詮釋視角，來顯示聖嚴法師之華嚴與如來藏思想，在特定的佛教弘化脈絡下，以及當代佛教現代化脈絡下的意義與挑戰。❶本研究並不以呈現其思想內容為主要課題，理由有二，其一：在研究的過程中，筆者發現關於聖嚴法師之華嚴與如來藏思想現有的研究成果，基本上已經清楚地呈現法師之思想，並

---

❶ 筆者感謝本論文兩位審查委員對於論文以及各小節的標題所提供的意見。

且也進一步分析其思想背後之「深意」。[2]因此，本論文聚焦於聖嚴法師思想產生的多重脈絡，以及這些脈絡之間的辯證（dialectics）[3]。與此同時，本論文也嘗試探討當代聖嚴法師華嚴與如來藏思想研究的種種「脈絡」。最後，本論文以佛教現代化所形成的「後世俗」的社會樣態做為一個新的脈絡，來「再脈絡化」聖嚴法師的華嚴與如來藏思想。以下我們回到第一個課題（雖然不是主要的），也就是聖嚴法師華嚴與如來藏思想本身。

對大乘佛教思想史有一些認識的讀者，應該會注意到「華嚴」是經名，或者在漢傳佛教傳統中也可以指「宗派」，而「如來藏」則是一個大乘佛教思想中的一個「概念」或者思想理論，而且我們同意此「概念」的內涵以及如何詮釋其內涵，在佛教傳統內部以及佛學研究學術界並無完

---

[2] 「深意」包含詮釋學語境下的多層次理解：文字承載的意義（meaning）、作者的意圖（intention）以及對於讀者的影響（significance）。個人認為可代表聖嚴法師之華嚴與如來藏思想的著作有：陳英善，〈聖嚴思想與如來藏說〉，收錄於聖嚴教育基金會學術研究部編，《聖嚴研究》第一輯，臺北：法鼓文化，2010 年 3 月，頁 383-414；林建德，〈印順及聖嚴「如來藏」觀點之對比考察〉，《臺大中文學報》第 40 期，2013 年 3 月，頁 291-330；黃國清，〈聖嚴法師的華嚴思想〉，收錄於聖嚴教育基金會學術研究部編，《聖嚴研究》第五輯，臺北：法鼓文化，2014 年 6 月，頁 377-413；杜正民，《如來寶藏——聖嚴法師的如來藏思想研究》（此專著應是研究聖嚴法師如來藏思想最完整且深入之著作），臺北：法鼓文化，2018 年 6 月。

[3] 「辯證」此處的用法，並非如黑格爾所意味的，思想或歷史的開展或進步主要由內在概念的對立關係所形塑而成，而是指脈絡與脈絡間可能的對話、辯論、或階層，例如「學術脈絡」、「信仰脈絡」、「禪修脈絡」、「文化脈絡」、「社會實踐脈絡」等。

全的共識。❹因此，應該先說明將聖嚴法師的「華嚴思想」與「如來藏思想」視為一體而一起分析的合理性。將此二思想視為一體，主要是從聖嚴法師自身的視角來看，對於兩者思想的教學，法師認為兩者精神一致、思想一脈相承、而具有相同的實踐意涵。

首先，從大乘佛教思想史發展來看，《華嚴經》的思想啟發了如來藏思想：

> 從《如來藏經》的說法因緣來看，應係受到《華嚴經》思想的啟發，印順法師的《印度佛教思想史》一五六頁說：「《華嚴經》初說毘盧遮那佛的華藏莊嚴世界海；世界與佛都住在蓮華上，華藏是蓮華胎藏；蓮華從含苞到開花，蓮實在花內，如胎藏一樣；等到華瓣脫落，蓮臺上的如來（蓮蓬上的蓮子），就完全呈現出來。《如來藏經》就是以蓮華萎落，蓮臺上有佛為緣起。❺

從兩者的思想精髓來看，都以顯示究竟真實的佛性為宗旨：

---

❹ 「如來藏」思想的研究已經是國際佛學研究的成熟領域，在此詳列關於「如來藏」思想的研究並無必要，對於不熟悉「如來藏」思想史的讀者，可參考比較新且精要的介紹：Jan Westerhoff (2018). *The Golden Age of Indian Buddhist Philosophy in the First Millennium CE.* Oxford University Press, chapter 3.23.f. tathāgatagarbha and Yogācāra。

❺ 釋聖嚴，《自家寶藏——如來藏經語體譯釋》，《法鼓全集》第 7 輯第 7 冊，臺北：法鼓文化，2020 紀念版，頁 15。

> 在介紹破相教之後，尚有一乘顯性教必須出場。什麼是一乘顯性教呢？那便是《禪源諸詮集都序》卷上二所言，是指《華嚴》、《密嚴》、《圓覺》等四十餘部經，《寶性》、《佛性》、《起信》等十五部論（大正四十八，四〇五上）。也就是一切如來藏系統的經論，都屬於明顯真實之性的聖教。❻

又從兩者的實踐意涵來看，兩者皆凸顯眾生本具如來性、如來智慧，使眾生生起實踐佛法的深信。

> 在此九喻中的第一萎花有佛喻，是說釋迦世尊以神力變現的無量數千葉蓮花，花葉萎謝了，蓮胎藏內的無量數如來，便顯現出來，這是如來藏的根本譬喻。因為「如來觀察一切眾生，佛藏在身，眾相具足。」此與《華嚴經》所說，佛觀大地一切眾生皆具如來智慧，是一致的。❼

根據以上聖嚴法師對於華嚴與如來藏思想的解讀，在本論文討論的課題脈絡下，筆者將聖嚴法師的華嚴與如來藏思想視為一體。

為什麼本論文的主要課題並非呈現聖嚴法師華嚴與如來藏思想，而是轉向研究視角、或者研究方法，以及學術理論

---

❻ 釋聖嚴，《華嚴心詮——原人論考釋》，《法鼓全集》第 7 輯第 14 冊，臺北：法鼓文化，2020 紀念版，頁 214。

❼ 釋聖嚴，《自家寶藏——如來藏經語體譯釋》，《法鼓全集》第 7 輯第 7 冊，臺北：法鼓文化，2020 紀念版，頁 16。

的對話的第二個理由是：聖嚴法師思想是在各種脈絡下顯現的，在不同脈絡下將有不同的意涵，因此研究聖嚴法師佛學思想應該並且只能從特定脈絡下呈現才有意義，這也是聖嚴法師對於研究他的思想的研究者之提醒：

> 楊蓓教授曾向我表示：「師父寫了上百冊的書，教我們從何研究起？主要的綱目是什麼？從何研究？這麼多的內容，怎麼研究？」為我編撰《七十年譜》的林其賢教授他大概看過我所有的著作，但是關於我的思想次第、思想脈絡，則未必清楚；其實這個問題，連我自己也無法回答。[8]

又，關於研究視角或脈絡，法師這樣說：

> 研究我這個人的思想，可以從禪修理論及方法、戒律的觀念、宗教學、歷史等角度，或是淨土、天台、華嚴的角度；也可以從我對佛經及祖師的諸種講錄、註釋、考詮的角度；還可以從慈善救濟、社會關懷、兩岸交流、世界和平、佛教復興等，以及我所從事的四種環保、三大教育、心五四運動等角度，分別來研究我的思想。不管從哪一個角度，漢傳禪佛教是我的基本立場，也就是融攝各系諸宗乃至內外，使佛法普行、普攝、普化的功能，能超越一切

[8] 釋聖嚴，〈如何研究我走的路〉，收錄於聖嚴教育基金會學術研究部編，《聖嚴研究》第一輯，臺北：法鼓文化，2010 年 3 月，頁 20-21。

界限。❾

這也是為什麼研究聖嚴法師思想的研究者，都試圖凸顯法師思想產生之脈絡，筆者將在本論文第二部分「脈絡化的詮釋」做進一步地分析與討論。

（二）進路與理論

上文「課題」的討論提到「脈絡化」與「再脈絡化」為本論文所採用的進路以及要探討的理論。「脈絡化」是指將聖嚴法師的華嚴與如來藏思想置於特定脈絡下來理解、詮釋和彰顯。從詮釋學的角度來看，如果說語言（或文字）敘述，或者「文本」（text，語言文字是形成文本的符碼之一，其他的符碼也包括符號、圖形、圖畫、行為等），是傳遞「意義」的基本元素，「脈絡」則幫助解讀、確認以及彰顯意義表面下作者的「意圖」以及「意圖」產生的「土壤」。「脈絡」從小至廣包括：上下文脈（句子、段落、全文、文集等）、歷史脈絡（包含文化、社會、政經），甚至自然環境也可能成為思想產生的特定脈絡。❿換句話說，從文本的解讀我們進入作者的表達內容，而從脈絡的解讀，我們可以進入生長出作者所表達之內容的各種「土

❾ 釋聖嚴，〈如何研究我走的路〉，收錄於聖嚴教育基金會學術研究部編，《聖嚴研究》第一輯，臺北：法鼓文化，2010 年 3 月，頁 25。

❿ 如果從「瑜伽行派」的傳統來看，我們的自然環境（器世間 bhājana-loka）是眾生集體業報的結果，同時也會影響影響眾生如何理解或看待這個自然環境。

壞」。因此，「脈絡化」的文獻解讀，在佛教文獻學與思想史研究領域中，也經常被強調的。例如佛教文獻學學者 Tom Tillemans 在論述「文獻學」做為重要的佛學研究方法時，特別指出忽略佛教語言的紮實訓練或者忽略歷史脈絡的文本解讀，將會使得佛學研究變得如同嚼蠟，或者陷入後現代主義的濫觴。⓫

歷史學家黃俊傑強調概念或文本從一個脈絡進入另一個新的脈絡，經過這個「脈絡性的轉換」之後，原來的概念、思想、信仰或文本，就會取得嶄新的涵義和價值。他認為這種「脈絡性轉換」現象的研究，使得研究者從聚焦於文化交流活動之「結果」移轉到「過程」，從而使研究者的眼光從東亞各地域文化的靜態的「結構」轉向動態的「發展」，進而「使研究工作觸及文本、思想或人物在文化交流的過程中，所出現的『去脈絡化』以及『再脈絡化』的現象。對於這兩個現象的解析，就會涉及文化交流史研究中的文本主義（textualism）與『脈絡主義』（contextualism），以及『事實』與『價值』之間的複雜關係。」⓬

例如在佛教文獻學學術的脈絡下，聖嚴法師同意「如來藏」這個概念源自於婆羅門外道之「梵我」思想，因此方便接引相信「梵我」的外道眾生入佛門學習，而出現在

⓫ Tillemens (1995). "Remarks on Philology." *Journal of IABS*, volume 18 on "Method".

⓬ 黃俊傑，〈東亞文化交流史中的「去脈絡化」與「再脈絡化」現象及其研究方法論問題〉，《東亞觀念史集刊》第 2 期，2012 年 6 月，頁 59-60。

佛教經典中。⓭但若從佛教信仰的脈絡來解讀，法師又明確地說，「不過，大乘佛法的如來藏，不是神我，《勝鬘經》及《不增不減經》說如來藏是眾生與佛、生死與涅槃的一切法所依，也就是依如來藏而成立一切法。所以如來藏和法身（dharma-kāya）、法界（dharma-dhātu）、自性清淨心（prakṛiti-pariśuddhi-citta）、清淨真如（pariśuddha-tathatā）、佛性、眾生界、佛界等同一內容。」⓮在「脈絡性轉換」下，做為方便法門的神我如來藏，轉換成空性無我之究竟佛性。

除了前文註 2 提到的關於聖嚴法師華嚴如來藏思想的研究之外，當代聖嚴法師思想的研究，都不約而同地嘗試凸顯法師思想的歷史或者時代脈絡。例如，陳劍鍠將法師的淨土念佛思想置於「建設人間淨土」的脈絡；⓯黃國清從聖嚴法師在臺灣法鼓教團推動天台教觀的努力的脈絡下，理解法師

⓭ 在此脈絡下，聖嚴法師認同印順法師的文獻學解讀。如，聖嚴法師所著之《自家寶藏——如來藏經語體譯釋》：「『如來藏』的梵文是 tathāgata-garbha，藏是胎藏，語源出於梨俱吠陀的金胎（hiraṇya-garbha）神話，如來藏則是指眾生身中，皆有如來；或可說一切眾生本是如來，只是尚在胎內，沒有誕生。這可使人生起信心，願意修學佛法，以期早成佛道。」又，「由於胎藏源出婆羅門教的外道教典，它有真我或神我的意思，《涅槃經》的『常樂我淨』，也是指的如來藏，所以《楞伽經》卷二就明白地說：『開引計我諸外道故，說如來藏。』」《法鼓全集》第 7 輯第 7 冊，臺北：法鼓文化，2020 紀念版，頁 19。

⓮ 釋聖嚴，《自家寶藏——如來藏經語體譯釋》《法鼓全集》第 7 輯第 7 冊，臺北：法鼓文化，2020 紀念版，頁 19-20。

⓯ 陳劍鍠，〈聖嚴法師「建設人間淨土」與「一念心淨」之要義〉，收錄於聖嚴教育基金會學術研究部編，《聖嚴研究》第二輯，臺北：法鼓文化，2011 年 7 月，頁 201-239。

的天台止觀思想；⑯ 鄧偉仁對法師天台思想的詮釋，則是在當代「佛教現代主義」爭議的脈絡下彰顯；⑰ 郭朝順則從現代禪修趨勢與社會需求這個脈絡下，來解釋法師如何抉擇華嚴思想的真心與天台一念心的非真非妄心。⑱

回到本論文的進路或方法論上，在上述聖嚴法師華嚴與如來藏思想的「脈絡化」研究基礎上，本論文嘗試讓不同的脈絡處於辯證的對話中，進一步地探究當不同的，甚至對立的脈絡遭遇時，脈絡與脈絡間的張力如何處理？例如，學術研究脈絡下的如來藏思想與宗教信仰脈絡下的如來藏思想比較，是否有優勝劣敗或者究竟與方便之分？同樣地，印度佛教脈絡與漢傳佛教脈絡、佛教傳統脈絡與當代社會實踐脈絡對比，是否也能判攝高下？又或者，不同的脈絡只能各自獨立解讀，沒有可比性？還是脈絡與脈絡間有其他關係？這個進一步的研究方法的探索，將在以下第二部分展開。

在以上關於「脈絡化」的討論中，無論是聖嚴法師在解讀佛教思想時有意識地表明，或者是上述當代研究者所凸顯的，都是聖嚴法師思想產生之實際脈絡。然而，做為整合

---

⑯ 黃國清，〈聖嚴法師在臺灣法鼓教團推動天台教觀的努力——以《天台心鑰》一書為中心〉，收錄於聖嚴教育基金會學術研究部編，《聖嚴研究》第三輯，臺北：法鼓文化，2012 年 6 月，頁 349-386。

⑰ 鄧偉仁，〈傳統與創新——聖嚴法師以天台思想建構「漢傳禪佛教」的特色與意涵〉，收錄於聖嚴教育基金會學術研究部編，《聖嚴研究》第八輯，臺北：法鼓文化，2016 年 6 月，頁 133-157。

⑱ 郭朝順，〈真心與妄心——聖嚴法師何以接受蕅益智旭的天台學？〉，收錄於聖嚴教育基金會學術研究部編，《聖嚴研究》第十二輯，臺北：法鼓文化，2019 年 8 月，頁 63-116。

計畫：「聖嚴法師漢傳禪佛教建構與現代意義」的一子計畫，本論文試圖「再脈絡化」將法師的思想，置於佛法的現代弘化中更現行也更具挑戰性的脈絡：佛教現代化後儼然形成的「後世俗」社會——也就是佛教在現代、人間化當的同時，佛教以一種新樣態（所謂「佛教現代主義」式）傳統佛教的）「重返」社會，但也可能非預期地反噬佛教的傳統價值。因此，佛教弘化的挑戰不僅是宗教的世俗化世代，同時也需要回應後世俗化的世代。

不同於研究者被動地「給予」模式的「脈絡化」的詮釋或解讀，「再脈絡化」的視角，是筆者主動地將聖嚴法師思想置於法師尚未回應，但應該回應的脈絡，這樣的作法可以凸顯聖嚴法師思想的潛在現代意義，或者預判其可能的挑戰或可能的調整。此外，本論文對「脈絡化」、「再脈絡化」方法的運用，將可以補充目前學界的三種「再脈絡化」理論。[19]

---

[19] 語言學家 Per Linell 將「再脈絡化」區分為三種：
內互文的（intratextual）——詞義或概念在同一文本，上下文不同脈絡間的轉移或重置。
互文的（intertextual）——詞義或概念在不同文本的不同脈絡間的轉移或重置。
互話語的（interdiscursive）——詞義或概念在不同話語的不同脈絡間的轉移或重置。
參考 Linell, Per (1998). "Discourse across boundaries: On recontextualizations and the blending of voices in professional discourse" *Interdisciplinary Journal for the Study of Discourse*。

二、多重脈絡的解析與詮釋

在這論文的第二部分，筆者將呈現聖嚴法師華嚴與如來藏思想表達中的種種脈絡。透過分析聖嚴法師華嚴與如來藏思想以及其有代表性的相關著作，總結法師思想所在的主要脈絡有四：一、學術研究；二、佛教信仰；三、禪法教學；四、社會實踐。每種脈絡提供華嚴如來藏思想特定的意涵，我們也將看到不同脈絡間，其思想意涵的轉換。最後我們將討論這些脈絡間的張力，並且加入佛教文獻自身傳統中的詮釋理論，與我們要討論的脈絡間的張力進行對話。

（一）四種脈絡

「學術研究」脈絡指的是歷史文獻學或思想史研究。這個脈絡強調透過紮實的文獻語言來得出嚴謹的思想定義或內容，同時尊重歷史主義，透過歷史證據確立歷史事實。當然在此脈絡下，思想內容的形成將受個人的學術專業性以及專業領域所影響。

「佛教信仰」脈絡是指以佛弟子的身分看待佛法，認為從佛弟子的身分所確信的佛陀的了義教說。[20] 然而，在此之上，聖嚴法師更是漢傳佛教佛弟子以及肩負弘揚漢傳佛教

---

[20] 這裡我所說的「佛教信仰」並非完全與學術研究互斥，而比較像 Roger Jackson 與 John Makransky 2000 年編輯的 *Buddhist Theology: Critical Reflections by Contemporary Buddhist Scholars* 一書所用的："Buddhist Theology"（佛教神學）同樣注重文獻歷史語言的解讀，但是以佛法為主體並為最後的解讀正當性。

的使命。黃俊傑在他的「東亞文化交流史的再脈絡化」研究中，提到「情感認同」做為一個重要的脈絡。我認為「佛教信仰」也往往帶著宗教情感的成分，這個內在的宗教情感對於佛法的解讀也會不自覺地產生影響。[21]

「禪法教學」脈絡指佛法思想的解讀服務於禪修的教學，當然另一方面禪修的經驗也影響佛法思想的解讀。

「社會實踐」脈絡指的是佛法思想的解讀服務於增進社會大眾的利益。換句話說，佛法思想的解讀必須能「有效地」應用到社會，並且符合社會需求。

在第一屆聖嚴思想國際研討會中，陳英善就已經注意到聖嚴法師的如來藏思想在不同的脈絡下，有不同的解讀。從她所著的〈聖嚴思想與如來藏說〉（2010）來看，法師的如來藏思想可以從「學術思想」、「主體信仰」、「調和之道」三個角度來理解法師如來藏思想有三個不同的內涵。在這個脈絡下，陳英善認為聖嚴法師是認同印順法師歷史文獻觀點，如來藏的概念來自婆羅門神我思想，但為攝化外道

---

[21] 「東亞文化交流史中所出現的『再脈絡化』現象中，潛藏著文化交流中的媒介人物的『自我』與『他者』互動時的情感問題，特別值得探討。但是，也正是情感上的認同問題，使東亞文化交流活動的『去脈絡化』與『再脈絡化』成為必然。在德川時代初期，『中國』是許多日本人心目中的聖賢之邦，但進入十八世紀隨著日本主體意識的成熟，『中國』就逐漸成為日本人心目中的『他者』。」黃俊傑，〈東亞文化交流史中的「去脈絡化」與「再脈絡化」現象及其研究方法論問題〉，《東亞觀念史集刊》第 2 期，2012 年 6 月，頁 70。人類學家吉爾滋（Clifford Geertz, 1923-2006）也曾說：在許多近代社會中，先天性的感情、風俗等因素，是建構「認同」的重要基礎。參見 Clifford Geertz, *The Interpretation of Cultures* (New York: Basic Books, Inc., 1973), 260。

的方便說而為佛教採用。㉒從文獻語言來看，聖嚴法師知道並接受如來「藏」（梵語 garbha）一字來自《梨俱吠陀》的金胎（梵語 hiraṇyagarbha）。法師提到《如來藏經》或北傳《涅槃經》所說的「常、樂、我、淨」是如來藏的特性。從歷史文獻學的考察，很清楚地看到這個對如來藏的說法與《奧義書》對「梵 brahman ／我 ātaman」的說法並無差異：梵／我是「常在 sat、具知 cit、樂 ānanda」。㉓因此從學術的角度來說，佛教採用這樣的「常、樂、我、淨」的如來藏說，只能是「方便說」，才不會與無常、苦、無我的緣起性空的佛法相違。

然而，從「主體信仰」的角度來說，陳英善認為聖嚴法師所確立的如來藏就是緣起性空，她並且認為這個性空如來藏才是今後世界佛教的主軸。㉔陳英善所說的「主體信仰」看起來與我所認為的「佛教信仰」相符，換句話說是聖嚴法師做為弟子對佛陀教法了義說所應該有的認知。我認為聖嚴法師確立如來藏是緣起性空的背後，有一個確信以及一個意圖：確信釋迦牟尼佛的核心教法是緣起，以及意圖為「如來藏」正名。下文筆者會指出根據杜正民的研究，聖嚴法師確

㉒ 陳英善，〈聖嚴思想與如來藏說〉，收錄於聖嚴教育基金會學術研究部編，《聖嚴研究》第一輯，臺北：法鼓文化，2010 年 3 月，頁 399-403。

㉓ 釋聖嚴，《自家寶藏——如來藏經語體譯釋》：「由於胎藏源出婆羅門教的外道教典，它有真我或神我的意思，《涅槃經》的『常樂我淨』，也是指的如來藏。」《法鼓全集》第 7 輯第 7 冊，臺北：法鼓文化，2020 紀念版，頁 19。

㉔ 如果對照杜正民的分析解讀，做為世界主軸所需要的如來藏應該是傾向「大我如來藏」，至少是「空如來藏」與「大我如來藏」的結合。

立如來藏是緣起性空的脈絡以禪修體系為主。當然，我們也不能排除聖嚴法師無我如來藏的確立，也成為禪修體系建立的教義準則。換句話說，確立「無心」是禪修的最究竟層次，可能來自於認為緣起性空才是佛陀的了義說。

第三是從「調和之道」來理解法師的如來藏思想。陳英善指出聖嚴法師調和了（二者實是同一指涉）緣起性空的「空性」和做為佛性的「如來藏」，此處法師強調「空性」的真理不變性以及遍及一切性，也就是「常性」，對有情眾生來說就是佛性，也就是如來藏。[25] 陳英善雖然同意聖嚴法師的「調和之道」：緣起性空與如來藏本不相違，其實是「同一」，但她認為聖嚴法師受了印順法師大乘三系說的影響（而且以緣起性空為究竟），並沒有體悟一切法皆是「緣起方便施設」，因此緣起性空與如來藏皆是「方便施設」這才是最後的究竟（或許這個究竟也是「方便施設」？）。[26]

---

[25] 釋聖嚴，《華嚴心詮》：「佛性即是諸行無常、諸法無我的空性，無一現象非無常，無常即無實我實法，無常法即無不變恆常的自性，故在《般若經》稱為自性空，稱為畢竟空，此一自性空的形容詞，轉為名詞，即稱為空性，即是空無自性之意。既然是諸法本空的自性，此一空性便是遍在的，便是恆常的。因此，空性遍在萬物萬象的一切法，即是一切法的自性，總名之為法性；此空性在凡夫的有情眾生，稱為佛性，因為若能覺悟此諸法自性是空，便稱為見性，所以佛性亦名覺性；成佛之後，此空性即成為佛的法性身，簡稱法身，亦名法界身。」（頁 263-264）林建德並不完全認同聖嚴法師的這個解讀。林建德認為常在的「佛性」，並不能直接等於緣起性空的空性。見林建德：「事實上『空性』和『佛性』兩個詞彙間是否在邏輯和概念上等值，尚有探討空間。」（〈印順及聖嚴「如來藏」觀點之對比考察〉，《臺大中文學報》第 40 期，2013 年 3 月，頁 322）

[26] 陳英善：「因此，如何避免走向絕對化？……藉由不斷地反省觀照，了

從陳英善所指出的：法師融合緣起性空與如來藏同一指涉佛法究竟的這個觀點來看，我認為聖嚴法師的這個解讀仍可置於「佛教信仰」這個脈絡來解讀，因此，聖嚴法師如來藏思想的解讀在「佛教信仰」與「學術解讀」這兩個脈絡是不同的。前者如來藏是有我如來藏是方便說，後者如來藏是無我如來藏是究竟佛法。值得一提的是，陳英善認為無須避諱如來藏佛性之「妙有」，因為和緣起性空一樣都是方便施設的，也可以從「佛教信仰」而非「學術研究」的脈絡來理解陳英善的如來藏／華嚴思想，也就是說，以漢傳佛教思想為主體，而非純粹的文獻學觀點。

此外，林建德於二〇一三年發表的〈印順及聖嚴「如來藏」觀點之對比考察〉一文中，是同意陳英善對聖嚴法師如來藏思想的解讀以及其背後的「脈絡」，但他認為聖嚴法師恰好是受印順法師的影響（同意佛法究竟是緣起性空），才能將如來藏解讀為空（性）如來藏。而與此同時，法師又從佛法實踐的角度接受大我如來藏，因此可謂是兼容並蓄，用林建德的話：「學術觀點的求真與信仰觀點的求美」。[27]筆者倒是認為在佛法時間的脈絡下對如來藏的解讀，並不違背其在學術研究下的解讀——大我如來藏皆為「方便說」。

知一切皆是因緣所生，不僅如來藏是因緣所生法，是種方便；其實連所謂的緣起性空，亦是種方便，其本身亦是因緣所生法，假名施設的。」（〈聖嚴思想與如來藏說〉，收錄於聖嚴教育基金會學術研究部編，《聖嚴研究》第一輯，臺北：法鼓文化，2010 年 3 月，頁 399）

[27] 林建德，〈印順及聖嚴「如來藏」觀點之對比考察〉，《臺大中文學報》第 40 期，2013 年 3 月，頁 324。

接下來，聖嚴法師如來藏思想最完整且深入的研究，為杜正民的《如來寶藏——聖嚴法師的如來藏思想研究》[28]，杜正民將聖嚴法師如來藏思想分為四期：[29]

1.1960–1969 綜合性研究期，聖嚴法師自謙說這個時期他對如來藏的理解是浮光掠影，總結為由《華嚴經》的「淨心緣起」，結合印度泛／梵神論開展出如來藏說。[30]

2.1969–1975 專題性研究期，這個時期法師除了研讀如來藏相關的十幾部經綸，受到日本如來藏學者的影響之外，也受慧思與蕅益智旭的影響。此時的如來藏思想著重在融合華嚴／如來藏的性說與唯識的相說。[31]

3.1975–1989 開展新研究期，這個時期的聖嚴法師開始在臺、美兩地教導禪修與弘化，從禪修教學的角度來融合空、不空如來藏思想。參照《六祖壇經》等經論將如來藏有與中觀空合而為一，在禪修體證中，從悟緣起性空，而見

---

[28] 杜正民教授（1953-2016）對國際如來藏研究文獻熟稔，著有《如來藏學研究小史——如來藏學書目簡介與導讀》。杜老師多年來研究聖嚴法師如來藏，他臨終前的這部《如來寶藏——聖嚴法師的如來藏思想研究》是帶我們深入聖嚴法師如來藏思想最完整而重要的著作。資訊專業出身，以及對於聖嚴法師的研究與弘化生涯如數家珍的他，呈現這部研究方法嚴謹且架構清晰完整的研究，可說是聖嚴法師如來藏思想研究的權威著作。筆者此篇研究所總結的四種脈絡，受該書的啟發甚多。

[29] 杜正民，《如來寶藏——聖嚴法師的如來藏思想研究》，臺北：法鼓文化，2018 年 6 月，頁 97。

[30] 杜正民，《如來寶藏——聖嚴法師的如來藏思想研究》，臺北：法鼓文化，2018 年 6 月，頁 100-101、110-114。

[31] 杜正民，《如來寶藏——聖嚴法師的如來藏思想研究》，臺北：法鼓文化，2018 年 6 月，頁 129-132。

「性」，此「性」即是佛性，即是如來性，如來藏。

4.1989–2009 學以致用期，也就是在法鼓山推動建設人間淨土，並確立集中心、統一心至無心的禪修體系。這個時期的如來藏思想，或者更精確來說，如來藏信仰，就成了推動人間淨土建設工程的地基磐石。[32] 這個時期的如來藏思想有二：從禪修的脈絡來說，應該確立的是「無我如來藏」而非「大我如來藏」。[33] 但從建設人間淨土來說，我們還是要借用各種德用具足的「不空如來藏」來接引眾生，推動佛法。具體而言，眾生自心本具清淨的佛性的「不空如來藏」的說法，有益於眾生生起堅定的信心，對於修行「提昇人的品質」是很大的推動力。其次「不空如來藏」——眾生與佛的平等觀，有利於促進人與人的清淨與祥和，進而淨化社會與環境。[34]

（二）脈絡之間

本論文第二節之（一）中，從杜正民深入完整而有系統的研究中，我們觀察到聖嚴法師如來藏思想每個時期似乎有突出的主要脈絡。但若細究，每個時期的如來藏解讀都有多重脈絡。第一期以《華嚴經》的「淨心緣起」，並結合南傳《增支部》，漢譯《雜阿含經》以及大眾部的「心性本

---

[32] 杜正民，《如來寶藏——聖嚴法師的如來藏思想研究》，臺北：法鼓文化，2018 年 6 月，頁 156。

[33] 同上註。

[34] 杜正民，《如來寶藏——聖嚴法師的如來藏思想研究》，臺北：法鼓文化，2018 年 6 月，頁 213-215。

淨，客塵所染」說，[35]可以從「佛教信仰」的角度來理解，但也照顧了「學術研究」的要求。而第二期雖然更多地在學術研究的脈絡下來解讀如來藏思想，但並無去「佛教信仰」脈絡，法師對佛陀的教法是緣起性空的這個信念，並不會受學術研究所影響或動搖。因此這個時期一樣是兼具「學術研究」與「佛教信仰」脈絡，但比較前期，也許法師的詮釋更多是在「學術研究」下進行的。第三期對於空與不空如來藏的融通，則是如本論文第二節之（一）所分析的，兼具「佛教信仰」與「學術研究」，不過比較是以「佛教信仰」為主，但同樣地，「學術研究」脈絡下的方便大我如來藏的詮釋並無消去。

第四期推動人間淨土的建設，以及確立三階段的禪修體系形塑了法師如來藏思想的詮釋。我認為這個時期明顯地兼具了「社會實踐」、「禪法教學」、「佛教信仰」與「學術研究」，但這幾個脈絡間出現了比較明顯的張力。從建設人間淨土來看，法師明顯地說這個方便的大我如來藏思想將是未來世界佛教的主軸，這樣的強調主要是從「社會實踐」的脈絡來詮釋，這裡的方便則不是「學術研究」脈絡下權宜型的方便說（接引外道），而是具用各種「功德妙用」的「善巧方便」。然而如果從「禪法教學」的脈絡來看，大我如來藏（統一心）一方面是到空如來藏（無心）的必要修行階段，但又需要被摒棄或超越。

---

[35] 釋聖嚴，《大乘止觀法門之研究》，《法鼓全集》第 1 輯第 2 冊，臺北：法鼓文化，2020 紀念版，頁 196。

聖嚴法師對如來藏思想的詮釋有脈絡可尋，許多相關研究的學者也多少都注意到的，然而，每一個詮釋背後也許都有多重脈絡，或脈絡的堆疊，但也有脈絡與脈絡間的張力或高、下的次第。如果我們將法師思想的詮釋置於一個新的脈絡，也就是本文所用的「再脈絡化」，是否會有新的張力或者對如來藏思想詮釋出現新的抉擇，這是下一個部分要探討的課題。

三、「後世俗」再脈絡化

（一）世俗化脈絡

如果說宗教世俗化的現代社會意味著宗教在現代社會公共領域逐漸消失，或者不再扮演重要角色，取而代之的是理性或科學，[36] 那麼從佛教的角度來看，世俗化的社會也就意味著佛法對於增進眾生幸福，增進社會福祉沒有扮演重要角色。在這個宗教世俗化的脈絡下，聖嚴法師的弘法利生的佛教社會實踐工程，可視為哈貝馬斯（Habermas）的後世俗說法中所謂的「宗教重返」，[37] 使得社會不僅不會繼續地去宗教化，反而接受宗教成為社會提昇的重要力量。這個大工程的內容，簡言

---

[36] 韋伯稱為「去魅」（disenchantment）。

[37] Habermas, Jürgen. (2008) “on Post-Secular Society”, *New Perspectives Quarterly*. 以「後世俗」做為聖嚴法師華嚴如來藏思想的新脈絡的想法，來自於林鎮國教授在二〇二一年「佛教判攝與跨界探索」學術研討會中的未出版的演說：「空性與後世俗世代：從 Charles Taylor 和 Jürgen Habermas 談佛教哲學的回應。」

之就是聖嚴法師所確立的法鼓山的方向與共識：[38]

> 以提昇人的品質，建設人間淨土為理念；
> 以奉獻我們自己，成就社會大眾為精神；
> 以回歸佛陀本懷，推動世界淨化為方針；
> 以提倡全面教育，落實整體關懷為方法；
> 以推動心靈環保，弘揚漢傳佛教，透過三大教育，達到世界淨化為使命。

在這個聖嚴法師弘法利生的過程中，我們可區分兩個脈絡，筆者稱為：一、「原脈絡」，一個世俗化的社會，佛教缺乏涉入社會實踐的動力與能力，宗教價值被世俗理性與科學取代的脈絡；二、「後脈絡」，一個佛教重返社會，積極涉入社會實踐（如各種佛教團體積極的慈善事業與社會關懷）以及佛教教義思想與修行法門重新成為社會價值的來源（例如人間佛教的提倡、現代社會的各種禪修運動的興起等）。雖然稱為原脈絡與後脈絡，但這兩個脈絡仍是並存的。原脈絡是聖嚴法師積極回應的，也是在這個原脈絡，聖嚴法師強調如來藏思想：「今後的世界佛教，應該是要具整合性、適應性、包容性、消融性的，能夠擔任並扮演好這份使命及角色的，相信還得要靠如來藏思想。」[39]

---

[38] 此共識為聖嚴法師在一九九一年八月三日於法鼓山護法會「勸募會員聯誼會」正式提出。

[39] 釋聖嚴，《華嚴心詮——原人論考釋》，《法鼓全集》第 7 輯第 14 冊，臺北：法鼓文化，2020 紀念版，頁 248。

（二）「原脈絡」下的如來藏思想。

在這個世俗化的「原脈絡」下，聖嚴法師詮釋如來藏思想成大我如來藏有其歷史社會意義。如前文所示，大我如來藏的特質是具備各種功德妙用，因此具有整合性、適應性、包容性與消融性。在世俗化的脈絡下，宗教面臨科學主義、理性主義、宗教多元化等現代性的挑戰，因此宗教如果要在這樣的世俗化的世代具有影響力，扮演重要角色，則需要有：

1. 整合性：整合佛教傳統中的各種分歧或張力。例如所謂的小乘與大乘佛教，或者南傳佛教、漢傳佛教與藏傳佛教，或者空性思想與淨土法門，又或者是《金剛經》的無相思想與有相的法相宗思想等。華嚴或如來藏思想甚至可以整合佛教觀點所謂的「人天乘」的中國傳統道德思想，成為太虛大師所說「人成即佛成」的修行的基礎。[40]

2. 適應性：傳統佛教需要某種程度地「適應」現代科學，例如強調宗教成分較不明顯的禪修，或者用心理學角度來詮釋儀式、信仰、因果、輪迴等教義，強調這些「說法」主要的目的是建立信心、增長善心、避免造惡等。

3. 包容性：在現代全球化的脈絡下，在每個人的生活周

---

[40] 「《原人論》是一部大格局、大架構的佛學導論，論主撰寫它的目的，是對儒、道二家、佛教的人天善法、小乘法、大乘的法相宗、中觀學派，一一評論，逐層引導，最後攝歸於直顯一乘的佛性如來藏；」釋聖嚴，《華嚴心詮——原人論考釋》，法鼓全集第 7 輯第 14 冊，臺北：法鼓文化，2020 紀念版，頁 6。

遭，不難遭遇不同的宗教信仰、不同的道德觀與價值觀。例如，宗教多元主義或宗教對話是上世紀以來的重要課題，許多宗教多元主義的倡議者，也試圖找到不同宗教對話的「共同平台」[41]。而這些多元的思想與價值，皆可視為大我如來藏的德行的一部分，因此強調大我如來藏思想便能強調包容性。

4. 消融性：聖嚴法師大多時候將消融與包容結合使用，如果要具體區分兩者差異，「消融」比「包容」更徹底一些，指消化與融合，換句話說是指經過不同的教義或思想詮釋消化的過程，而從更大或更究竟的視角來融合其差異，因此，例如中觀的空性與如來藏思想的如來藏，從究竟的角度來看，是可以融合的。[42]

---

[41] 在 *Salvations: Truth and Difference in Religion*（《諸救贖：真理與宗教的差異》）一書中作者，馬克漢（Mark Heim）指出三種分別由不同學者所提出的不同宗教的「共同平台」，都是為了提供一個宗教對話或交流的平台。一、諸宗教最後的終極實相是相同的（John Kick 的觀點），二、諸宗教的宗教虔敬（faith）是相同的（Wilfred Cantwell 的觀點），三、諸宗教最終都是達到解脫與救贖（Paul Knitter 的觀點）。弔詭的是，馬克漢認為，這三位宗教／神學家所提出他們認為利於宗教多元主義與宗教對話的「共同平台」，卻消去了諸宗教的多元性。

[42] 「如來藏我的思想，富有極廣大的適應性和消融性，譬如說，鳩摩羅什是《小品般若波羅蜜經》、《金剛般若波羅蜜經》、《大智度論》及《中觀論》的譯者，應該是屬於中觀系的大師，但他也譯了如來藏系的《十住經》、《佛說阿彌陀經》等許多經。他的弟子僧肇，則撰有一篇〈不真空論〉，雖多引《般若經》及《中觀論》，卻明言『聖人乘真心而理順』，又說：『不動真際，為諸法立處，非離真而立處，立處即真也。』」（大正四十五，一五二上及一五三上）僧肇另有一卷《寶藏論》，開頭便採用《老子》的句型而言：『空可空非真空，色可色非真

（三）後世俗的再脈絡化

「佛教重返」的工程當然還沒完成或者永遠是進行式，但與此同時，在以現代化佛教（或者人間佛教、入世佛教）的樣貌重返社會時，許多佛教學者注意到了問題：這個新樣態的佛教，新樣態的佛教修行（如內觀禪修），或者帶有佛教元素的「產物」（卡巴金〔Kabat-Zinn〕的「正念」修習），有意識或無意識地反噬著佛教原來的核心價值，借用 Charles Taylor 的說法，我們所處的現代社會並非如哈貝馬斯所認為的有「宗教重返」的後世俗，而仍然是個「世俗世代」（Secular Age），是一個宗教「減法的故事」（subtraction story）——宗教不僅僅只是降低其社會影響力（特別是對照歐洲的歷史），而是有更本質上的宗教轉變。[43] 這個轉變放到佛教現代化的語境來看，筆者認為可以解讀「佛教現代主義」對傳統佛教價值所帶來的反噬。以下簡略說明「佛教現代主義」對傳統佛教價值所帶來什麼樣的

色，真色無形，真空無名，無名名之父，無色色之母。』（大正四十五，一四三中）又云：『夫本際者，即一切眾生無礙涅槃之性也。』（大正四十五，一四八上）僧肇所講的『真心』、『真際』、『真空』、『真色』、『本際』、『無礙涅槃之性』，無一不是指的佛性如來藏，他又何嘗不知道印度中觀派所說的『空義』是什麼，卻為了使得佛法能夠適應中國漢文化圈的氣候及土壤，不得不做如此的詮釋。」釋聖嚴，《華嚴心詮——原人論考釋》，《法鼓全集》第 7 輯第 14 冊，臺北：法鼓文化，2020 紀念版，頁 245-246。

[43] Taylor, Charles. (2007). *A secular Age*. The Belknap Press of Harvard University Press.

反噬。[44]

「佛教現代主義」簡單來說，是指佛教在現代社會（包括西方社會與東方傳統的佛教社會）傳播過程中，被動地受到歐洲啟蒙運動的人本理性，以及科學實證主義為知識判準的價值觀所形塑，或者有意識主動地自我調適以符合此趨勢，而產生的一種傳統與現代混合的佛教樣態。在這個新的現代佛教有幾個特質，對於傳統佛教核心價值產生一種內在的挑戰（相對於科學對於宗教信仰的挑戰是「外部的」）。舉例來說：

1. 除魅化的佛教：韋伯觀察到即使宗教在現代社會仍有一定的影響力，但宗教有意無意地自身進行「除魅化」以符合科學理性的現代社會。在這個趨勢下，佛教淡化原來的宗教儀式、六道輪迴信仰、念佛持咒等傳統。

2. 科學的佛教[45]：佛教自己將其思想價值、修行法門等置於科學方法檢視或認證。例如將原來的一個完整的戒、定、慧、解脫、解脫知見的禪修體系轉化成腦神經科學或心理學。

3. 入世／人間佛教：佛教積極涉入社會實踐以具體行動

---

[44] 關於佛教現代主義的形成與此新佛教的樣態，可參考：McMahan, David L., *The Making of Buddhist Modernism*. Oxford: Oxford University Press, 2008。

[45] 關於科學主義對傳統佛教的修行與價值的弱化，可參考：Donald Lopez 的兩個著作：*Buddhism and Scinece: A Guide for the Perplexed (Buddhism and Modernity)*. University of Chicago Press, 2008，以及 *The Scientific Buddh: His Short and Happy Life*. Yale University Press, 2012。

幫助貧窮或受難大眾，關懷社會，積極增進社會的福祉，而化了佛教的最終目標——解脫（包含自己與他人）於六道輪迴的苦海。或者將入世的社會幸福等同佛教的淨土或出世的解脫。

4. 去宗教的佛教：例如將具體的佛教傳統抽象化或簡化為靈性，將完整的教、修、證一體的禪修簡化成心靈體驗或卡巴金強調的「當下無價值判斷的覺知」。這種趨勢出現在各種新禪修運動或現象：超驗靜坐、正念、生活禪、跑步禪等。

5. 宗教多元主義的佛教：處於現代宗教多元的地球村，為了各宗教的筆觸包容、對話甚至合作，佛教模糊自身與他宗教的不同而強調各宗教共同的價值。然而，各宗教不同之處往往是自身宗教的核心價值。

如果這是佛教現代化帶來的新挑戰、新脈絡，那麼聖嚴法師的如來藏思想的「再脈絡化」，便是讓我們反思法師的思想應該如何呈現或詮釋？我們是否繼續強調如來藏的整合性、適應性、包容性、消融性？或者應該強調無我如來藏的空性？這個「再脈絡化」有機會讓我們與林鎮國經典之作《空性與現代性》或者「空性與後世俗世代：從 Charles Taylor 和 Jürgen Habermas 談佛教哲學的回應」[46] 進行更深入的對話。

舉例來說，佛教禪修的全球普化是佛教現代化的代表

---

[46] 林鎮國未出版之演講，二〇二一年十一月十一日於國立中山大學哲學研究所「哲學與療育人生系列講座（I）」。

現象之一。許多學者注意到現代化的佛教禪修與傳統佛教禪修的不同，展現出以下幾個特徵：居士化、入世化（世俗化）、簡化、去儀式化、去解脫化（去出世化）等。㊼在這個佛教禪修普化的脈絡下，如果我們希望強調傳統的佛教禪修仍然在傳統的戒、定、慧次第下，修證如實的知見（yathābhūta jñānadarśana）或洞見空性，證得六道輪迴的解脫，我們是否仍舊要應用具有「整合性、適應性、包容性、消融性」的大我如來藏思想或者空、無我如來藏思想？

除此之外，若從全球倫理的角度來看，如來藏思想如何能如聖嚴法師預期的平等觀而帶來社會的和平，而不是如袴谷憲昭與松本史郎等提出「批判佛教」運動中，如來藏思想成為日本建立東亞共榮圈侵華的立論？如來藏思想的整合性、適應性、包容性、消融性對於先進社會課題，是否能讓社會利益既得者（如企業主）更包容雇員，更將雇員視為企業的一體，與雇主平等對待，還是成為雇主的要求——雇員以企業整體為重，自己多「適應」、「包容」、甚至消融對立（取消工會、罷工等等）。㊽類似的問題可能沒有出現在

㊼ 現代佛教禪修與傳統佛教禪修的差異比較有許多著作，較新的著作可參考：McMahan, David, Erik Braun 所編輯一書的導論："From Colonialism to Brainscans: Modern Transformations of Buddhist Meditation", 2017。中文著作可參考：鄧偉仁，〈一個佛教現代主義的審視：佛教禪修與身心療癒〉，《玄奘佛學研究學報》第 30 期，2018 年 10 月 15 日，頁 1-30。

㊽ 見袴谷憲昭（Hakamaya Noriaki）所著的 "Thoughts on the Ideological Background of Social Discrimination" in *Pruning the Bodhi Tree*，頁 339-355。

聖嚴法師所強調如來藏思想下的「原脈絡」，但是在這些新的「後脈絡」下，聖嚴法師弘法利生的如來藏思想應該如何詮釋，才能避免佛教現代主義所提醒的「後脈絡」下對佛教傳統價值甚至是最終價值的挑戰，應該就是我們接下來的任務了。

最後筆者嘗試回答本論文隱含的一個重要的詮釋學問題：「脈絡詮釋真的可以解釋不同脈絡中的不一致性而得到一致性？」㊾從本文對於聖嚴法師在不同的脈絡下得出不同的思想內涵的這個觀察，似乎會得出漢傳佛教「判教式」的詮釋學，不同的（甚至矛盾的）思想內涵，其實可以達成一致或者並不矛盾，只要將各種不同的思想置於不同脈絡去解讀，某一種程度是「達成一致」或者「視為一體」。然而，筆者認為聖嚴法師對於華嚴如來藏的脈絡化解讀，並非簡單的判教，並非是一種「相對主義」的詮釋學：認為佛法如來藏思想沒有真正的解讀，只有脈絡化下的解讀。對聖嚴法師來說，在禪修中「見性」是真正的開悟，真正的開悟是「如實知見」，那麼「無我如來藏」或者「空性」，才是華嚴如來藏的真義。

㊾ 筆者特別感謝其中一位審查委員的提問：「脈絡詮釋真的可以解釋不同脈絡中的不一致性而得到一致性？」讓此論文得以呈現比較具體的結論。

參考文獻

一、中文

杜正民，《如來寶藏——聖嚴法師的如來藏思想研究》，臺北：法鼓文化，2018 年 6 月。

林建德，〈印順及聖嚴『如來藏』觀點之對比考察〉，《臺大中文學報》第 40 期，2013 年 3 月，頁 291-330。

林鎮國，《空性與現代性》，新北：立緒出版社，2004 年。

郭朝順，〈真心與妄心——聖嚴法師何以接受蕅益智旭的天台學？〉，收錄於聖嚴教育基金會學術研究部編，《聖嚴研究》第十二輯，臺北：法鼓文化，2019 年 8 月，頁 63-116。

陳英善，〈聖嚴思想與如來藏說〉，收錄於聖嚴教育基金會學術研究部編，《聖嚴研究》第一輯，臺北：法鼓文化，2010 年 3 月，頁 383-414。

陳劍鍠，〈聖嚴法師「建設人間淨土」與「一念心淨」之要義〉，收錄於聖嚴教育基金會學術研究部編，《聖嚴研究》第二輯，臺北：法鼓文化，2011 年 7 月，頁 201-239。

黃俊傑，〈東亞文化交流史中的「去脈絡化」與「再脈絡化」現象及其研究方法論問題〉，《東亞觀念史集刊》第 2 期，2012 年 6 月，頁 55-77。

黃國清，〈聖嚴法師的華嚴思想〉，收錄於聖嚴教育基金會學術研究部編，《聖嚴研究》第五輯，臺北：法鼓文化，2014 年 6 月，頁 377-413。

黃國清，〈聖嚴法師在臺灣法鼓教團推動天台教觀的努力——以《天台心鑰》一書為中心〉，收錄於聖嚴教育基金會學術研究部編，《聖嚴研究》第三輯，臺北：法鼓文化，2012 年 6 月，頁 349-386。

鄧偉仁，〈一個佛教現代主義的審視：佛教禪修與身心療癒〉，《玄奘佛學研究學報》第 30 期，2018 年 10 月 15 日，頁 1-30。

鄧偉仁，〈傳統與創新——聖嚴法師以天台思想建構「漢傳禪佛教」的特色與意涵〉，收錄於聖嚴教育基金會學術研究部編，《聖嚴研究》第八輯，臺北：法鼓文化，2016 年 6 月，頁 133-157。

釋聖嚴，《建立全球倫理——聖嚴法師宗教和平講錄》，臺北：法鼓文化，2013 年。網路版網址：https://play.google.com/books/reader?id=UJDhAwAAQBAJ&hl=zh_TW&pg=GBS.PT31。

釋聖嚴，〈如何研究我走的路〉，收錄於聖嚴教育基金會學術研究部編，《聖嚴研究》第一輯，臺北：法鼓文化，2010 年 3 月，頁 19-26。

釋聖嚴，《大乘止觀法門之研究》，《法鼓全集》第 1 輯第 2 冊，臺北：法鼓文化，2020 紀念版。

釋聖嚴，《自家寶藏——如來藏經語體譯釋》，《法鼓全集》第 7 輯第 7 冊，臺北：法鼓文化，2020 紀念版。

釋聖嚴，《華嚴心詮——原人論考釋，《法鼓全集》第 7 輯第 14 冊，臺北：法鼓文化，2020 紀念版。

二、外文

Franklin L. Baumer, “Intellectual History and Its Problem,” *Journal of Modern History*, XXI: 3 (Sep. 1949): 191-203.

Geertz, Clifford (1973). *The Interpretation of Cultures*. New York: Basic Books Inc.

Habermas, Jürgen (2008) “on Post-Secular Society,” *New Perspectives Quarterly*. 25(4), 17-29.

Hakamaya, Noriaki (1997). in Hubbard & Swanson eds. *Pruning the Bodhi Tree: The Storm Over Critical Buddhism*. Honolulu: University of Hawai'I Press.

Heim, Mark (1999). *Salvations: Truth and Difference in Religion*. New York: Orbis Books.

Jackson, Roger & Makransky, John. ed. (2000). *Buddhist Theology: Critical Reflections by Contemporary Buddhist Scholars*. Routledge Publication.

Jan Westerhoff (2018). *The Golden Age of Indian Buddhist Philosophy in the First Millennium Ce*. Oxford: Oxford University Press.

Linell, P. (1998). "Discourse across boundaries: On recontextualizations and the blending of voices in professional discourse. " *Text-Interdisciplinary Journal for the Study of Discourse*, 18(2), 143-158. doi:https://doi.org/10.1515/text.1.1998.18.2.143

Lopez, Donald (2008). *Buddhism and Scinece: A Guide for the Perplexed (Buddhism and Modernity)*. University of Chicago Press.

Lopez, Donald (2012). *The Scientific Buddha: His Short and Happy Life*. Yale University Press.

McMahan, David L. (2008). *The Making of Buddhist Modernism*. Oxford: Oxford University Press.

McMahan, David, Erik Braun, Eds. (2017). *Meditation, Buddhism, and Science*. Oxford: Oxford University Press.

Taylor, Charles (2007). *A secular Age*. The Belknap Press of Harvard University Press.

Tillemens, Tom (1995). "Remarks on Philology." *Journal of IABS*, volume 18 on "Method".

Contextualization and Re-contextualization:
Master Sheng Yen's Thought on the Hua Yan and Tathāgatagarbha schools

Wei-jen Teng
Associate Professor and Department Chair, Department of Buddhist Studies, Dharma Drum Institute of Liberal Arts

Abstract

The Buddhist thought of Huayan Sutra and the concept of the Tathāgatagrabha are among the central elements of the "Chinese Chan Buddhism", which Master Sheng Yen attempted to establish. Several Contemporary scholars have explored, quite thoroughly, Master Sheng Yen's interpretations of the both, therefore, this article will not repeat what the scholars have already said about the content of Master Sheng Yen's interpretations. Instead, this article attempts to enquire and explore the meaning and the significance of Master Sheng Yen's interpretations, place them in the context of "Buddhist Modernism", through the lens of "contextualization" and "re-contextualization".

Master Sheng Yen's interpretations of Huayan teaching and the concept of tathāgatagarbha change from context to context, each interpretation carries its own significance, religious, pedagogical, or social. The first part of this article tries to identify those contexts and the dialectical relations between Master Sheng Yen's various interpretations. The second part will re-examine Master Sheng Yen's interpretation in a new context of the "post-secular age", a context Master Sheng Yen might not be self-aware, and the context shaped by the so call "Buddhist Modernism".

Keywords: Sheng Yen, Hua Yan, tathāgatagarbha, Buddhist Modernism, post-secularization

研發「溝通與修行」課程之自我覺察與反思

釋果光
法鼓文理學院助理教授

摘要

研究者於二〇一七年六月至二〇一九年五月，帶領團隊研發一門以「自我覺察」為核心的「溝通與修行」課程；師資包括佛教修行者及心理諮商師的跨領域合作。本研究以八位課程研發團隊成員為研究對象，探索兩個面向的問題：一是課程研發過程之自我覺察與反思，亦即這門以「自我覺察」為核心的溝通課程之研發歷程，研發團隊成員有何心路歷程？課程研發過程中面臨何等困難？有何自我覺察與突破？二是「自我覺察」內涵方面，如何詮釋「自我覺察」？心理學及佛教修行如何養成自我覺察力？研究參與者的自我覺察體驗為何？自我覺察有哪些關鍵元素？

為解答上述問題，本研究採質性研究方法（qualitative research），研究期間自二〇一九年九月一日至二〇二〇年六月三十日止。本文首先就「溝通與修行」及「自我覺察」兩個面向進行文獻回顧，一探兩個領域的研究脈絡。其次，介紹「溝通與修行」課程架構及第一階段課程之核心主軸與內涵。第一階段以「自我覺察」為課程核心主軸，開發出

「五遍行法」——觸、作意、受、想、思之自我覺察模式，架構出自我覺察之四個層次：觀察、感受、想法、價值觀。第三，說明本文採質性研究方法，以課程研發之八位成員為研究參與者，採用文件分析法及訪談法進行資料蒐集，並應用編輯式分析法整理、歸納、分析資料。第四，呈現探索「自我覺察」的結果與討論，涵蓋課程研發過程之自我覺察與反思，以及探討心理學及佛教修行之「自我覺察」，包括覺察的定義與範圍、養成經驗及覺察的體驗；從研究參與者的訪談中萃取出「自我覺察」之六項關鍵元素：孤獨、安定、距離、明覺、敏銳、好奇，再進一步回應教案設計如何融入及運作此六項元素，發揮自我轉化的力量。最後，為本研究做出佛教修行與心理學體用融合及相輔相成之總結，並述及研究限制及後續相關課程研發與研究之建議。

關鍵詞：溝通、修行、自我覺察、五遍行法、質性研究

一、前言

我的生命是一場實踐佛法的歷程。

——聖嚴法師

法鼓山開山紀念館內，聖嚴法師親書這撼動人心之句，帶給研究者深切地反思。身為追隨法師出家，曾近距離在法師身邊的弟子，是否能如法師一生，將佛法融入生命之中？是否亦步亦趨地落實修行的真實義？這是研究者多年來不斷地思索的議題。

不僅自身之嘗試，建構個人自我覺察（self-awareness）之修行基礎，二〇一三年擔任組織都監之職，更試圖探索適合佛教道場的組織型態及運作方式，於二〇一四年開展出以心靈環保為核心的修行型組織為方向，確認組織的定位與適合的運作模式。❶

二〇一六年組織因應有特殊身心狀況的菩薩至道場，所可能發生的現象或問題，並協助第一線單位能妥善觀照各個面向，舉辦五場次「特殊身心狀況因應與協助」課程。此課程邀請專業心理師及法律顧問授課，參加的僧眾、專職及義工相當踴躍，並得到很大的回響。從學員的課堂討論、回饋意見中，呈現「傾聽、同理、溝通」是組織成員們迫切的需

❶ 參考釋果光，〈「心靈環保」組織——二十一世紀的「修行型組織」〉，收入聖嚴教育基金會學術研究部編，《聖嚴研究》第七輯，臺北：法鼓文化，2016 年 1 月，頁 173-230。

求，體會出這些能力可預防八至九成危機。

當深刻體會「溝通」是體系內縱橫聯繫非常重要的一環，亦思考溝通是形塑組織文化、開展修行型組織的關鍵；然企業界、心理學界的溝通課程雖多，未必能與組織文化融合。如何將佛法、禪修、心理學融入於人際溝通之中，正是僧俗四眾所期待學習的主題。

順應著組織體系成員對溝通培訓之需求，二〇一七年六月初，專案成員與合作的心理諮商師討論下一階段課程方向時，提出將同理心溝通落實於日常，並融入法鼓山的觀念與方法、擬結合佛法、禪修、心理學，規畫體系成員修習從心溝通與助人學習的方案。

六月下旬向一位具備心理與禪修經驗的資深老師請益，朝向課程研發、師資培訓的方向。除了邀請資深老師擔任指導，逐步邀請到三位法師與一位心理諮商師一起擔任課程研發師資，再加上三位行政成員及研究者，形成九人小組，規畫三階段的課程：第一階段為「自我覺察培養」課程，第二階段為「進階技巧」課程，第三階段為「觀音法門」課程。

第一階段乃以自我覺察為核心的一套四堂自我覺察培養課程。專案成員及研發師資經過相關課程學習、教案設計討論，二〇一八年四月二十四日至五月二十九日間，舉行了四堂課的試教。課後由團隊及學員的回饋，產生了許多教案設計方向上、課程設計上意見差異的討論，並進一步改善課程教案。專案團隊於二〇一八年十二月二十六日及二〇一九年一月二日進行課程教學及師資培養，再度從學員的回饋修改教案；並於二〇一九年五月正式舉辦一次體系內的教育訓練課程。

歷時兩年來，「溝通與修行」第一階段課程研發歷程發生了許多的故事，感動團隊的耐心與毅力，引發研究者之研究動機，回顧團隊成員在「溝通與修行」第一階段課程研發的心路歷程，以及探索一路走來的「自我覺察」體認。修行重在過程而非結果，本論文秉持此理念，不在於探討課程的成效，而是探索團隊於研發課程過程的自我覺察與反思。

當研究者與團隊提出此研究的構想，得到團隊成員的支持，故本研究以此八位成員為研究對象，探索兩個面向的問題：一是課程研發過程之自我覺察與反思，亦即這門以「自我覺察」為核心的溝通課程之研發歷程，研發團隊成員有何心路歷程？課程研發過程中面臨何等困難？有何自我覺察與突破？二是「自我覺察」內涵方面，如何詮釋「自我覺察」？心理學及佛教修行如何養成自我覺察力？研究參與者的自我覺察體驗為何？自我覺察有哪些關鍵元素？

為解答本研究之問題，本文首先就「溝通與修行」及「自我覺察」兩個面向進行文獻回顧，一探兩個領域的研究脈絡。其次，介紹「溝通與修行」課程架構及第一階段課程之核心主軸與內涵。第三，說明本文的研究方法，包括研究參與者、資料蒐集方法，以及資料整理與分析步驟。第四，呈現探索「自我覺察」的結果與討論，涵蓋課程研發過程之自我覺察與反思，以及探討心理學及佛教修行之自我覺察內涵：詮釋、養成、體驗、元素。最後，為本研究之總結與建議。

二、文獻回顧

探討溝通的文獻非常地豐富，由於此「溝通與修行」課程定調為以自我覺察為核心，融合佛法、禪法、心理學、及法鼓山理念於人際溝通之中；故本研究分別耙梳「溝通與修行」及「自我覺察」兩個面向之文獻脈絡。

（一）溝通與修行

本節從世尊對溝通的教導至近代融合修行與溝通的文獻，一探其脈絡。佛法中與溝通直接相關的教導，包括八正道中之「正語」❷及四攝法中之「愛語」❸。世尊對「正語」的解釋為：

> 若見邪語是邪語者，是謂正語。若見正語是正語者，亦謂正語。云何邪語？妄言、兩舌、麤言、綺語，是謂邪語。云何正語？離妄言、兩舌、麤言、綺語，是謂正語。❹

---

❷ 見《長阿含經》卷九：「云何八修法？謂賢聖八道：正見、正志、正語、正業、正命、正方便、正念、正定。」（CBETA 2019.Q2, T1, no. 1, p. 55a7-8）

《雜阿含經》卷六：「云何有身滅道跡？謂八正道——正見、正志、正語、正業、正命、正方便、正念、正定，是名有身滅道跡。」（CBETA 2019.Q2, T2, no. 99, p. 40b4-6）

❸ 見《長阿含經》卷八：「復有四法，謂四攝法：惠施、愛語、利人、等利。」（CBETA 2019.Q2, T1, no. 1, p. 51a8-9）

❹ 見《中阿含經》第 49 卷，〈雙品 1〉。（CBETA, T1, no. 26, p. 736, a7-

正語之不妄語、不兩舌、不惡口、不綺語，即為十善之四種善業❺，說明是根據意業的正思惟，表達於「口」業的實踐。❻此強調口業清淨的戒行，稱為基本的倫理觀念。❼更可說是人際溝通的倫理原則。

就世尊教導攝受眾生的四種方法：布施、愛語、利行、同事四攝法，對「愛語」的詮釋為：「所說愛說者，說令彼歡喜，不令彼為惡，是則為愛說。」❽是能讓對方歡喜不生煩惱的語言，聖嚴法師進一步詮釋：

> 用和悅的態度，來與他人共同談論，這是由於悲心的自然流露。……不僅是談話的技巧而已，而是一種真誠懇切、和藹融洽、感人肺腑的談話。這，就是得到了佛化實益之後的一種受用、一種智慧、一種修養。❾

10）

❺ 見《長阿含經》卷十：「云何十法向善趣？謂十善行：身不殺、盜、婬，口不兩舌、惡罵、妄言、綺語，意不貪取、嫉妬、邪見。」（CBETA 2019.Q2, T1, no. 1, p. 60a18-20）

❻ 參考釋聖嚴，《比較宗教學》，《法鼓全集》第 1 輯第 4 冊，臺北：法鼓文化，2020 紀念版，頁 399。取自：https://www.shengyen.org/?doc=01-04-011。發行版，臺北：臺灣中華書局，1968 年 6 月初版，2014 年最新修訂版。

❼ 參考釋聖嚴，《菩薩戒指要》，《法鼓全集》第 1 輯第 6 冊，臺北：法鼓文化，2020 紀念版，頁 16。取自：https://www.shengyen.org/?doc=01-06-002。發行版，臺北：法鼓文化，1996 年 2 月初版。

❽ 見《雜阿含經》第 45 卷，《大正藏》第 2 冊。（CBETA, T2, no. 99, p. 332, a23-25）

❾ 釋聖嚴，《學佛知津》，《法鼓全集》第 5 輯第 4 冊，臺北：法鼓文化，2020 紀念版，頁 76。取自：5https://www.shengyen.

其中說明透過佛法、禪法的修行，內化而生溝通的態度、悲心的流露，及智慧的顯現。

針對世尊關於人際溝通的教導，以溫宗堃二〇一八年的研究〈早期佛典關於人際溝通的教導〉⑩ 最為完整。他將正語歸為人際溝通的倫理原則，包含不妄語、不兩舌、不惡口、不綺語；人際溝通的心態與技巧方面，以慈心為人際溝通的心態、無諍為避免人際衝突的技巧、愛語為增進情誼的技巧。更依據早期佛典的記載，以「正念覺察」為基礎，建構正念人際溝通的基本原則：⑪

> 佛典關於人際溝通的指導如不惡口、不綺語、保持慈心等，包括在正念人際溝通裡覺察的範圍。「心念處」要求觀察貪、瞋等心理狀態、「受念處」要求觀察愉悅、不愉悅、中性的感受，「法念處」關於感官接觸的指導，要求覺察聽到聲音時種種情緒的生起和消失。因此，人際溝通過程中應加以正念覺察的範圍，除了身體動作，也包括談話時的情緒感受、心理活動。⑫

此為世尊將禪修運用在溝通上極佳的文獻探討，涵蓋人際溝通中對自己和談話者均保持「正念覺察」，覺察範圍包

---

org/?doc=05-04-004。發行版，臺北：東初出版社，1979 年初版。

⑩ 溫宗堃，〈早期佛典關於人際溝通的教導〉，《福嚴佛學研究》第 13 期，新竹市：福嚴佛學院，2018 年，頁 65-81。

⑪ 同上。

⑫ 同上。

括身體動作、語言；苦受、樂受、不苦不樂受之感受；以及根塵相觸時種種感覺、情緒的起滅。

一九五九年日本禪師鈴木俊隆（Shunryu Suzuki）將禪法傳至美國，禪修在西方逐漸開展，禪法活用於溝通之中，亦有相當的著作。日本禪修老師麗貝卡 Z. 莎菲爾（Rebecca Z. Shafir）於二〇〇三年出版《聽禪：分心時代之正念溝通》（*The Zen of Listening: Mindful Communication in the Age of Distraction*）⓭書中，將禪法運用在溝通上，「正念溝通」的核心在傾聽，即「正念傾聽（mindful listening）」，並具體提出正念傾聽的三個重要元素：放鬆、專注、想了解他人觀點（Desire to learn of gain another's perspective）。⓮

馬歇爾・盧森堡於二〇〇三年發展出「觀察、感受、需要、請求」四個層次的「非暴力溝通」模式。⓯引導「不再照習慣反射式地反應，而是去明瞭自己的觀察、感受和願望，有意識地使用語言。……非暴力溝通還促使我們仔細觀察，發現正影響我們的行為和事件，並提出明確的請求。」⓰此溝通模式不僅是溝通技巧，更強調專注、覺察帶來根本性的變化，已受到東、西方宗教團體的接受、學習與

⓭ Rebecca Z. Shafir, *The Zen of Listening: Mindful Communication in the Age of Distraction*, Quest Books Theosophical Publishing House, 2003.

⓮ 同上，頁 23。

⓯ 馬歇爾・盧森堡（Marshall B. Rosenberg）著，阮胤華譯，《愛的語言——非暴力溝通》，臺北：光啟文化，2018 年，頁 212。

⓰ 同上，頁 13。

推廣。

二〇一三年一行禪師以英文出版 *The Art of Communicating*（中譯《諦聽與愛語：一行禪師談正念溝通的藝術》）一書，提出「正念溝通」的步驟：正念呼吸、停下思緒、深深聆聽自己、諦聽、愛語。[17] 就正念呼吸，一行禪師說明：「正念呼吸是正念溝通的第一步，因為它能讓我們放鬆身心。」[18]

華人則有楊蓓二〇一〇年重新出版的《自在溝通》，雖是以心理學為基礎，然強調「覺察」、「放鬆」、「速度」、「專注」、「空間」等關鍵因素，[19] 實則與禪修相應。其在書中分析覺察與溝通的關係：

> 「覺察」與「溝通」是互為表裡的，當你的覺察做得好的時候，會發現你的溝通進步了。同樣的，某些人的覺察能力雖然比較遲鈍，但他透過溝通的歷程，也可以進入覺察的部分。[20]

上述從世尊的教導至近代中、西方禪修與溝通融合的文獻中，無論用正念或覺察，均是禪修的基本，亦可與聖嚴法師所教導的禪修觀念與方法呼應：

---

[17] 一行禪師（Thich Nhat Hanh）著，賴隆彥譯，《諦聽與愛語：一行禪師談正念溝通的藝術》，臺北：商周出版，2014 年，頁 113。

[18] 同上，頁 120。

[19] 楊蓓，《自在溝通——人我互動，從心出發》，臺北：法鼓文化，2010 年，頁 168-207。

[20] 同上，頁 207。

> 我經常介紹的禪修觀念是：認識自我、肯定自我、成長自我、消融自我。以「有」為入手方便，以「無」為禪修方向，以努力修行的過程為永久的目標。我到處指導的禪修方法是：放鬆身心，集中、統一、放下身心世界、超越於有無的兩邊。能夠徹底超越，便是大悟徹底。㉑

上述以正念或覺察為核心之溝通課程，已運用放鬆、專注、覺察等元素於溝通上，然尚未具體且細膩地覺察溝通過程中的身心變化，而這正是本研究運用佛法已說明的面向。基於此，研發團隊直接具體地將佛法及禪法的觀念與方法融合心理學的相關方法，使在溝通過程自他的覺察更加明確，達成溝通即修行之目標。

團隊研發之第一階段自我覺察培養課程，包含幾個特色：1. 以佛法之五遍行法為覺察模式，亦即當五官觸境所產生的身心變化，觸、作意、受、想、思五心所，轉化為覺察的四個層次。2. 透過禪修或修行方法，強化個人的覺察能力。3. 以自我覺察為核心，由內而外覺察，覺我、覺你、覺他。

（二）自我覺察

本節從中、西方研究論文中，首先了解自我覺察的意

㉑ 參考聖嚴法師《禪門》、《禪鑰》的〈自序〉，《法鼓全集》第 4 輯第 10 冊，臺北：法鼓文化，2005 年網路版，頁 4-5。《禪鑰》發行版，臺北：東初出版社，1995 年初版；《禪門》發行版，臺北：法鼓文化，1996 年初版。

涵、心理學的自我覺察方式，再整理佛教禪修的自我覺察的方式。

1. 心理諮商與自我覺察

自我覺察之名詞，可追溯自一九七二年西方社會心理學者 Shelley Duval 及 Robert Wicklund 發表的《客觀自我覺察理論》（*A Theory of Objective Self-Awareness*）一書中，發展出「自我覺察理論」：

> 當我們將注意力集中在自己身上時，我們會評估並比較當前的行為與內在標準和價值觀。我們成為自我意識的自我評估者。[22]

Daniel Goleman 在《高 EQ 領導力》一書中，將情緒智商（Emotional Intelligence）分為四個面向：自我覺察（self-awareness）、自我管理（self-management）、社會認知（social awareness）、社交技能（relationship management）。其中定義自我覺察為：「了解自己的內在狀態、喜好、資源與直覺。（knowing one's internal states, preference, resources, and

---

[22] 1972. Psychologists Shelley Duval and Robert Wicklund's developed the theory of self-awareness, They proposed that: "when we focus our attention on ourselves, we evaluate and compare our current behavior to our internal standards and values. We become self-conscious as objective evaluators of ourselves." Duval, Shelley, and Robert A. Wicklund. 1972. *A Theory of Objective Self Awareness*. New York: Academic Press.

intuitions.）」㉓。

西方心理學對自我覺察的研究，透過不同的學派開展出各自的理論㉔，被認為是心理諮商師的基本能力，開展了心理諮商師的自我覺察養成。

華人學者陳金燕，於從事心理諮商的過程開始對「自我覺察」產生興趣，進行了長時間的研究，發表了多篇論文。〈諮商實務工作者對「自我覺察」的主觀詮釋之研究〉透過訪談三十一位諮商工作者，將自我覺察的詮釋歸納為：「自己知道、了解、反省、思考自己的情緒、行為、想法、人我關係及個人特質等方面的狀況、變化、影響及發生的原因。」並說明：

> 自我覺察就是「個體『覺察』自己的『狀態』」，它具有「自己看自己」的特質，同時有層次之分、階段之別，雖然主要是發生在「當下」的時機，但也可以是一個貫穿前、後的連續性過程。㉕

㉓ 參考：1. Daniel Goleman, 1995, *Emotional Intelligence: Why It Can Matter More Than IQ*, New York: Bantam Books. 張美惠譯，《EQ：決定一生幸福與成就的永恆力量》，臺北：時報出版，1996 年。
2. Daniel Goleman, 2014, *What Makes A Leader: Why Emotional Intelligence Matters*, Kindle Edition. 陳佳伶譯，《高 EQ 領導力》，臺北：天下文化，2018 年。

㉔ 蘇盈儀、姜兆眉、陳金燕，《自我覺察督導模式訓練手冊：新手督導訓練（二版）》，臺北：雙葉書廊，2021 年，頁 19。

㉕ 陳金燕，〈諮商實務工作者對「自我覺察」的主觀詮釋之研究〉，《國立彰化師範大學輔導學報》第 19 期，彰化：彰化師大，1996 年，頁 221。

陳金燕將自我覺察的線索分為「生理感官」、「肢體動作」、「情緒感覺」與「想法念頭」四類；覺察的時間點，分為「當下」覺察與「事後」覺察兩個向度；啟發覺察的源頭有可能是「自發於內」，即個人自己自發性地覺察，也有可能是「外力激發」，藉由外人的提醒、刺激而來。㉖此外，自我覺察是以個人自我內在經驗為核心，可分為個人經驗、家庭經驗、社會經驗、文化經驗，故自我覺察包含個人自我、家庭自我、社會自我，及文化自我四種層次的自我狀態，各層次之間乃是相互影響、彼此交流而建構成一個全然自我的展現。㉗

在培養諮商師的自我覺察能力，陳金燕採取五個基本策略：

> （1）「彼時彼刻」與「此時此刻」的覺察、（2）覺察線索（生理感官、肢體動作、情緒感覺、想法念頭）的偵察、體驗與解讀、（3）以「抽離」的角度反觀自我、（4）覺察源頭的探索：對象與事件、（5）個人價值觀及諮商取向的檢視。㉘

督導透過一連串問話、澄清、引導、面質等方式，即以「蘇格拉底式對話」為基本架構，幫助諮商師提昇其自我覺

㉖ 陳金燕，〈自我覺察在諮商專業中之意涵：兼論自我覺察督導模式〉，《應用心理研究》第 18 期，2003 年夏，頁 59-87。

㉗ 同上，頁 62。

㉘ 同上，頁 75。

察能力。[29]

2. 禪修的自我覺察

佛法、禪修常用覺照、觀照之詞，覺察的範圍包括呼吸、身體、覺受、心念、環境、內外無限、自性，從覺察自身開始，一個層次、一個層次地觀照。如同《大念處經》中所言，自我覺察的範圍歸納為四類：身念處、受念處、心念處、法念處四個層次：

> 諸比丘啊！惟有一途可淨化眾生，脫離憂愁哀傷，消除苦楚悲痛，獲得正法，體證涅槃，此途名四念處。云何四念住？
>
> 諸比丘啊！彼於日常生活中，於身，時刻注意觀察，精進警覺，念念分明，可滅淫慾、悲痛。於受，時刻注意觀察，精進警覺，念念分明，可滅淫慾、悲痛。於心，時刻注意觀察，精進警覺，念念分明，可滅淫慾、悲痛。於法，時刻注意觀察，精進警覺，念念分明，可滅淫慾、悲痛。[30]

「念」，是普遍存在的善心所，貫穿整個修行歷程，亦是修行的核心。

智顗《修習止觀坐禪法要》中，止觀分為坐中修及歷緣

---

[29] 同上，頁 75。

[30] 見《大念處經》第 1 卷，《藏外佛教文獻》第 5 冊。（CBETA, ZW5, no. 48, p. 179, a5-12）

對境修兩者。歷緣即於行、住、坐、臥、作、語六種狀態中修止觀。其中針對談話，在〈正修第六〉中說明：「若於語時，應做是念：我今為何事欲語？若隨諸煩惱，為論說不善無記等事而語，即不應語；若為善利益事，即應語。」[31] 禪修者在話語說出前能先覺察此話語是否有益於對方，而決定是否說出，此與世尊所指導的正念人際溝通一致。

聖嚴法師指導的漢傳禪法包括坐禪及動禪，坐禪是先覺察身體的坐姿符合七支坐法，再由頭至腳覺察身體每個部位放鬆，透過局部放鬆至掃描全身放鬆。當身體坐正、放鬆之後，再覺察呼吸，進而數息、隨息。故禪坐的過程，心向內以呼吸、身體為所緣境，是身體、覺受、心念的覺察，當身體的感覺不在，則向外覺察環境。

禪法的教學內容除了禪坐，還包括動中修，八式動禪的基本原則為「身在哪裡，心在哪裡」，相應的心法次第為「清楚放鬆、全身放鬆」，經行時覺察腳的移動、觸受，無相禮拜乃覺察拜佛時的每一個動作、身體的感覺。每一種動禪均涵蓋不同層次的覺察，更強調將禪法運用在日常生活中。[32]

在日常生活中，時時刻刻注意自己的心念；從放鬆身

---

[31] 《修習止觀坐禪法要》第 1 卷，《大正藏》第 46 冊。（CBETA, T46, no. 1915, p. 468, b16-19）

[32] 整理自釋聖嚴，《聖嚴法師教禪坐》，《法鼓全集》第 4 輯第 15 冊，臺北：法鼓文化，2020 紀念版，頁 133。取自：https://www.shengyen.org/?doc=04-15-008。發行初版，臺北：東初出版社，1995 年。

> 心、注意呼吸開始，繼而舉手投足，都知道自己在做什麼。說話時，知道在說什麼，對人有益、無益，了然分明；走路時，步步清楚，知道自己的步伐，自己的方向；吃東西時，不要胡思亂想，而要細細地嚼，認真地嚥；甚至如廁之時，也知道自己在做什麼。念念分明，然後覺知無念，這時候才會最清楚地知道，自我即是無我。㉝

從自我覺察的內涵，可看出禪修是自我覺察很直接的練習。修行者透過禪法的練習，可養成隨時隨處向內觀照的習慣，對於自己身體、感受、情緒的變化，可以較快速地覺察，才能進一步止住，甚至適時地以呼吸、放鬆身心做調整。

楊蓓針對十二位漢傳默照禪修者進行訪談，二〇一二年發表〈默照禪修對心理健康影響之初探〉一文中，指出默照禪修歷程建構自我覺察的能力：

> 默照禪修培養出參與者「覺知的智慧」，也就是默照禪修歷程建構了一條往內如實觀察自己的能力，憑藉著這個能力，禪修者逐漸走向心理健康的道路，釋家稱之為解脫的智慧。㉞

㉝ 釋聖嚴，《禪的世界》，《法鼓全集》第4輯第8冊，臺北：法鼓文化，2020紀念版，頁301。取自：https://www.shengyen.org/?doc=04-08-024。發行初版，臺北：東初出版社，1994年6月。

㉞ 楊蓓，〈默照禪修對心理健康影響之初探〉，收入聖嚴教育基金會學術研究部編，《聖嚴研究》第三輯，臺北：法鼓文化，2012年，頁267-

楊蓓總結這「覺知的智慧」，對個人的身心狀態及人際互動模式的覺察與接納有良好的影響。二〇一六年發表的〈默照禪修中促進轉化的慈悲與智慧〉一文中，進一步分析出：「『輕鬆』、『安定』、『清楚』、『知道』、『覺察』、『整體』、『接納』、『此時此刻』組合成默照禪法練習的過程中對心的訓練的元素……。」[35]

上述文獻，無論從心理學或禪修角度探討自我覺察，已涉及將自我覺察的定義、範圍、養成，然並未將自我覺察的過程，做更細膩的說明及轉化成具體操作的模式，正是本次課程研發採五遍行自我覺察模式特殊之處。本研究更試圖萃取出自我覺察的關鍵元素，亦是過去文獻中尚未處理部分。

三、「溝通與修行」課程

二〇一七年六月初，最後一梯「特殊身心狀況因應與協助初階培訓」課程於天南寺舉辦期間，專案成員 A2 與心理諮商師討論下一階段課程的需求及計畫，揭開此溝通課程研發的序幕。經向指導老師請益，八月時確定課程研發方向：[36]

1. 課程目的：從自我覺察做起，先能幫助自己，才能幫助他人。

414。

[35] 楊蓓，〈默照禪修中促進轉化的慈悲與智慧〉，收入聖嚴教育基金會學術研究部編，《聖嚴研究》第八輯，臺北：法鼓文化，2016 年，頁 283-308。

[36] 2017 年 8 月 9 日會議紀錄。

2. 課程中融合佛法、禪修、心理學的觀念及方法。

課程研發師資方面，除了原已合作的一位心理諮商師，團隊再邀請了三位法師，師資們亦分別先於法鼓文理學院相關課程學習，經過半年摸索期、一年研發期、最後半年整合期三個時期，至二〇一九年五月舉辦正式課程，足足走了兩年的日子，完成第一階段「自我覺察養成」課程。這段研發的歲月，亦是溝通的過程，無論課程定位、方向、對象、架構、理論模式、體驗活動，便是在反覆討論、修改、調整，才逐步形成。在此說明此課程的整體架構、自我覺察之核心主軸，以及第一階段自我覺察養成之課程架構。

（一）課程核心主軸：自我覺察

課程研發團隊經過數次課程規畫討論、兩次試行課程後，於二〇一九年一月六日課程討論會議中，建構出溝通與修行結合的架構，如圖一。「溝通與修行」包含三個面向：溝通與修行的關係、溝通的範疇、溝通的要素。

1. 溝通與修行的關係

依據佛教經典，聖嚴法師對「修行」，給予一個簡單且清楚的定義：

> 所謂修行，簡單地說，就是修正自己身體、語言、行為的偏差，通過任何方法而達成這個目的，就是修行。[37]

[37] 見釋聖嚴，《人行道》，《法鼓全集》第 8 輯第 4-1 冊，臺北：法鼓文

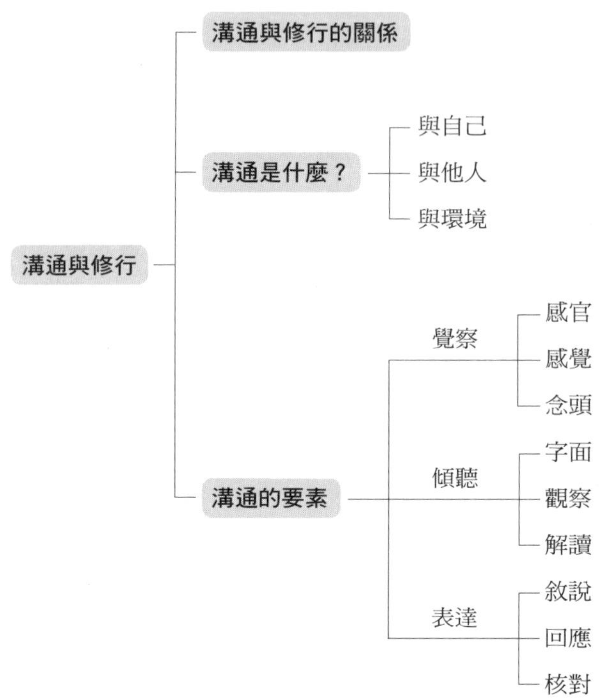

圖一：溝通與修行架構㊳

尤其首重心理行為的淨化，因為心理淨化後，其語言行為和身體行為自然就會修正。㊴

化，2020 紀念版，頁 25。取自：https://www.shengyen.org/?doc=08-04-1-008。發行初版，臺北：法鼓文化，1999 年 1 月。

㊳ 2019 年 1 月 16 日課程規畫會議紀錄。

㊴ 見釋聖嚴，《平安的人間》，《法鼓全集》第 8 輯第 4-2 冊，臺北：法鼓文化，2020 紀念版，頁 37。取自：https://www.shengyen.org/?doc=08-04-2-004。發行初版，臺北：法鼓文化，1999 年 6 月。

法師在楊蓓所著《自在溝通》一書的序文〈掌握溝通之道〉中，則點出人一出生就必須面對人際關係，人與人互動關係的成敗因素，綜合而言包括：接納他人及被他人接納兩個面向，關鍵在於若想他人接納我，必先設法接納他人。[40]對於做人方法之勸勉為：

> 共分三個層次：1. 自我肯定的自知之明，2. 自我成長的反省改進，3. 消融自我的絕對奉獻。在這三個層次的過程中，以接納他人做為貫串，以識己識人做為溝通，以放下自我做為完成自我的方法。[41]

法師提出做人方法的自我三個層次，正是修正自己身、口、行為偏差之修行過程。在人與人的溝通互動中，覺察自己、認識自己、改善自己；也覺察他人、接納他人，最後朝向放下自我之境界。

楊蓓在《自在溝通》一書中，說明「溝通」與「自我」之關係：

> 這裡出現了兩個面向：一個面向是從溝通跟互動之中，建構你自己的自我概念；另外一個面向是，建立了你跟人之間互動與溝通的模式。這兩種東西，是互為表裡的。[42]

---

[40] 參考釋聖嚴〈掌握溝通之道〉，楊蓓，《自在溝通——人我互動，從心出發》之序文，臺北：法鼓文化，2010 年，頁 3。

[41] 同上，頁 4。

[42] 楊蓓，《自在溝通——人我互動，從心出發》，臺北：法鼓文化，2010

亦即「自我」為「裡」、「溝通」為「表」，互動與溝通其實是以內在的「自我」為「本」，是由內而外，必須由自己能與自己溝通的地方先開始，或自己能從了解自己、與自己互動的地方先開始。強調「自我」調整，才是改善溝通、互動關係的根本；而要做到自我調整，就必須從自我認識、自我覺察開始。

課程研發指導老師，亦說明以「自我覺察」為核心的課程主軸方向，乃基於兩個面向的因素：首先，一般溝通課程包括溝通理論及技巧兩者，發現理論與技巧之間總有很大的鴻溝。學習了溝通技術，卻可能因人、因時、因地而有不同的效果，或說達不到理論上的成效。這其中的問題在於，一個人對自身狀態的覺察與認知，影響溝通技術使用的成效；所以「自我覺察」成為銜接理論與技術兩者最重要的關鍵。其次，法鼓山為修行的道場，修行與自我覺察的關係很大，往內看自己是怎麼回事，正也是練習溝通很重要的基礎。所以研發以自我覺察為主軸的溝通課程，是善用修行團體覺察的優勢，補足社會層面如溝通技術的不足，亦有助於修行。[43]

兩位專案行政成員，均表示課程的設計方向，與過去在業界的溝通課程很不同，市面上的溝通課程太過重視技巧，目的是為了推動自己的專案或談成一筆生意，或要說服對方，讓別人喜歡我而達到目的。這些課程並非從心出發，

年，頁 27-28。

[43] 整理自訪談稿（B5: 16-45）。

而這門課的重點，正是要先了解自己，才有可能去同理別人。[44]

2. 溝通的範疇

聖嚴法師在〈禪——自我的消融〉一文中，站在佛法的角度，詮釋「自我」包括「人我」及「法我」兩個部分，說明「人我」：

> 包括「你、我、他」，細究之，則只有主觀的「我」以及客觀的「他」。《金剛經》中，以「我、人、眾生、壽者」來涵蓋。[45]

至於「法我」，法師解釋：

> 「法」是指統一的東西。「法我」即是「五蘊」（色受想行識），前一屬於物質界，後四屬於精神界。五蘊總稱為「我」，就是法，所以五蘊也稱為五蘊法，它是三界之內的生死之法。[46]

由此，溝通的範疇，涵蓋我、你、他，也就是自己

---

[44] 整理自訪談稿（A2：62-74），（A3：113-117）。

[45] 釋聖嚴，〈禪——自我的消融〉，《禪的世界》，《法鼓全集》第 4 輯第 8 冊，臺北：法鼓文化，2020 紀念版，頁 102。取自：https://www.shengyen.org/?doc=04-08-010。初版，臺北：東初出版社，1994 年 6 月。

[46] 同上，頁 103。

「我」，與自己相對的另一人「你」，以及「他們」，即多數的你或稱之為「眾生」。次外，還可以擴大到與「環境」互動及溝通。指導老師說明：

> 溝通牽涉到的其實就是關係，溝通是表面的，關係是內部的，有自己跟自己的關係、跟別人的關係、還有跟環境的關係。……溝通的目的在於我能懂，包含你要懂自己，或者是說你明白，或者是，勉強可以用「照」，這關係當中怎麼修行。溝通與修行的關係事實上就是我怎麼樣在跟自己、他人、環境的互動當中，把修行帶進去。[47]

3. 溝通的要素

覺察、傾聽、表達是構成溝通的三個要素，傾聽包含字面、觀察、解讀；表達包含敘說、回應、核對；覺察是覺察感官、感覺及念頭，是同時覺察自己、覺察別人，亦覺察環境。三個要素看似有一個先後順序，然是三角形的關係，如圖二，覺察、傾聽、表達三者，平時是混在一起，在課程練習中，希望將三者一個個拆解，拆開之後，回到與修行的關係裡。

覺察為修行的關鍵，從自我覺察開始，覺察感官與外境接觸產生的身心反應，亦即五蘊（色、受、想、行、識），或五遍行法（觸、作意、受、想、思）之心所。當與人互動溝通時，覺察自我的身心狀態，覺察到感官在運作的時候，

---

[47] 2019年1月6日課程討論會議紀錄。

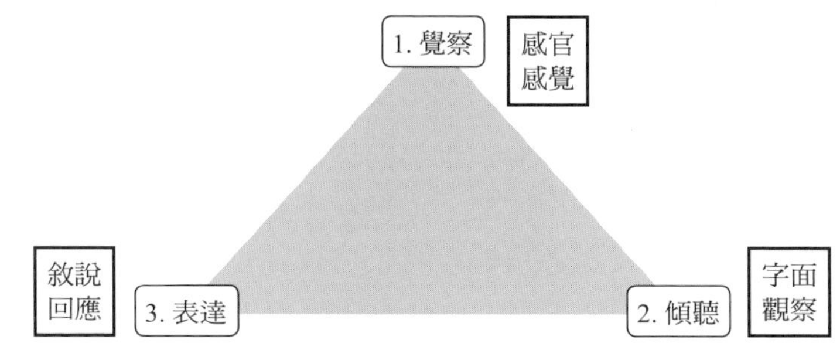

圖二：覺察、傾聽、表達關係圖㊽

產生什麼樣的感覺，當下的念頭是什麼？從對方的肢體、語言、情緒等，覺察他人的身心狀態，亦可從自己與人互動的身心反應，覺察對方的狀況。

當聽到對方的表達，聽到什麼，其實就是針對對方的覺察，覺察中可能會出現感覺，也出現判斷。這個判斷就是解讀，當聽到什麼，於是會怎麼回應，會怎樣表達自己，回應的是我對你的反應。表達時，可以明白地敘說，或就所聽到的反應，我的感覺是什麼，我的想法是什麼，我認為什麼，確認是否是你的看法、你的想法、與你的感覺？就是核對。

如果可以練習到覺察、傾聽、表達三者形成三角形時，就是讓溝通跟修行一直交叉運作，不僅是在現實生活當中不斷地覺察，亦在現實生活當中，藉著溝通過程，就在修行。㊾

專案團隊依此規畫三階段的課程，第一階段為「自我覺

㊽ 2019 年 1 月 6 日課程討論會議紀錄。

㊾ 以上這節整理自 2019 年 1 月 6 日課程規畫會議紀錄中，指導老師的說明。

察培養」，融合禪修，以自我認識、肯定、成長、消融為核心架構。第二階段為「進階技巧」課程，包含情緒辨識、傾聽、回應、高層次同理心。第三階段為「觀音法門」課程，融合觀音法門之傾聽與反思。三階段課程呈現修行是由內而外，先自我覺察，透過自我覺察，展現在外地傾聽與表達，才會從本質上面改變，而不是外在技巧的改變。

（二）課程架構：五遍行法

本研究的探究範疇，正是第一階段的自我覺察培養課程，以「五遍行法——觸、作意、受、想、思」為自我覺察模式，再轉化為覺察「觀察、情緒、想法、價值觀」四層次。課程設計為四堂課進行，強調最根本的「我」。透過五遍行法之自我覺察模式，每堂課設計體驗式活動及禪修引導來強化自我覺察之能力。

1. 自我覺察模式

當感官接觸外境至對外產生反應行為，期間發生了什麼內在運作？聽到相同的一句話、看到同樣的一個表情，為什麼有時是滿心歡喜？有時是非常地生氣？我們是否可能覺察到觸境至行為反應間的過程？讓我們更認識自己？

從佛法的角度，六根（眼、耳、鼻、舌、身、意），觸六境（色、聲、香、味、觸、法）後，觸（Phassa）、作意（manasikara）、受（vedana）、想（sabba）、思（cetana）五個心所[50]開始運作。當根、境、識和合，產生

[50] 參考印順法師《佛法概論》，心所，梵語 caitasika，亦稱為「心所有

的了別作用，稱之為「觸」，可說為接觸外境的第一個剎那。如《雜阿含經》卷十一所說：

> 比丘！譬如兩手和合相對作聲。如是緣眼、色，生眼識，三事和合觸，觸俱生受、想、思。此等諸法非我、非常，是無常之我，非恒、非安隱、變易之我。所以者何？比丘！謂生、老、死、沒、受生之法。[51]

作意，「謂能令心警覺，即是引心趣境為義。」[52]或說是「令心轉向目標」的心所，即突然警覺而將心投注某處以引起活動之精神作用。[53]當根、境、識三和觸的時候，「觸」裡面就分三類：「合意觸」、「不合意觸」、「非合意非不合意觸」，進而生起「受」。「受」意為領納，包括樂受、苦受、捨受。[54]「想」心所的自性為「於境取像」，

法」，心所生起，繫屬於心（梵語 citta）而為心所有的，此心與心所，從依根緣境而發識來說，每分為六識聚，而分別說明他的複雜內容與發展程序。印順文教基金會，網址：https://yinshun-edu.org.tw/zh-hant/Master_yinshun/y08_08_02。

[51] 參考《雜阿含經》第 11 卷，《大正藏》第 2 冊。（CBETA, T02, no. 99, p. 72, c8-12）

[52] 參考《入阿毘達磨論》第 1 卷，《大正藏》第 28 冊。（CBETA, T28, no. 1554, p. 982, a12-13）

[53] 參考釋慈怡主編，《佛光大辭典》，網路版，頁 2779。網址：https://www.fgs.org.tw/fgs_book/fgs_drser.aspx。

[54] 參考釋繼程，《百法明門論講錄》，臺北：法鼓文化，2009 年，頁 80-87；釋印順，《大乘廣五蘊論講記》，印順文教基金會，網址：https://yinshun-edu.org.tw/zh-hant/Master_yinshun/y44_01_04_01_01。

心理會生起一種概念。觸、作意、受、想四種心所不會造業，只是一種對外境的認識、感受與取像作用，造業的心所是「思」，是令心造作為性。[55]思心所生起時，與善心所法[56]相應，就會產生善業行為；若與不善心所[57]同時生起，惡業行為便產生。聖嚴法師對五遍行的解釋為：

> 與第八識相應的心所，僅有遍行的作意、觸、受、想、思的五法，因為這五個心所是遍於一切性、一切地、一切時，是與八個識全都相應的，所以名為遍行。作意是注意，是警覺的心理；觸是根、境、識三者和合時的心理感覺；受是感情，感受苦與樂等三受及五受；想是意象，辨

---

[55] 參考釋繼程，《百法明門論講錄》，臺北：法鼓文化，2009 年，頁 86。

[56] 參考釋聖嚴，《探索識界——八識規矩頌講記》，《法鼓全集》第 7 輯第 6 冊，臺北：法鼓文化，2020 紀念版，頁 33-34。網址：https://www.shengyen.org/?doc=07-06-004。初版於臺北：法鼓文化，2001 年 1 月。
善心所：信、慚、愧、無貪、無瞋、無癡、精進、輕安、不放逸、行捨、不害，十一個心所。
不善心所，包括：根本煩惱六：貪、瞋、癡、慢、疑、惡見。
隨煩惱二十，小隨煩惱有十個：忿、恨、覆、惱、誑、諂、憍、害、嫉、慳。
中隨煩惱有二種：無慚、無愧。
大隨煩惱共有八種：掉舉、惛沉、不信、懈怠、放逸、失念、散亂、不正知。

[57] 參考《探索識界——八識規矩頌講記》：「五十一個心所不是同時俱起，而是臨時臨緣各別與之相應生起；隨善意識時即有善心所與之俱起，隨煩惱意識時，即有不善心所與之俱起。」《法鼓全集》第 7 輯第 6 冊，臺北：法鼓文化，2020 紀念版，頁 30。網址：https://www.shengyen.org/?doc=07-06-004。初版於臺北：法鼓文化，2001 年 1 月。

別境界，安立名言的心理作用；思是意志，造作身、口、意三業的作用。[58]

課程師資團隊以五遍行法為自我覺察的模式（如圖三），來設計教案及引導學員自我覺察。四堂課的架構如表一所示，從內在自我覺察模式——五遍行，每堂課次第由五遍行中的心所，衍生一個自我覺察的主題，再設計體驗活動及禪修引導內容。

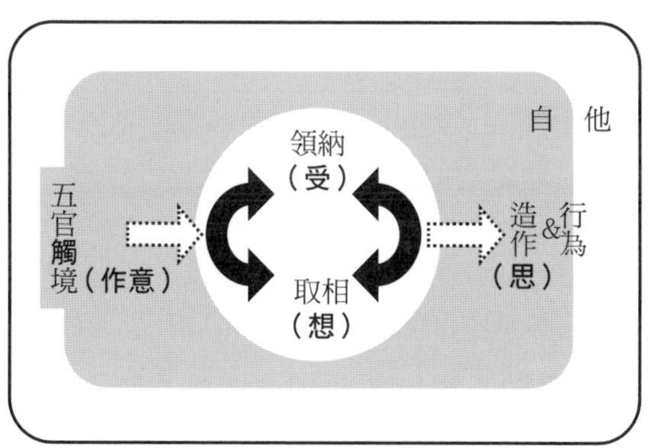

圖三：自我覺察模式[59]

---

[58] 釋聖嚴，《探索識界——八識規矩頌講記》，《法鼓全集》第 7 輯第 6 冊，臺北：法鼓文化，2020 紀念版，頁 103。網址：https://www.shengyen.org/?doc=07-06-009。初版於臺北：法鼓文化，2001 年 1 月。

[59] 取自「溝通與修行」課程教案，B1 師資之繪圖。

表一：四堂課程架構

課堂	五遍行	自我覺察主題	體驗活動	修行引導
1	觸、作意：根境識和合	課程架構 觀察 vs. 評論	口說・繪圖	放鬆、觀受是受
2	受：領納苦樂捨受	覺察「情緒」 情緒覺察、辨識與轉化	好好傾聽、信任體驗	—
3	想：取相	覺察「想法」 想法的形成及轉化	冰塊體驗、好畫在人間	禪坐：不管妄念回到方法
4	思：造作	覺察「價值觀」	價值觀拍賣、價值金字塔	經行、立禪、坐姿 感恩、慚愧、懺悔

資料來源：「溝通與修行」課程教案。

課程研發團隊經過多次的討論，第一堂課程師資認為五遍行法是讓大家比較容易具體了解，比較容易設計出具有佛法的內涵、教理依據的覺察模式（model），又有可以實際操作的情境式活動或操作式活動。以模式為主軸設計，可以使四堂課成為一個整體，是可以貫穿的。希望學員在課程結束後，能對五遍行法的五個心所留下印象，也能在日常生活中，不斷地覺察五個心所，並明白之間的關聯性。[60]

當我們觸境，觸、作意、受、想是內在的反應；而思，是一個介面，反應外在跟內在的一個介面，是一個造作，你才能有身、口、意的行為。四堂課是一個連續的，由內在心理反應的覺察，觸、作意、受、想的鋪陳，到了最後覺察

---

[60] 整理自訪談逐字稿（B1:172-174；B1:191-194）。

「思」，是要對外行為了知，覺察對外的造作。[61]

第一堂課重點在觸、作意，以「觀察」感官觸外境之表達為主題，引導學員區別觀察及評論。透過「口說・繪圖」體驗式活動，學員體會到表達、傾聽、覺察三者的關係。第二堂課由五遍行的「受」心所開展覺察情緒之主題，由心理諮商師帶領，引導學員進行情緒之覺察、辨識與轉化。第三堂課由「想」心所之取相，轉為覺察「想法」之主題，透過禪坐練習、冰塊體驗、好畫在人間之小組繪畫活動，覺察想法的形成及轉化。最後第四堂課由「思」心所之造作，建立覺察「價值觀」主題，藉由經行、立禪、坐姿，以及感恩、慚愧、懺悔的宗教體驗，明白念頭的生滅，情緒的來龍去脈；再透過價值觀拍賣或價值金字塔活動，來認識自己的價值觀。

2. 自我覺察層次

課程開場時，師資說明：「修行的著力點在於我，先清楚我，再調整、調和自我；我們在應對溝通的過程當中，了解自我。覺我，觀察、覺察內在的機制。課程的目的是在了解自己，安放好自己，再去對外。」[62]

四堂課中，運用五遍行的內在運作模式，開展每堂課覺察的主題，透過觀念及體驗活動，引導學員循序漸進地練習自他覺察。第一堂課重點在「觀察」，第二堂課主題在覺察「情緒」，第三堂課覺察「想法」，第四堂課覺察「價值觀」。

---

[61] 整理自訪談逐字稿（B1:124-136）。

[62] 第一堂課師資上課錄音紀錄（5’20”）。

第一堂課：觀察

第一堂課的「口說·繪圖」體驗，透過每組一位學員述說手上的幾何圖之方位、形狀，讓成員繪圖。體驗發現，同樣聽著相同的指令，同組學員們卻畫出不完全相同的圖形。從聽到說明，至手繪出圖形，每個人的內在運作並不完全相同，是值得覺察的過程。

觀察感官觸境的反應，並練習陳述現象，避免落入判斷、評論等。然而，當我們表達所觀察的情況，往往不自覺地加上評論。

例如第一次試辦課程，進行「口說·繪圖」體驗活動時，有一組帶組者說明所拿到的幾何圖形時，一位組員對於自己聽得不明白的地方回應：「你總是說得糊糊的。」這句話已經是聽者的判斷而非觀察。若聽者反應：「您剛才說的，我不是很明白。」或是核對所聽到的：「您的意思是……」這是觀察到自己沒聽懂的表達，但以自己沒聽懂而反應對方「總是說得糊糊的」，便成了判斷。

課程進行過程，透過小組成員的討論、覺察，或能透過老師的觀察指導，個人溝通過程中的盲點，便是自我覺察或被覺察的機會點。

第二堂課：情緒

感官觸境生起「受」心所，我們可以因苦受、樂受、捨受，進而產生情緒反應。情緒是一種感覺，一系列主觀的認知經驗，無關對錯。覺察「受」較不容易，故體驗覺察情緒是較容易的著力點，再進而覺察感受、感覺。

這堂課中，練習寫出情緒的詞彙，認識情緒的分類，學習適當地表達出情緒、感受及感覺；體驗活動中，包括「好好傾聽」與「信任」。

「好好傾聽」是相同的故事圖片，分別用快樂輕鬆及難過沮喪的兩種情緒念出；當眼看著相同的圖片，耳聽到不同情緒敘述時，產生的感受不同，對故事的詮釋就不同了。「信任感」活動體驗，是兩人一組，一位蒙著眼睛，由另一位引導蒙眼者走路，兩者相互間的信任度，影響引導者與蒙眼者之間的合作默契。溝通亦是如此，彼此之間的信任度足夠，才能夠溝通順暢。

第三堂課：想法

「想」心所，意為心上取相，是意象，辨別境界，安立名言的心理作用。[63] 當五根或說感覺器官觸境時，每個人因過去的經驗，會產生不同的認知，心理學分析刻板印象、選擇性知覺、投射、慣性模式等，產生認知上的誤差。刻板印象是一種先入為主的看法；選擇性知覺是依自身的背景、經驗、興趣等，選擇解釋他人的行為或事項；投射乃是不自覺地將潛意識中壓抑的內容和感受，放到外在世界中。這些現象，呈現「想法」影響認知，故課程設計覺察「想法」的體驗活動，包括冰塊體驗、好話大家畫等。

老師針對「想」進一步地說明，其實是我們自己對境取得一個「相」，再針對這個「相」去做詮釋，可是我們又對

---

[63] 參考釋聖嚴，《探索識界——八識規矩頌講記》，《法鼓全集》第 7 輯第 6 冊，臺北：法鼓文化，2020 紀念版，頁 103。取自：https://www.shengyen.org/?doc=07-06-009。初版於臺北：法鼓文化，2001 年 1 月。

這個詮釋，去與人互動、與人反應，因而產生情緒。影響我們情緒的，不是事情的本身，而是我們對事情的「解讀」、「想法」。每一個行為的呈現，都隱含著內在的想法；我們常會跳過感覺，直接用大腦（想法）在溝通，就容易讓外境影響心情，也造成人際疏離。我們必須學習體驗感覺、感受，覺察內在的想法，試著轉化。[64]

這堂課在禪修方法上，引導學員「不管妄念，回到方法」、「正向解讀，逆向思考」、「不看問題，看需求」。

第四堂課：價值觀

「思」是意志，造作身、口、意三業的作用。[65]每個人的價值觀會影響造作的意向，覺察自己的價值觀為這堂課的重點。體驗活動包括價值觀拍賣、價值金字塔。

價值觀拍賣是一個容易覺察每個人的價值觀差異的活動，每個人的價值觀影響個人的決策行為。例如出家眾們期待解脫、智慧、慈悲、自在等價值觀，在家眾們則追求成功、事業、財富、家庭等價值觀。成員們印象最深刻的有位法師孤注一擲，將所有的經費買入「解脫」，之後卻因拿到「放棄」牌，須捨棄一張已得到追求的價值觀；導致須要繳出唯一的解脫牌。另一位法師的作法卻極端不同，無論什麼牌，他選擇成交金額較低的價值觀購入。

由於拍賣遊戲容易造成學員過於亢奮，兩次實驗課程後，經過討論，改為價值金字塔體驗活動，各組成員選擇各

---

[64] 參考第三堂課教案。

[65] 同註[63]。

自覺得重要的五張價值觀卡，並做分享，再找出同組認同最重要的五張價值觀卡。透過小組成員的討論與分享，彼此覺察自己與他人在價值觀上的異同。

四、研究方法

為達到探尋團隊研發課程之反思及探討自我覺察內涵之研究目的，本研究採質性研究方法（qualitative research），研究期間自二〇一九年九月一日至二〇二〇年六月三十日止，接續說明本研究之研究參與者、資料蒐集，及資料分析方法。

（一）研究參與者

本研究邀請八位專案成員及課程研發師資進行訪談，成為研究參與者。如附錄一所示，八位各具專長背景，三位專案成員中，一位是資深的法師、兩位是具有人資背景的專職，不僅在體系內服務多年，亦學佛多年；三位協助所有的行政事務，亦一起參與課程研發討論及課程進行。

課程研發師資中，有兩位法師為禪修老師、一位法師兼具社工及佛法修行之訓練、一位為資深的心理諮商師。指導老師具備四十年以上的社工及心理諮商經驗，同時已有二十多年的禪修經驗，課程研發過程中，給予這個跨領域團隊許多關鍵性的方向啟發與指導。研發團隊成員包括佛教修行、心理諮商、跨領域者；僧、俗、男、女四眾，是個非常均衡的研究團隊。

（二）資料蒐集方法

本研究之資料來源為課程研發過程產生的相關資料，以及研發團隊的成員。研究以兩種方法進行研究資料之蒐集，一是文件分析法（document analysis）[66]，蒐集課程研發過程的紀錄資料，二是訪談法（interview method）[67]，針對專案成員及研發師資進行焦點團體訪談（focus group interview）及深度訪談（in-depth interview）。依資料蒐集面向，敘述研究進行步驟及執行進度。

1. 文件分析法

此次課程研發以專案方式進行，過程的紀錄資料，包括專案會議、教案討論、課程進行、教案內容、學員回饋資料等，存放於專屬專案檔案夾內，僅專案團隊成員有讀取權。論文使用時，內容有任何可能透露研究參與者資料的資訊，皆以匿名或代碼處理。

本研究依時間序，整理各類紀錄資料，做為教案形成及訪談研究參與者之基礎資料。從專案會議及教案研發的紀錄，整理逐步建構以自我覺察為核心的課程教案之過程。並將由資料中釐出專案成員、研發師資於過程中曾面臨的困境與轉折點，做為下一階段訪談的基礎，進一步了解自我覺察、突破困境的經驗。

---

[66] 林淑馨，《質性研究：理論與實務》，高雄：巨流圖書，2013 年，頁 146-153。

[67] 同上，頁 219-252。

2. 訪談法

本研究邀請八位研究參與者進行訪談，其中三位專案成員採焦點團體訪談法；四位研發師資及一位指導老師採深度訪談法。為了於訪談過程中能聚焦於本研究之問題，亦能保有較大的彈性空間，可以按照各個受訪者的情況，調整訪談問題的順序乃至於發問方式，可以隨著受訪者的回應，深入探索相關議題。故兩種訪談法均採用半結構式訪談（semi-structured interviews），先擬定訪談大綱，再進行訪談。訪談主題有兩個面向，一是研究參與者於課程研發過程中之自我覺察與反思，二是自身自我覺察的歷程，訪談大綱見附錄二。訪談步驟包括：（1）訪談邀約、（2）訪談進行、及（3）訪談資料管理。

研究者於二〇一九年十月三日取得研究倫理審核委員會（The Institutional Review Board, IRB）審查核可證明，便開啟研究之進行。十月五日以 email 方式邀請八位課程研發參與者，受邀者陸續表示同意接受訪談，再個別邀約訪談的時間及地點。從二〇一九年十月十日進行第一位研究參與者訪談，至二〇二〇年二月十七日完成第八位研究參與者之訪談。每位受訪者於訪談前均簽署知情同意書，並徵求同意之後錄音。訪談者的基本資料、訪談方式、時間、長度、地點，見附錄一。

訪談者基本資料、訪談錄音，乃至訪談後整理之逐字稿，均存放於專屬資料夾，僅研究者可以取得及使用。

（三）資料整理與分析

資料整理是對蒐集到的原始資料進行檢查、分類和簡化，使之系統化、條理化，以進一步進行資料分析。因此資料整理接續資料蒐集工作，又成為資料分析之前提，歷經審查、分類和彙編三個階段。[68]

資料整理的同時，亦展開資料之分析，本研究採編輯式分析法（editing analysis style），此法如林淑馨《質性研究：理論與實務》所描述：

> 強調主觀／詮釋的分析，研究者如同編輯者一般，對文本資料進行編輯、剪裁、再重組，直到探尋出類別之間的關連與意義，並對資料加以詮釋。[69]

本研究於資料整理、分類、歸納之編輯過程，進行以下幾個步驟：

1. 訪談逐字稿謄寫與編碼：訪談錄音後，先將錄音檔謄寫成逐字稿，為力求受訪者表達之完整性，所有的語言、表情均記錄於文字稿上，不做任何刪減。接著進行編碼，前兩碼為受訪者身分，第一碼，A 代表專案成員，B 代表研發師資及指導老師，第二碼為每位研究參與者的流水號。逐字稿的編碼原則，採每位受訪者文本之行數碼，譬如：（B1：

---

[68] 同上，頁 374-376。
[69] 同上，頁 380-381。

103－107），代表 B1 受訪者文本 103 行至 107 行。

2. 資料整理：瀏覽所有的相關質性資料來源，包括研發過程所有紀錄資料以及訪談資料，一方面檢核資料之正確性，另方面對所有資料產生概略性的了解，從中了解哪些資料可以回答本研究所提出的問題。

3. 編輯資料：依本研究所要探索的兩大主題：課程研發過程及自我覺察歷程，從每分文本資料中，標示相關資訊之主題及子題。再依各主題及子題彙整各個文本中之相關內容，製作出資料矩陣，從中進行判讀、相互比較及歸納。[70]

4. 歸納與解釋：從編輯出的主題及子題清單，再反覆閱讀資料、調整清單，並歸納出不同主題、子題間之關聯性，從中提出分析與討論。

5. 研究成果：將分類整理好之資料，依研究問題之脈絡，透過寫作，進一步反覆閱讀及分析、思考，產生兩大研究面向的成果。

五、研究結果與討論

依據本研究之資料蒐集、整理與分析，分為課程研發過程的反思及自我覺察的內涵兩大主題面向，來呈現研究成果及進行討論。

---

[70] 參考 Charles M. Judd, Eliot R. Smith, Louise H. Kidder, *Research Methods in Social Relations*, Harcourt Brace College, 1991。

（一）課程研發過程的反思

訪談研發團隊成員時，課程研發過程中，每位成員均有印象深刻的事件，然行政成員與研發師資的關注點不同。行政成員對於學員回饋時的反應，有較多的反思，而研發師資則對面臨體驗式教學的難度、課程架構、內容的討論與變化有較多的自我覺察。

此跨領域的課程研發，讓研發團隊成員各自面對不同的收穫及挑戰，從團隊成員分享研發過程，可歸納出三個面向的自我覺察，如表二：

表二：課程研發過程之自我覺察與反思

重點	內容
1. **無現成的理論或架構**	五遍行法 vs. 五蘊、課程架構不斷地調整，冰山理論、非暴力溝通是否加入？
2. **體驗式教學之挑戰**	單向式教學者轉為研發體驗式教學教案，師資群一開始討論困難→試教後漸入佳境。
3. **面對學員的評論**	行政人員聽到試教學員評論時的反應較多，覺察自己的反應，也看到師資群的接受與改進。

資料來源：整理自訪談逐字稿。

1. 無現成的理論或架構

課程研發之初，面臨著沒有現成的理論或架構基礎，佛法的比重要放多少？心理學的理論要放哪些？過程的擺動如 A2 之描述：

> 我們一剛開始的困難，好像是在抓那個課程的主軸，到底要不要有佛法？要多還是要少？要不然就是那個主軸經常一動，就整個又全部再來一次。所以當時是有遇到這方面困難，但這方面困難，原則上我覺得還是愉快的。因為好像這樣也可以，那樣也可以嘛，都試了以後，不了解透徹，怎麼知道以後怎麼做比較好。（A2：398-402）

就 A2 專案成員的角度，可見主軸、架構的擺動雖困難，但卻是研發過程的必然之事。就第一次與法師們合作的心理諮商師 B2 言，「除了心理學、還有佛法的部分，我覺得這當中是比較特殊和特別的。」[71] 認為無論研發方式、時間、過程都是很難得的經驗。

此研發過程中，面臨了兩次較大的挑戰：一是自我覺察模式的佛法依據之爭議，造成課程主軸、架構不斷地調整，二是研發師資不斷地引入新的理論或領域，引發彼此的衝撞。

2. 自我覺察模式依據之爭議

B1 研發師資首先提出以五遍行法為自我覺察之模式及課程架構，他說明：

> model 的重要性就在於說，這堂課如果說他上完之後，要回到生活中去實踐的話，他的內在的自我覺察的模式，他如果有 model 的話，他會更清楚。喔，我現在是在作意

[71] 見訪談逐字稿（B2: 38-39）。

了，因為我選擇性，為什麼我看到這點，我特別在意這個？作意的功能，為什麼，我現在感覺是什麼？感覺感受是什麼？啊我的想法是什麼？感覺、感受、想法，會區分開來，最後都被這些東西互相交錯，我清楚了之後，我選擇造作，對外造作的是善是惡、不善不惡，可不可以自己做主？可不可以安放出，安放好我的感受、情緒跟我的想法之後，我選擇一個學佛人的價值觀，或禪修的人，或是一個修行的道場的工作人員應該有的品質的，對外的身口意的行為。這是那個思，這個東西，可能我現在講，因為我這個 model，大概我這個內心裡面那個架構是清楚的。（B1: 181-191）

因五遍行法對一般佛教初學者較陌生，加上第一次試教時，B4 解說唯識學的內容，部分學員回饋有吸收的困難，建議用較為人知的五蘊。試教後的討論會議中，採用五遍行法或五蘊做為自我覺察模式，引發很大的爭議，其後教案形成過程中多次的擺盪。最後，B1 對五遍行法之自我覺察模式，做了完整的詮釋，亦獲得 B3、B4 兩位的支持。B3 分享：「他（B1）就把五遍行拉進來。也讓我，藉這次的機會，對五遍行還滿有感覺的；也更熟悉，也很有感覺。」[72]

（二）新理論加入之衝擊

在 B1 師資在討論過程中或之後的覺察與反思：

---

[72] 見訪談逐字稿（B3: 48-49）。

我們討論的結果就是，又改了。他當時，他還不知改了什麼，他只是意識到又改了東西。他想說，他夾在法師中間嘛，前面改、後面改，那中間他怎麼辦？我們當時安撫他嘛，你都不用改，你就按照你的方式，這樣子；所以他的狀況是這樣子。不過當時我們不斷在學習嘛，非暴力溝通也進來，還有什麼東西呢？五遍行法的解釋，更清楚一點的，好的東西也進來，這樣子。（B1: 260-266）

對 B1 言這個調整，是一種學習，卻帶給 B2 極大的衝擊，他分享當時的感受及反思：

我記得我們在第二次，快要去施行第二次（試教時），我覺得那次我真的會不耐煩的原因是因為，突然又說要用一個非暴力溝通，……因為我會覺得它已經要開始做了，那我們現在又要重頭再來一次嗎？或是說這個課程的定位到底是什麼？我覺得那其實會讓我在那個當下當中，我會有點不知所措，我一樣會有那種生氣的部分，因為我會覺得時間已經快到了，然後呢，現在丟了一個這個東西出來，那它並不是我熟悉的……（B2: 92-99）

我忘了我不知道是回應什麼，我猜我的態度應該是比較強硬的，就是類似是說，就是我們要改這樣嗎……（B2: 164-165）

B1 開車載我和 B5 一起下山，然後在車上，不知道在車上跟 B5 對話什麼，就是呢，然後呢，我就會想的是，對，我要學 B5 這樣，就是可以有多一點點討論，然後去

看到他的狀態。（B2: 168-169）

這個挑戰對 B2 言，真是難以忍受，他覺察到自己的不耐煩、抗拒等；然他看到 B5 對此事的態度，讓他覺察自己的狀況，更反思多元角度看事情，可以讓自己不至於單純陷入自己的狀況內，而可以更寬容地看到他人的情況。

透過彼此的自我覺察及反思，師資群不斷地調整自我的態度，逐漸地確定課程的理論架構模式。

1. 體驗式教學之難度

課程的難度，在於突破傳統講授式的上課方式，是設計體驗式活動，讓學員透過活動體驗、覺察、分享。

研發初期，B1 對於研發成員們無法熱切討論或激盪出火花，對於自己不斷地拋出想法而得不到回饋，有種孤掌難鳴感受；相對於他同時參與的另一個課程研發團隊，團隊有很多熱切地討論、激盪，使他在兩個研發團隊，有很不同的狀態。一直到第一次試教後，團隊成員有了教學經驗後，開始有了轉變，討論的氛圍也開始熱絡了。

我覺得這個團隊，很難能可貴的地方。我們都願意去改變我們原本習慣的方式，我們原本習慣的方式是，哇啦哇啦，我來講，現在沒有……

我們既要去設計這個教案，體驗式的東西，又要開放大家分享，又要去歸納整理大家的分享，又要回到我們的 model，這是我覺得我們的難度。但是我覺得，我們每一個法師或菩薩，用他適合他，用他最好的方式，用他個人

的特質，去呈現這一場四堂課。（B1: 561-567）

B1 原本期待大家能導向一個覺察模式，然大家對模式的解讀、詮釋方式並不完全相同，最後省思，各自用自己擅長的方式呈現，不一定要完全相同。

2. 面對學員的評論

兩次試辦，均請學員提供上課的意見，然第二次的回饋，讓專案成員的感受較強，面對較強的評論，可說是課程研發過程遇到最大的挑戰。A2、A3 的反思如下：

那時候有一個評論嘛，……我那時候在後面聽到的時候是挺刺耳的，我是那個心裡面是，有一點不舒服。……因為我覺得那是我把她帶進來。……所以我那時候其實是加了自責在裡面，所以不舒服感，會比較多……

那法師們的反應呢，是，會先轉回來，會先向內，然後會去調整；比較不會對這些聲音，做批判性的解釋，那反而是把它拿來當成是，後面的參考，要怎麼去調整這個教案。（A2: 404-428）

他當天在課堂上，所做的一些批判性的那個反應。坦白說，在那個當下，其實我是很生氣的。……感覺到他們的那種批判，我真的是，當下就很生氣。坦白說，一直到現在，其實我還沒放下對他們的不滿，真的真的。

當我們這個，我們這個團隊，好像被否定的時候，我們有一種想要捍衛它的一種念頭跑出來，然後甚至對講這些話的人，產生很嚴重的敵意。（A3: 450-465）

兩位均看到自己對境的反應，A2 覺察到自己的自責、不舒服，同時也覺察到師資群對教學評論的態度，因而有所反思。A3 覺察到自己與評論的對立與捍衛，且持續地延續，最後因而生出慚愧心。

既使研發過程面臨了種種的挑戰，如同 A2 所言：「我在這過程中，就看到這個團隊真的很棒，因為其實我們也在跟這些師資也在學習，就是這個是一個活生生的例子。就是溝通的專案遇到溝通問題。」[73] 他覺得能紮紮實實地走過這些過程，不斷地自我覺察與反思，是很真誠與真實的，對自己有很大的幫助，也很值得與他人分享。

（三）自我覺察的內涵

團隊成員們均受過自我覺察的培養，有的是透過禪修或修行養成自我覺察的能力，有的是透過心理學的訓練，亦有兩者訓練兼具者。本節首先論及成員對「自我覺察」的詮釋，再分析心理學及修行的自我覺察養成方式之異同，最後由團隊成員自我覺察的經驗，探索自我覺察的元素。

1. 自我覺察的詮釋

跨領域的團隊成員，各自如何詮釋「自我覺察」？是否因領域背景的不同，而各有巧妙不同的看法？從研究參與者的訪談中，整理出兩類的詮釋：一類是從認識自我的角度覺察，另一類是修行的角度覺察。描述如表三。

從研究參與者就「認識自我」面相的種種詮釋，可以

---

[73] 見訪談逐字稿（A2: 433-435）。

表三：自我覺察的詮釋

類型	內容
1. 認識自我	1. 1 把自己看得更清楚。（B3: 287-291） 1. 2 覺察你自己個人的狀態。（B2: 221） 1. 3 覺察在關係當中，比如說跟權威的關係，自己的行為模式。（B2: 227-228） 1. 4 一個人對於自己自我狀態的理解或者是體會。（B5: 31-32） 1. 5 往內看看自己到底怎麼回事。（B5: 36） 1. 6 就是要不斷地把自己內在見不得光的那一面，翻出來透透氣。（A3: 248）
2. 修行角度	2. 1 無上修根、明觸。（A2: 151-156） 2. 2 培養覺性。（B1: 449-452）

資料來源：整理自訪談逐字稿。

整理為「向內看自己以理解或體會自己的狀態」來詮釋「自我覺察」；與文獻回顧所提到中、西方心理學者的詮釋完全一致。其中陳金燕的研究結論，將自我覺察的線索分為「生理感官」、「肢體動作」、「情緒感覺」與「想法念頭」四類；覺察的時間點，分為「當下」覺察與「事後」覺察兩個向度；啟發覺察的源頭有可能是「自發於內」，即個人自己自發性地覺察，也有可能是「外力激發」，藉由外人的提醒、刺激而來。陳金燕對「自我覺察」的分析，主要是針對心理諮商師，而本研究中佛教修行與心理諮商兩個領域之研究參與者亦均提到了上述的覺察面向。

然從佛教修行角度，A2 及 B1 提出無上修根、明觸及培養覺性，則是超越心理學層次，朝向心靈層次的覺察，如《雜阿含經》卷二之經文所言：

如是知、如是見覺，皆由六觸入故。多聞聖弟子於此六觸入處，捨離無明而生明，不生有覺、無覺、有無覺、勝覺、等覺、卑覺、我知我見覺。如是知、如是見已，先所起無明觸滅，後明觸覺起。[74]

在此，可以回到前章節探討的自我覺察模式——五遍行法，修行從覺察六根觸境的反應著手，當眼、耳、鼻、舌、身、意六根觸外境時，產生合意、不合意、或非合意不合意的反應，稱為可意觸、不可意觸、俱非觸。印順法師在《成佛之道》一書中，進一步說明：

不幸得很，眾生的認識，是不離無明蒙蔽的——「無明相應觸」。所以觸對境界後，就會依自我中心的執取，起種種的複雜心理，造種種的善惡行為；生死輪迴，是不能避免的了。佛所以教誡弟子，要「守護根門」。在根境相觸時，如有智慧的觀照，就稱為「明相應觸」，那就能從此透出，裂破十二緣起的連鎖。[75]

修行者之六根與外境接觸時，自我覺察便展開了，是否能清楚地以智慧觀照，讓明觸覺起，是非常關鍵的時刻。然若生起的是無明相應觸，引發受、想、思的流動，何時能覺

[74] 見《雜阿含經》第 2 卷，《大正藏》第 2 冊。（CBETA, T2, no. 99, p. 11, b14-19）

[75] 見《成佛之道（增註本）》，《印順導師佛學著作集》第 42 冊，臺北：印順文教基金會，頁 170-171。

察到自我的狀態，產生止息、轉化的力量，正是修行者的工夫了。

就自我覺察的詮釋，無論心理學或佛教修行，均說明透過覺察自我的身體、感受、情緒、心念等認識自我。而佛教修行，更強調無上修根、明觸、培養覺性，以提昇心性。

2. 自我覺察之養成

如何培養自我覺察的能力？是研究者很關心的議題。訪談中請教了研究參與者所受自我覺察的養成方式及平時覺察自我的下手處，列於表四。由於參與者包含心理學及出家修行背景，可以比對出兩種領域的異同。

表四：自我覺察養成方式

<table>
<tr><th colspan="2"></th><th>心理學</th><th>佛教修行</th></tr>
<tr><td rowspan="3">養成方式</td><td>寫</td><td>生命故事書寫（A1, A3, B2, B3, B5）
反思紀錄（A1, A3, B2, B3, B5）
諮商紀錄（B2, B3, B5）</td><td>修行自知錄（B1, B3, B4）
禪修紀錄（B1, B4）</td></tr>
<tr><td>說</td><td>督導會談、心理諮商師談話（B2, B3）</td><td>善知識請益（A2）、自恣 12</td></tr>
<tr><td>想</td><td>自問、反思（B2, B3, B5）</td><td>禪修、拜佛沉澱內在（B3）、話頭</td></tr>
<tr><td colspan="2">覺察下手處</td><td>感覺、情緒（B2）</td><td>身體（A1, B1, B5）；
呼吸（A3, B4, B5）；
受 —— 身受、心受（A1, B2, B3, B4, B5）；念頭、放鬆（B5）。</td></tr>
</table>

資料來源：整理自訪談逐字稿。

心理學在自我覺察的訓練上，已有成熟的技巧及脈絡系統，透過寫、說、想三方面著力；其中寫、想屬於「自我對話」，說為「與人互動」的自我覺察養成。自我對話的覺察培養，生命故事書寫、反思紀錄、諮商紀錄，均是透過書寫的方式覺察自己的狀態；自問、反思，則是透過想的方式覺察。例如，B2 在課程研發過程中，對架構不斷改變感到不耐煩，在事後，會問自己：「我會覺得很不耐煩，到底為什麼？那我到底在不耐煩什麼？」[76] 不但自問，也觀察其他成員的反應，反思學習他人的態度及想法。

就心理諮商師言，督導扮演了很重要的角色，透過與督導會談，幫助提高自我覺察之敏銳度；當自己遇到境界時，主動找督導或其他心理諮商師討論，均屬於與人互動——說的方式。

書寫，是兩種領域共通的自我覺察養成方式，心理諮商師養成過程中，透過書寫方式的養成，除了生命故事書寫，有各種主題的反思紀錄，更透過諮商個案的過程，記錄個案的述說及自己的內心反應，加上與督導討論，形成紮實的養成過程。

佛教修行的自我覺察訓練，主要在書寫，如修行自知錄、禪修紀錄；說的部分，包括向善知識請益、自恣；想的部分，透過禪修的內在沉澱、話頭禪法的反問。由於偏重於向內觀照，具體技術面的訓練尚未如心理學的訓練有系統。受到跨領域訓練的 B3，分享兩個領域養成的差異在於心理學「由外向內」，佛教修行是「由內而外」的過程：

---

[76] 見訪談逐字稿（B2: 144-145）。

> 心理學比較是教我們，每次都是從外在的這個刺激開始，才往內面內在去推那個黑箱的部分。可是，如果在禪修的時候，他也許沒有那麼多刺激的境。可能就是你讓心安定了之後，很安定、很安定，他那千年糞坑的東西，它才浮出來。（B3: 405-409）

對於初出家修行時，B3 提到起煩惱時，聽到聖嚴法師早齋開示說：「人起煩惱時，不要去找心理諮商，……有煩惱的時候就去拜佛。然後呢，就去看到那個煩惱到底從哪裡生起來的。」[77] 可以從聖嚴法師的《法鼓晨音》書中看到相關的開示，如〈拜佛懺悔求安心〉[78]、〈安心的方法〉，均強調拜佛產出慚愧、懺悔、感恩的心，可以讓自己安定下來，不隨境轉起煩惱。〈煩惱消歸自心〉一文中更開示了向內觀照的重要：

> 諸位必須多多學習向心內觀照，平時尤應注意心念的活動，是否與貪、瞋、癡、慢、疑等相應，即使不能在當下覺知，也須於事後加以疏導；其中，癡心是較不易被察覺的，更應細心觀照。[79]

---

[77] 見訪談逐字稿（B3: 326-330）。

[78] 見釋聖嚴，《法鼓晨音》，《法鼓全集》第 8 輯第 8 冊，臺北：法鼓文化，2005 年網路版，頁 43，行 2。初版於臺北：法鼓文化，2000 年 12 月。

[79] 見同上，頁 47，行 2。

在較長期的禪修中，如禪七期間，除了禪坐，每日均會安排拜佛時段，甚至到了第五天或第六天會做慚愧懺悔禮拜、感恩禮拜，均是讓修行者能先將內心沉澱下來後，易於反觀自己的身、口、意行為，深切懺悔過去的行為，並發願轉化改善行為以利益更多的眾生。

在自我覺察的切入點或下手處而言，涵蓋覺察身體、呼吸，覺察身受、心受之受，覺察心念、乃至覺察身心放鬆；其中，受的覺察，仍是最普遍的。從成員的背景，心理學的訓練，主要以感覺、情緒為覺察的著力點，通常是在事後覺察及反思。佛教修行者的覺察則相對多元，而「受」的覺察仍是最明顯的覺察著力點；覺察的時間點，多數在事後的覺察，然境界發生當下的覺察，甚至在「觸」的覺察，已有研究參與者朝此方向努力。

3. 自我覺察的經驗

研發課程團隊成員們的自我覺察經驗為何？訪談過程中，研究參與者分享了許多生活中遇境的經驗及覺察的歷程，對自己有許多豐富的發現，整理如表五。

表五：研究參與者之自我覺察經驗

覺察面向	內容
1. **身體的覺察**	覺察身體僵硬，源於內在害怕不平衡。（A1）
2. **感受的覺察**	生病半個月後，觸冰→感覺冷→還要再生病半個月嗎？→立即放掉冰塊。（A2）
3. **念頭的覺察**	怎麼這樣想呢？怎麼還會有這樣的念頭？（A1, A2, B4） 清楚覺察到念頭的時候，代表那個念頭與你有點距

	離，比較能觀察得清楚，比較能平靜地去看到它的流動、它的生命。（B1）
4. **生活中的覺察**	專案過程中，反思原生家庭曾發生與親戚之間的衝突。（A3） 與先生之間的互動調整、車禍後的恐懼。（A2）
5. **團隊的覺察**	覺察團隊成員的信任感。（B4） 覺察團隊每位成員的優點。（A3）

資料來源：整理自訪談逐字稿。

（1）身體的覺察

成員們從身體、感受、念頭、生活境界、團隊成員等不同面向的覺察中，分享所覺察到的情況，並進一步向內覺察此現象背後的形成過程或因素。例如 A1 分享對身體的覺察：

> 覺得是我深層裡頭有一個害怕，就是怕不平衡，平衡的感覺被破壞。所以只要有不平衡出現的時候，就自己馬上即時反應，就開始，就開始僵硬，然後就出現這裡不舒服、那裡不舒服。然後就要去調整它的平衡。（A1: 796-798）

（2）感受的覺察

冰塊體驗是個觸受鮮明的體驗活動，每個學員拿到冰塊，可以維持的時間長短不同，感受亦很不同。A2 在第一次體驗冰塊時有深刻的感受，因她之前生病了半個月，當觸摸到冰塊時，感受到冷，想說要再來半個月嗎？很快就放下冰塊，是種先丟了再說的心態。這個過程，她對自己的反應做了省思，並覺察到：

> 我覺得很多的練習，如果能夠碰到自己的那個痛處，這個練習，其實是最有用的。（A2: 540-541）

（3）念頭的覺察

覺察心念流動，是修行者經常進行的，為多位受訪者所提，其中 B1 做了較深入的詮釋：

> 當我（你）能夠很清楚地覺察到念頭的時候，代表那個念頭與你有點距離，你比較能觀察得清楚，你比較能平靜地去看到它的流動、它的生命。可是那個你起情緒，你受很強的時候，你起的念頭，你不容易覺察清楚，你的念頭，馬上就脫口而出。（B1: 410-413）

（4）生活中的覺察

A3 針對原生家庭中與親戚之間的衝突做了反思，除了自己的處境，更看到了他人面臨的情境，產生了對衝突事件不同的解釋與看法。A2 分享到最近開車時，紅燈停下後的恐懼感，源自於車禍被撞，不斷地在面對恐懼及克服：

> 我每天開車的時候，其實我還是有點恐懼，我就開始去分析，我那個恐懼是怎麼來的？最大的恐懼，就是當我停車、煞車停好之後，我最害怕後面突然又有一輛車，又上來了。……那種不安全感、不確定感，對我來說，其

實是一個滿大的煎熬。然後，我也是在觀察自己的想法，我的感受是什麼？因為我怕又被撞一次。……後來我就用其他的方式，比方說聽佛號，……那我就聽了佛號一段時間，我想，如果沒有這個佛號，我會怎麼樣？那我就試試看，一直到今天，大概到今天，我才把佛號先放下。（A2: 773-783）

關於整體團隊的觀察，A3 分享了對四位講師的觀察，每一位的特長及專屬的授課風格：B4 適合以電影欣賞、禪修引導、遊戲等方式帶領初學者；B3 會先帶領大家感覺自己的感受、情緒，彷彿心理諮商師；B1 很擅長將世學與修行、佛學部分，做深入的連結；B2 在處理實務方面，面對什麼樣的情境、什麼樣的狀況，可以用什麼樣的方式面對及處理，很有經驗。[80] A3 從四位特質風格的觀察，計畫著未來課程安排時，講師授課先後順序及方式的調整。

B4 在這個長達兩年的過程，看到每一位成員的改變及優點；A1 的柔軟及支持、B1 在每位成員上台時，總是滿滿的笑容，還有鼓勵的眼神；與 B3 則因為這次的課程研發有更多的了解與信任，執事上溝通時，都是先站在對方想，產生良好的溝通效果。B4 亦觀察到 B2、B3 很有耐心地陪伴師資群，在同一個團隊中，感受到陪伴的力量。[81]

當聆聽研究參與者的自我覺察經驗分享時，感受到每位

[80] 見焦點團體訪談逐字稿（A3: 699-707）。

[81] 見訪談逐字稿（B4: 207-228）。

不只是對自我認識的用心，更多的是自我的突破與轉化。

4. 自我覺察的元素

當了解了自我覺察是怎麼回事，也明白培養的歷程，更知道必須在生活上不斷地練習，才能增加功力。然研究者想更進一步探究，影響自我覺察的元素是什麼？讓我們能更有增強覺察能力的著力點。從八位研究參與者的訪談逐字稿中，編輯與自我覺察相關的內容，經過反覆閱讀，從中萃取出六項元素，建構出「自我覺察」的關鍵因素，如表六。

表六：自我覺察元素

元素	內容	提出者
1. **孤獨（孤立）**	透過禪修、念佛、走路	B5
2. **安定**	沉澱；心處於穩定狀態	A2, A3, B1, B3, B5
3. **距離（停下來）**	念頭與你有距離→清楚覺察、反問	B1, B2
4. **明覺**	清明的鏡子、明觸	A2, B1
5. **敏銳**	敏銳度愈高，知覺度愈高	A1, B1, B4, B5
6. **好奇**	探索有一種好奇的心態於其中	B5

資料來源：萃取自訪談逐字稿。

這六項元素中，是否過去的研究中也提出相同的元素？從本論文的文獻回顧中，一行禪師提出之「正念溝通」的五步驟之二為「停下思緒」、陳金燕在培養心理諮商師自我覺察能力，所採取五個基本策略之三為「以抽離的角度反觀自我」，可謂是本研究萃取出的第三個元素「距離（停下來）」，距離包括清楚覺察以及反問的狀態。陳金燕提出的第四項「覺察源頭的探索：對象與事件」則相當於第六項元素「好奇」。楊蓓分析默照禪法練習的過程中對心訓練的八項元素中，則包含了「安定」這一項元素。此外，孤獨、明覺、敏銳三項元素，則是於前相關研究未提，本研究提煉出獨特之處。

這六項元素具有其關聯性，一方面可以從修行的角度探究，回應課程設計的核心——自我覺察模式——五遍行法；亦可進一步探討六項關鍵元素在教案設計的運用。研究參與者透過禪修、念佛或走路，形成孤獨或孤立的狀態，與外界隔絕；這樣的過程，可以使心安定下來，讓心處於穩定的狀態。隨著方法的練習，安定的時間持續，心逐漸停下來，與外境愈容易抽離或拉開距離，此時觸境時更容易清楚地覺察；心逐漸如清明的鏡子，當與外境接觸時，朝向「明觸」的覺察；此時覺察的敏銳度增強，知覺度增高。這樣的經驗，將使修行者產生自我覺察的好奇，或說熱誠、精進心，可以引發形成一個正向的循環，帶動自我覺察力的深化，如圖四所示。

漢傳禪法中，止觀或默照禪法，可以很鮮明地看到這幾項元素，如宋代長蘆宗賾之《坐禪儀》中對禪定的描述：「探珠宜靜浪，動水取應難。定水澄清，心珠自現。」[82]說明心如水，水愈止靜，愈能觀照得清楚。聖嚴法師在《聖嚴

---

[82] 見釋聖嚴，《禪門修證指要》，《法鼓全集》第 4 輯第 1 冊，臺北：法鼓文化，2005 年網路版，頁 150，行 11。初版於臺北：東初出版社，1980 年。

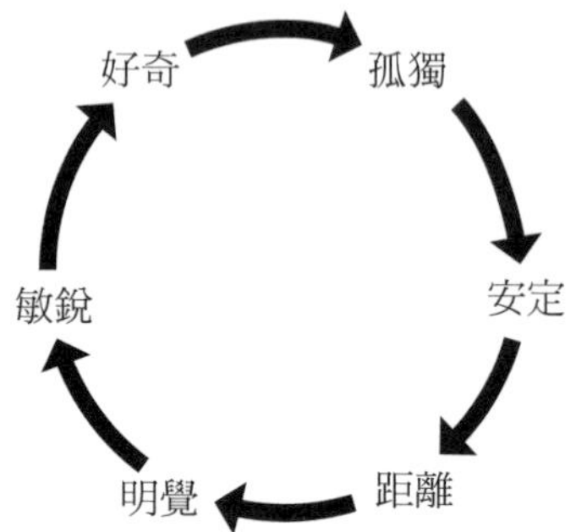

圖四：自我覺察關鍵元素循環圖

法師教默照禪》中，對這段文字的詮釋：

> 以譬喻說明定力與智慧的關係：定力如靜水，智慧如心珠。入海探珠，宜於浪靜之時，若想從波濤洶湧中入海探尋珍珠，就很難了；若能先以定力，澄清心海之水，心海中的智慧明珠，便可自然顯現了。」[83]

然這六項元素，並不一定是依序地進行，亦可能因某一元素形成覺察的動能，帶動其他元素，彼此交互的影響增強。運用在觸、作意、受、想、思五遍行的內在自我覺察模式中，這些元素可以增強自我覺察能力，讓我們能從無明朝向明，不覺朝向覺的方向貼近，「明覺」是最究竟的元素。

---

[83] 見釋聖嚴，《聖嚴法師教默照禪》，《法鼓全集》第 4 輯第 16 冊，臺北：法鼓文化，2005 年網路版，頁 220，行 7。初版於臺北：法鼓文化，2004 年 1 月。

在課程教案設計上，自我覺察模式為覺察觸、作意、受、想、思五遍行，自我覺察的層次為觀察、情緒、想法、價值觀，課程中設計了相關的體驗活動以及禪修體驗，如第三節表一所示。若說這六項元素為自我覺察的關鍵因素，如此，每層次的課程內容，是哪項元素帶動其他元素，以增強自我覺察的力度？是值得探討的議題。

四堂課中的禪修引導，包括：放鬆、禪坐、經行、立禪等，如同前述，禪修時關閉根門，形成孤獨、孤立狀態，帶動了各項元素。再探討四堂課中的體驗活動設計，可以產生何種元素來增強自我覺察。

若設計學員為禁語或需專注度高的活動，較容易產生「孤獨」的元素，如第一堂課的「口說・繪圖」要專心聽小組主持人口中描述的圖案而畫出；第二堂課的「好好傾聽」是透過安靜地傾聽來感受故事的情境；第三堂課的「好畫在人間」，亦是透過靜默接力畫畫，讓孤獨的元素加入。當設計無法使用眼根時，如第二堂課「信任體驗」中蒙眼跟隨合作夥伴走路，能讓人增強「敏銳」，感受到內心的狀態。

第四堂課的「價值觀拍賣」或「價值金字塔」則是在較多互動的活動中，看到「好奇」。另外，許多活動設計了小組分享，透過活動後的分享，與心念拉開「距離」。例如在「冰塊體驗」活動中，A2 分享觸摸冰塊的反應，當一感受到冰冷，立即放掉冰塊，覺察到自己聯想到長期感冒未癒的害怕。這是放掉冰塊後，有了時間距離後，才看到當下這個動作的背後因素，而在當下並未覺照到。

將上述的討論整理如表七：

表七：體驗活動之自我覺察關鍵元素

關鍵元素	體驗活動
1. **禁語形成「孤獨」**	禪修、「口說・繪圖」、好好傾聽、好畫在人間
2. **蒙眼增強「敏銳」**	信任體驗（蒙眼走路）
3. **探索引發「好奇」**	價值觀拍賣、價值金字塔
4. **分享拉開「距離」**	各活動的小組分享

資料來源：整理自課程教案。

由上述的討論看出，研發團隊雖然並未刻意地將這六項元素置入教案設計中，然由於平時自我覺察的養成，讓這些元素融入於心中，所設計出幫助大家自我覺察的禪修及體驗活動，自然融入六項關鍵因素，然每個元素的比重、出現順序、相互影響呈動態狀態。

六、研究結論與建議

「溝通」是人類生活中非常重要的活動，包括自己與自己、自己與他人、自己與環境的溝通，與溝通相關的研究相當多，加入修行面向的研究亦已開始多年，卻也將是個無限期的研究主題，透過不斷地討論，慢慢累積經驗與智慧。

本研究是佛教修行者與心理諮商師合作的一個起點，將此研究成果做出結論，並就本研究受到的限制及未來研究方向做出建議。

（一）研究結論

本研究乃以「溝通與修行」第一階段自我覺察培養課程的研發團隊為研究對象，探討心理學與佛教修行跨領域研發的課程，及研發團隊在自我覺察的體驗。就前面各節的探討中，彙整出結論。

1. 佛教修行與心理學之體用融合

佛教修行與心理學原本開展的取向不相同，從研發團隊的訪談中，就兩個領域的目的、溝通、覺察方式、語言呈現，整理如表八。

表八：心理學與佛教修行的差異

	心理學（事用）	佛教修行（理體）
1. 目的	社會適應良好	提昇心性
2. 溝通養成	理論與技巧	修行實踐
3. 覺察動能	由外向內，由受切入	由內而外，多元切入點
4. 語言	現代語言	古代語言

資料來源：研究者分析歸納。

（1）目的

就心理學與佛教修行的目的，B5 於訪談時強調心理學以社會適應良好為目的，而佛教修行的目的在於提昇心性，兩者的目的不同，均具有「自我覺察」的功效。

佛教修行的目的是解脫、離苦得樂、轉識成智，由無明而明、由不覺而覺，是探索生命的本源、真理實相。修行方法，可以幫助佛教徒向內覺察，但不一定能運用覺察的能力於人際溝通、互動上。心理學為了讓人社會適應良好，開展出多門學派及運作的技巧，讓人容易學習及運用，是屬於事用的面向；擁有這些技巧，若能加上修行的方法，將可以紮實自我覺察的深度與實力。

（2）溝通養成

溝通的養成過程，心理學已建構了理論及技巧，讓人容易學習與運用於人際互動上。然佛教修行強調修行方法的實踐，雖佛法中有正語、愛語，尚缺乏具體展開技術工具，近年來雖已有佛教修行者開始研發活用的方法，如日本禪修老師 Rebecca Z. Shafir 指導的「正念傾聽」、一行禪師的「正念溝通」，然還有開展的空間。故研發團隊認為以「自我覺察」為核心的養成，為溝通課程研發的起始點。

（3）覺察動能

心理學重視技巧，培訓自我覺察的能力時，透過外在的刺激，引發向內探索的動能，覺察的下手處以「受」或感覺、情緒，最為鮮明。佛教修行則是先讓心集中、安定，內在沉積多年的雜染，逐漸浮出，是由內而外的動能；覺察的下手處則多元，身體、呼吸，身受、心受，心念、放鬆等，均是覺察的著力點。

（4）語言

就兩者的發展時代而言，心理學是十九世紀以來發展出的學科，在溝通的理論與技巧上的建構，是百多年來的發展，故是以現代的語言表達，一般人很容易理解及運用。佛教修行則是二千六百年前的研發，漢朝時傳到中國，留下的漢譯經典文獻，是古老的文字語言，必須經過現代修行人的體證，再轉換現代人的語言，較能為現代人所理解。有些學佛修行者，熟悉了佛教的專有名詞，與人言談中習慣「佛言佛語」，例如，有人面臨危難，佛教徒可能以「業障現前」、「業力使然」、「因緣如此」來詮釋，無法對危難者感同身受，亦讓受難者感受不到關懷的溫度，造成溝通上的嚴重隔閡。

上述就兩個領域的差異分析，可以具體地說，心理學重在現代社會生活上的運用，而佛教修行偏於探索生命本源之理體。此課程之研發，以佛教之五遍行法為自我覺察模式、加上禪修的練習，是探究生命實相的取向；教學上，則涵蓋了現代心理學的學理及體驗式活動設計，使學員能透過事用來體會理體。若從聖嚴法師提出之「認識自我、肯定自我、成長自我、消融自我」禪修四層次言，可以看到前三層次是心理學與佛教修行所共通的，而消融自我，或說無心、無我的境界，是佛教獨特的體悟。

故兩個領域間並非相互排斥或衝突，反而可以融合事用及理體，使一個人的內與外、感性與理性達平衡一致；佛教的修行，更強調超越二元對立，放下身心世界大悟徹底。

2. 佛教修行與心理學的相輔相成

由於「溝通與修行」課程的研發，是透過佛教修行者與心理諮商師共同討論之成果，從課程架構重點及歸納出的「自我覺察」之內涵，可以見到兩個領域的同異及相輔相成之處，如表九所示。

課程設計上，以佛教的五遍行法為內在自我覺察模式，並透過禪修方法練習，將心沉澱下來，由內心開發出六項關鍵因素，以增強自我覺察的能力，甚至可提昇心性，以達成明覺為目標。然運用在生活面上時，由於缺乏溝通技術面的輔助，往往無法發揮於溝通之中。課程中亦運用了心理學的

表九：課程架構重點及自我覺察內涵

類別	子題	重點
課程研發	課程架構	自覺模式：五遍行法——觸、作意、受、想、思 覺察層次：觀察、情緒、想法、價值觀 禪修、體驗活動設計
	研發過程	佛教修行與心理學跨領域合作 衝突→自我覺察、反思
自我覺察	詮釋	自我認識：向內看自己以理解或體會自己的狀態 佛教修行：無上修根、明覺，培養覺性
	養成方式	心理學——說、寫、想 佛教修行——善知識、修行自知錄、禪修、念佛、走路
	下手處	心理學——受、感覺、情緒 佛教修行——身體、呼吸、受（身受、心受）、心念、放鬆
	關鍵元素	孤獨、安定、距離、明覺、敏銳、好奇

資料來源：研究者分析歸納。

理論及工具，透過內容講授及體驗式活動，由外而內來提昇學員之覺察力以認識自我。

兩者相互融通，是一種相輔相成、截長補短的過程，讓心理諮商師能強化內在本質的基礎，亦使修行者增添活用的方法，以達成理事無礙、事事無礙的境界。

（二）研究限制

本研究雖有許多具體的研究成果，然在研究範圍、研究方法上，均受到時間、空間的局限，面臨了幾點研究限制：

1. 研究範圍

「溝通與修行」的課程研發原規畫三階段，然本研究僅探討第一階段自我覺察培養課程研發，故本研究僅聚焦於研發團隊成員的「自我覺察」課程歷程及「自我覺察」探索。主題雖然集中，然僅針對研發團隊成員探討，並未將課程學員之學習成效納入研究範圍。因此學員的背景、反應、學習的成效均未納入，此成為本研究的限制。未來可以針對學員學習後的自我覺察變化，來回饋課程教案的成效及應做的調整。

2. 研究方法選擇

課程研發過程雖透過試教、學員回饋、團隊成員討論修改教案的循環過程。然研究未採用行動研究方法，乃在於此研究是在課程研發後。因課程研發前並未徵得團隊研究之同意，研究倫理審查是在事後，故課程研發過程的資料，僅能以檔案文件之資料做分析。

（三）研究建議

1. 自我覺察元素的延伸研究

本研究所萃取出的「自我覺察」元素，僅從課程教案設計粗略地探討，並未做更細緻的分析。未來在教案設計時，能以涵蓋此六項元素的活動為原則規畫；並可以將學員分為有禪修體驗及無禪修體驗兩組對照，做更細膩的分析及驗證。

2. 溝通與修行課程的持續研發

本研究涉及的「溝通與修行」課程內容，為整個課程規畫的第一階段「自我覺察培養」，第二階段「進階技巧」及第三階段的「觀音法門」，尚有待持續地研發。然經過此階段的課程研發及研究，加上這幾年學習心理學相關的課程，以及多年禪修的基礎，發現佛教之唯識學、華嚴思想的系統觀，均適合與心理學融合。僧團亦有法師已有多年開展佛法與神經語言學融合溝通課程之研發，除了從五蘊、六識覺察自我，更涉及華嚴六相之角度。研究者認為這些課程研發，是值得交流、持續及鼓勵的，更是佛弟子以生命實踐佛法的歷程。

最後，以聖嚴法師在一九九五年時對明心見性的覺察體驗，做為本論文的結語：

> 一切都是現成的，
> 一切都是完整的，
> 一切都是新鮮的，
> 一切都是美好的。[84]

---

[84] 見釋聖嚴，《動靜皆自在》，《法鼓全集》第 4 輯第 13 冊，2020 紀念版，頁 125。取自：https://www.shengyen.org/?doc=04-13-013。初版於臺北：法鼓文化，1999 年 8 月。

參考文獻

一、佛教藏經或原典文獻

《長阿含經》第 8、9 卷，《大正藏》第 1 冊。（CBETA, T1, no. 1）

《中阿含經》第 49 卷，《大正藏》第 1 冊。（CBETA, T1, no. 26）

《雜阿含經》第 6 卷，《大正藏》第 2 冊。（CBETA, T2, no. 99）

《入阿毘達磨論》第 1 卷，《大正藏》第 28 冊。（CBETA, T28, no. 1554）

《修習止觀坐禪法要》第 1 卷，《大正藏》第 46 冊。（CBETA, T46, no. 1915）

二、聖嚴法師《法鼓全集》2020 年紀念版

網址：https://www.shengyen.org/fgqj2020/?doc=00-00-001

釋聖嚴，《比較宗教學》，《法鼓全集》第 1 輯第 4 冊，臺北：法鼓文化。

釋聖嚴，《菩薩戒指要》，《法鼓全集》第 1 輯第 6 冊，臺北：法鼓文化。

釋聖嚴，《禪門修證指要》，《法鼓全集》第 4 輯第 1 冊，臺北：法鼓文化。

釋聖嚴，《動靜皆自在》，《法鼓全集》第 4 輯第 13 冊，臺北：法鼓文化。

釋聖嚴，《聖嚴法師教默照禪》，《法鼓全集》第 4 輯第 16 冊，臺北：法鼓文化。

釋聖嚴，《佛教入門》，《法鼓全集》第 5 輯第 1 冊，臺北：法鼓文化。

釋聖嚴，《學佛知津》，《法鼓全集》第 5 輯第 4 冊，臺北：法鼓文化。

釋聖嚴，《探索識界——八識規矩頌講記》，《法鼓全集》第 7 輯第 6 冊，臺北：法鼓文化。

釋聖嚴，《人行道》，《法鼓全集》第 8 輯第 4-1 冊，臺北：法鼓文化。

釋聖嚴，《平安的人間》，《法鼓全集》第 8 輯第 4-2 冊，臺北：法鼓文化

釋聖嚴，《法鼓晨音》，《法鼓全集》第 8 輯第 10 冊，臺北：法鼓文化。

釋聖嚴，《找回自己》，《法鼓全集》第 8 輯第 8 冊，臺北：法鼓文化。

三、中、英文專書、論文

一行禪師（Thich Nhat Hanh）著，賴隆彥譯，《諦聽與愛語：一行禪師談正念溝通的藝術》，臺北：商周出版，2014 年。

林淑馨，《質性研究：理論與實務》，高雄：巨流圖書，2013 年 9 月。

馬歇爾・盧森堡（Marshall B. Rosenberg）著，阮胤華譯，《愛的語言——非暴力溝通》，臺北：光啟文化，2018 年。

陳金燕，〈自我覺察在諮商專業中之意涵：兼論自我覺察督導模式〉，《應用心理研究》第 18 期，2003 年夏，頁 59-87。

陳金燕，〈諮商實務工作者對「自我覺察」的主觀詮釋之研究〉，《國立彰化師範大學輔導學報》第 19 期，彰化：彰化師大，1996 年，頁 193-246。

鈕文英，《質性研究：方法與論文寫作》，臺北：雙葉書廊，2017 年。

溫宗堃，〈早期佛典關於人際溝通的教導〉，《 嚴佛學研究》第 13

期，新竹市： 嚴佛學院，2018 年，頁 65-81。

楊蓓，《自在溝通——人我互動，從心出發》，臺北：法鼓文化，2010 年 12 月。

楊蓓，〈默照禪修對心理健康影響之初探〉，收入聖嚴教育基金會學術研究部編，《聖嚴研究》第三輯，臺北：法鼓文化，2012 年 6 月，頁 387-416。

楊蓓，〈默照禪修中促成轉化的慈悲與智慧〉，收入聖嚴教育基金會學術研究部編，《聖嚴研究》第八輯，臺北：法鼓文化，2016 年 6 月，頁 285-309。

蘇盈儀、姜兆眉、陳金燕，《自我覺察督導模式訓練手冊：新手督導訓練（二版）》，臺北：雙葉書廊，2021 年。

釋印順，《大乘廣五蘊論講記》，臺北：印順文教基金會，網路版，網址：https://cbetaonline.dila.edu.tw/zh/Y0042。

釋印順，《成佛之道（增註本）》，《印順導師佛學著作集》第 42 冊，臺北：印順文教基金會。

釋果光，〈「心靈環保」組織——二十一世紀的「修行型組織」〉，收入聖嚴教育基金會學術研究部編，《聖嚴研究》第七輯，臺北：法鼓文化，2016 年 1 月，頁 173-230。

釋慈怡主編，《佛光大辭典》，網路版，網址：https://www.fgs.org.tw/fgs_book/fgs_drser.aspx。

釋繼程，《百法明門論講錄》，臺北：法鼓文化，2009 年。

Duval, Shelley, and Robert A. Wicklund, 1972, *A Theory of Objective Self Awareness*. New York: Academic Press.

Goleman, Daniel, 1995, *Emotional Intelligence: Why It Can Matter More Than IQ*, New York: Bantam Book.

Goleman, Daniel, 2014, *What Makes A Leader: Why Emotional Intelligence Matters*, Kindle Edition.

Judd, Charles M., Eliot R. Smith, Louise H. Kidder, 1991, *Research*

Methods in Social Relations, Harcourt Brace College.

Shafir, Rebecca Z., 2003, *The Zen of Listening: Mindful Communication in the Age of Distraction*, Quest Books Theosophical Publishing House.

Thich Nhat Hanh, 2014, *The Art of Communicating*, HarperCollins Publishers LLC.

附錄

附錄一：受訪者基本資料

代號	性別	身分	背景	訪談方式	訪談時間／長度	訪談地點
A1	女	專案成員	佛教法師 22 年	焦點團體訪談	2019/10/22／97’24”	雲來別苑 Rm101
A2	女	專案成員	佛教組織專職 16 年	焦點團體訪談	2019/10/22／97’24”	雲來別苑 Rm101
A3	男	專案成員	佛教組織專職 15 年	焦點團體訪談	2019/10/22／97’24”	雲來別苑 Rm101
B1	男	研發師資	佛教法師 10 年、禪修老師	深度訪談	2019/11/07／65’07”	法鼓山 Rm604
B2	男	研發師資	心理諮商師 10 年	深度訪談	2019/10/22／65’15”	雲來別苑 Rm101
B3	女	研發師資	心理、社工；佛教法師 14 年	深度訪談	2019/11/19／58’02”	雲來寺 Rm601
B4	女	研發師資	佛教法師 10 年、禪修老師	深度訪談	2019/10/10／71’05”	法鼓山 office
B5	女	指導老師	心理諮商 40 年、禪修 25 年	深度訪談	2020/02/17／79’32”	聖基會 office

附錄二：訪談大綱

「溝通與修行」課程研發與實踐

焦點團體訪談大綱——專案成員

訪談編號：　　　　　　　　　　時間：

訪談者：　　　　　　　　　　　地點：

受訪者：

親愛的法師／菩薩們：

本研究在探討「溝通與修行」課程研發過程中，自我覺察的經驗，從中萃取自我覺察的關鍵元素；因此針對專案成員採半結構式的焦點團體訪談。為保障各位的權益，先為各位說明「知情同意書」內容，各位了解並確認同意參與這次的訪談及簽署同意書後，我們再正式進入訪談。

非常地感謝您的參與！

研究計畫主持人釋果光合十

關於課程研發：

1. 請各位談談一開始啟動專案時，對此專案的想法與期待。

2. 請談談在專案執行兩年多來，覺得最有趣或愉快的事件，帶給自己什麼啟發？覺察到什麼？覺得最大的困難點？如何克服困難？（請具體分享案例）

3. 這是一個跨部門溝通的專案，過程中是否發生溝通上的障礙？曾運用課程的哪些內容，是否對自我覺察及溝通效能有所改善？（請具體分享用到教案的實際事件）

4. 請談談對自己及專案團隊成員、課程研發師資的觀察，在課程研發過程中，是否有何變化？從您的角度，哪位的變化最大？覺得是什麼原因所致？

關於自我覺察：

5. 專案進行至今，最深刻的自我覺察的體驗是什麼？

6. 這個專案進行之前，是否做「自我覺察」？何時開始的？是以什麼方式培養自我覺察的能力？

7. 就您的經驗，「自我覺察」是怎麼回事？覺察什麼？通常都怎麼覺察呢？是否能描述自我覺察的過程？每次的自我覺察流程，是否都相同或類似？

8. 是否還有覺得值得分享的自我覺察例子，而訪談過程中沒有提到？

「溝通與修行」課程研發與實踐

深度訪談大綱——研發師資

訪談編號：　　　　　　　　　　　時間：

訪談者：　　　　　　　　　　　　地點：

受訪者：

親愛的法師／菩薩：

本研究在探討「溝通與修行」課程研發過程中，自我覺察的經驗，從中萃取自我覺察的關鍵元素；因此針對研發師資採半結構式的深度訪談。為保障您的權益，先為各位說明「知情同意書」內容，請您在了解後確認同意參與這次的訪談及簽署同意書後，才正式進行訪談。

非常地感謝您的參與！

研究計畫主持人釋果光合十

關於課程研發：

1. 請談談當專案團隊邀請您擔任課程研發師資時的心情、想法與期待。

2. 請談談在課程研發過程中，覺得最有趣或愉快的事件，帶給自己什麼啟發？覺察到什麼？覺得最大的挫折、困難點？如何突破？（請舉具體的事件）

3. 請談談課程實際進行的過程中，讓您印象最深刻的事情？並請分享為什麼您對此事印象深刻？

4. 課程研發過程，需要與專案團隊、其他師資共同合作，是否發生溝通上的障礙？覺察到什麼？課程的內容，是否對自我覺察及溝通效能有所改善？

5. 經過三次的課程教學，您對於課程內容最滿意的部分為何？為什麼？您認為哪些部分還可以再調整？為什麼？

6. 請談談對自己及專案團隊成員、課程研發師資的觀察，在課程研發過程中，是否有何變化？從您的角度，哪位的變化最大？覺得是什麼原因所致？

關於自我覺察：

7. 請談談是何時開始做「自我覺察」？是以什麼方式培養自我覺察的能力？

8. 就您的經驗，「自我覺察」是怎麼回事？覺察什麼？通常都怎麼覺察呢？是否能描述自我覺察的過程？每次的自我覺察流程，是否都相同或類似？

9. 您通常是如何覺察到自己對境時產生反應？當下會如何處理？是否能很快地分辨感受？想法？或讀到自己內在的期待、需求？

10. 關於自我覺察的歷程，是否還有覺得值得分享，而訪談過程並沒有提到？

A Research and Development on Communication as A Way of Cultivation

Guo-Guang Shi
Adjunct Assistant Professor, Department of Buddhist Studies, Dharma Drum Institute of Liberal Arts

Abstract

This study is based on the development and implementation of the self-awareness based course "Communication as A Way of Cultivation", led by the researcher from June 2017 to May 2019. The course teachers include cross-disciplinary cooperation between Buddhist practitioners and psychological counselors.

In this study, eight course team members were used as research participants to explore two issues: One is the self-awareness and reflection of the course development process, that is, the development process of this course with "self-awareness" as the core. What are the mindsets of the team members? What difficulties do team members face in the course of course development? Are there any self-awareness and breakthroughs? Second, how to interpret "self-awareness" in terms of the connotation of "self-awareness"? How do psychology and Buddhist practice develop self-awareness? What is the self-awareness experience of the study participants? What are the key elements of self-awareness?

To answer above questions, this study, scheduled for September 1, 2019 to June 30, 2020, uses the qualitative research method to compile relevant material collected from 2017 to 2019. This article first reviews the literature on the two fields of "Communication as A Way of Cultivation" and "self-awareness", and explores the research context of the two fields.

Secondly, introduce the " Communication as A Way of

Cultivation " curriculum framework and the core main axis and connotation of the first-stage curriculum. The first stage takes "self-awareness" as the core main axis of the curriculum, and develops the "five-pass method"-the self-awareness model of touching, thinking, feeling, thinking, and thinking, which structure four levels of self-awareness: observation, feeling, Ideas, values.

Third, explain the qualitative research methods used in this article. The eight members of the curriculum are the research participants. The document analysis method and interview method are used to collect data, and the editing analysis method is used to sort, summarize, and analyze the data.

Fourth, present the results and discussions of exploring "self-awareness", covering self-awareness and reflection in the curriculum development process, as well as exploring "self-awareness" in psychology and Buddhist practice, including the definition and scope of awareness, development experience, and experience of awareness ; Extracting the six key elements of "self-awareness" from the interviews of the research participants: loneliness, stability, distance, awareness, keenness, and curiosity, and then further responding to how to integrate and operate these six elements in the design of the lesson plan, and exert self-transformation the power of. Finally, this study makes a summary of the integration and complementarity of Buddhist practice and psychology, and discusses the limitations of the study and suggestions for subsequent related curriculum development and research.

Keywords: Communication, Cultivation, Self-awareness, Five ever-present mental states, Qualitative Research

經濟富足與心靈安樂
——心靈環保、廠商經濟行為與永續發展

許永河
國立成功大學經濟學系教授

摘要

聯合國二〇三〇年永續發展目標（Sustainable Development Goals, SDGs 2030）揭櫫全球邁向永續發展的理想。永續發展雖以人類世代經濟生活永續為目標，但其實踐則需少欲知足、利人利己的態度。聖嚴法師以「心靈環保」為基礎來「建設人間淨土」的理念，契合當代人類社會的需要。作者嘗試將聖嚴法師思想應用在總體經濟活動之分析，以佛法的理論為基礎，勾勒人類社會追求經濟富足、永續發展與心靈安樂的願景，名之為「心靈環保國富論」。本文為整體架構之一單元，著重討論廠商生產行為、市場活動、利潤追求、社會責任與永續發展之關係，說明生產者利人利己之態度對經濟富足、環境保護及社會福祉提昇之可能貢獻，以及企業永續經營和經濟發展可持續性之實現。本文並介紹「心靈環保企業社會責任」，說明廠商在實踐「心靈環保」的同時，實現企業成長與社會環境的可持續性成長目標。

關鍵詞：永續發展目標、廠商行為、心靈環保、人間淨土、

企業社會責任

一、前言：經濟學的起源與當代人類社會的問題

亞當・斯密在《國富論》一書中，強調一個國家的財富，不在其國庫中的黃金、白銀多寡，而是以國民可消費的生活物資多寡來衡量。亞當・斯密不僅對十六世紀以來人類在市場活動所追求的財富觀念提出修正，同時也開啟了近代經濟學的經濟成長分析。在亞當・斯密的分析中，整個經濟體系以勞動、資本與土地（天然資源）來從事生產，並在生產週期結束後，將生產成果分配給勞動者、地主和資本家。在這個生產、分配、再生產的分析中，亞當・斯密探討產出分配的方式對經濟體系的消費、儲蓄、資本累積，以及經濟成長的影響。十八世紀末葉，經濟學研究的重心，不再討論分配與經濟成長的問題，而著重於經濟效率的研究，亦即在市場經濟活動中使用最少的資源，達到消費滿足最大化，或者以最少的成本，達成利潤最大化的目標。這些所謂「最大化」的討論，其最終目的，均在找尋提昇人類經濟福祉的方法。

在傳統經濟理論的思維，自由經濟市場中讓「自由放任」（laissez-faire）法則充分發揮，可以達成前述的「福祉最大化」目標。此外，在自由市場中，只要讓每個人的「自利心」運作無礙，不僅可以讓個別市場參與者達成滿足或福祉的最大化的目的，同時也可以達成整個經濟體系福祉最大化的效果。然而，以今天的人類經濟社會所面臨的問題來觀察，「自由放任」豈真是提昇人類福祉的萬靈丹？

從人類文明的發展歷程來看，西方資本主義社會的自

由市場經濟制度，不僅改變了人類的經濟生活，也改變了人類在地表上的生活面貌。在資本主義的市場制度下，所有的市場參與者，各盡所能、各取所需，追求每人最大的經濟福祉；在市場中不但可以追求生活滿足的實現，也藉由市場交易追求財富的累積。然而，市場經濟活動也是今天人類社會問題的來源。

市場經濟制度普遍化的結果，導致人類的生存活動與市場經濟活動完全結合。面對市場不斷擴大，為了提昇生產力來滿足日益擴充的市場需要，專業分工變成社會的必要型態；專業分工讓每個人都僅僅從事一樣工作，結果是每個人都要倚賴他人的勞動成果才能滿足生存之所需。

在資本主義的市場中，不僅勞動的產品變成商品，勞動者本身的勞動力也變成了商品。勞動者在勞動市場中出賣勞動力，換取工資而為雇主生產，而後以其工資在市場中購買雇主掌握勞動力所生產出來的生活必需品。勞動者出賣勞動力後，以其勞動力為雇主而生產、以雇主提供的機器設備及原料，為雇主的目的而生產。勞動者如此日復一日配合雇主提供的機器而生產，單調而重複地操作機械，生產過程的創造力與生產的樂趣消失了，而生產過程中人與人的連結僅是前後生產階段的關係，也漸無人性互動的溫度。資本主義市場的勞動過程，「勞動」一事，變成逐漸缺乏人性溫度、為了生活不得不從事的行為。對勞動者而言，出售勞動力的結果能否換得溫飽尚在不可知之數，因為其勞動產品歸雇主所有，而雇主給付的工資並不保證可以換得生活之所需。換言之，自由勞動市場制度，不能保證勞動者的經濟福祉，而且單調而重複的勞動模式，可能成為勞動苦惱的根源。

生產者雇用勞動投入生產，其關心的是產品完成後，能否成功在市場銷售，以及銷售能否帶來利潤。為了增加利潤，雇主在生產過程必然設法降低生產成本、提高勞動生產力。其手段除了壓低勞動薪資所得，也藉由對勞動過程的加強監督、提高勞動的強度來達成每單位勞動投入時間產出增加的效果。雇主在生產過程中，以降低成本、提昇獲利空間做為主要的思考，生產商品的勞動者福祉則非其主要關注的項目。一旦商品生產完成，進入銷售流通領域，便出現生產者與其他生產者競爭的局面，每一生產者均設法在市場競爭中打擊對手，藉由成功售出自家產品，以追求利潤的實現。在商品流通的領域中，所有生產者莫不設法刺激需求、打擊對手以提昇市場占有率。生產者如此追求削減成本、追求利潤的競逐過程，即或成功地達成利潤最大化與財富累積的目的，也不必然帶來幸福，因為競爭過程的廝殺，已使人漸失人性的溫厚，而競爭也使人失去安全感，擁有愈多，也不必然與經濟安全感的增加畫上等號。在市場競爭過程中，為了達到利潤增加的目的而不擇手段，不僅造成社會問題，也對自然環境有意或無意地破壞。因此，近代人類無止境地追求經濟成長、追求財富累積的過程，其實也是人類苦惱的累積過程。

十七世紀以來市場經濟的發展，以及其後的產業革命，帶來人類社會大量生產、大量消費的現象。此一改變，豐富了人類物質生活的內容、改變了人類在地球表面活動的樣貌，也帶來了巨大的社會變遷。在自由市場經濟體系下，各盡所能的結果，全球平均每人所得確實增加了，但平均每人所得的增加並不代表所得分配狀況改善。依據 Bourguignon & Morrisson（2002）就一八二〇至一九九二年間的全球所得分配狀況研究顯示，從十九世紀初到第二次世界大戰為止，全球所得分配不平均的狀況逐年惡化，但在第二次世界大戰後，全球所得分配不平均的情況有逐漸趨緩的趨勢。至於分配不均的狀況，十九世紀初之前，大多數的所得不平均是國家內部的分配不平均，但十九世紀後的分配不平均，則是因國家間分配的不均。

當代人類社會問題的根源，來自人類本身。人的生存，固然需要維生物資，但地球物種中，在生活所需滿足之後，仍持續進行無限囤積、追求財富累積的，大概也僅有人類。在現代的市場經濟體系中，不論經濟生活之所需，或是為了來日經濟安全而做儲蓄，都必須在市場活動中來完成。因此，市場活動的結果，決定了個人經濟生活能否維持，也決定世俗所謂「事業成功」與財富累積的目的能否達成。市場的交易與經濟活動，原本以獲得生存物資、達成生活滿足為目的，然而在欲望滿足的追求中，人心中只有欲望，以及追逐的目標，身心被欲望驅逐而奔走。在無盡欲望的追逐過程中，心中只有自己、只有競爭求取，心中想要安全與幸福，卻在生活中不斷製造讓自己不安全的矛盾與對立關係。

因此，市場競爭與財富追求的結果，人往往擁有了物資與財富，卻失去了幸福。在市場中競爭追求財富、追求產出成長的結果，物質生活雖然提昇了，物質消費內容也較過去更為豐富，但是人的精神生活卻貧乏了。因此，我們看到了西方高所得國家的國民生活水平雖然提高了，但由於競爭與生活壓力之故，其國民的焦慮與精神疾病罹患率並未隨著經濟的富裕而減少，反而在近年略顯增加。資料顯示，全球高所得國家及地區之憂鬱症盛行率，高於拉丁美洲、東南亞及全球的平均值（圖一）。另就全球的角度來說，高所得與低所得國家之間所得分配不平均之狀況，並未隨全球經濟成長及市場全球化而改善，反而出現高所得國家的資本家對低度開發國家的資源掠奪與環境破壞的現象。❶

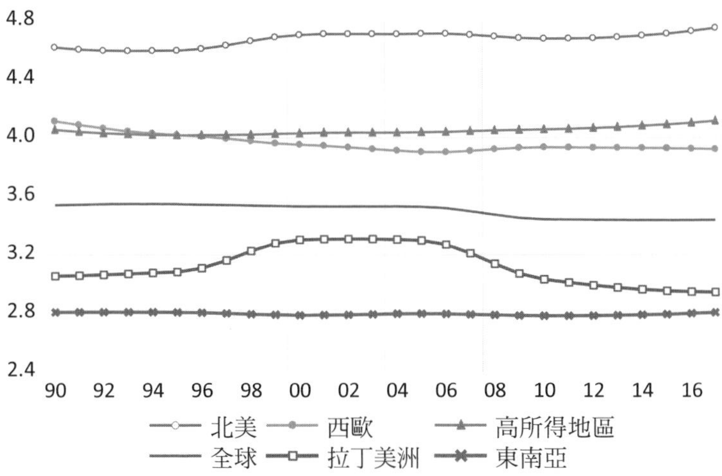

作者繪製；資料來源：https://ourworldindata.org/search?q=depression。

圖一：全球選定地區人口之憂鬱症盛行率

人類社會長期追求經濟成長，不僅出現所得分配不均的

❶ 國際經濟發展不均衡的問題，長久以來是國際政治經濟學所關注的焦點。有關此一問題的介紹，請參閱 Christopher（2009）。

現象，而且市場經濟活動及經濟全球化的結果，也帶來人類賴以生存的地球出現溫室效應。而此同時，全球暖化、環境破壞與資源耗竭的現象也一直在持續進行中。從人類文明發展的結果來看，所得與經濟生活的豐富程度提高，並不必然帶來生活幸福的提高，而人類社會在追求眼前物質豐富的同時，也破壞了地球環境，為未來埋下不幸福的種子。

因此，聯合國近年來提倡「2030 永續發展目標」，而社會運動倡導者以及學術界，近年也更加重視廠商的「企業社會責任」問題，希望生產者不要為了追求利潤而忽略對社會和自然環境的責任。

本文是筆者將聖嚴法師「心靈環保」應用在經濟問題的系列研究之一，著重在廠商行為的探討，目的在討論廠商的生產行為如何能達成人類社會經濟生活無虞、心靈安樂的目標，並藉由對廠商生產行為的探討，以「心靈環保企業社會責任」（簡稱「心靈環保 CSR」）為重點，試圖為當代人類經濟社會的問題提出解方。本文第二節先介紹永續發展與企業社會責任的觀念，第三節則簡要介紹聖嚴法師「心靈環保」理念與「建設人間淨土」思想的架構，鋪陳後續討論「心靈環保 CSR」之基礎，第四節為本文之重心，討論「心靈環保」、經濟富足安樂與永續發展的企業社會責任實踐，介紹「心靈環保 CSR」及其實踐大要，第五節則為本文研究之總結。

二、永續發展與企業社會責任

二〇〇〇年，聯合國提出「千禧年發展目標（Millennium Development Goals），揭櫫消滅極端貧窮和飢餓、促進性別平等確保環境的永續能力，以及全球合作促進發展等八大發展目標。二〇一五年千禧年計畫到期，又宣布了「2030 永續發展目標」（Sustainable Development Goals, SDGs 2030），其中包含了十七項核心目標，延伸出二百三十項指標，以之指引全球朝向永續發展的理想目標前進。十七項核心目標，包括終結貧窮、促進永續農業以消除飢餓、促進性別平權、促進健康生活與福祉、促進包容（inclusive）且永續的經濟成長、減少國內及國家間的不平等、確保永續消費及生產模式、促進並確保生態環境的永續性等。「2030 永續發展目標」項目雖繁多，但全部目標以環保、社會與經濟為三大主軸而展開。

自從聯合國提出永續發展目標之後，企業社會責任問題便不斷地被提起，並與永續發展連結討論。然而，企業社會責任的內涵是如何？企業承擔社會責任，是否即可實現永續發展？企業永續是否即可實現全球永續？這些議題是本文擬釐清者。

企業社會責任與永續發展

依據歐盟二〇〇一年的定義，企業社會責任（Corporate Social Responsibility, CSR）是企業承擔其經濟活動對社會和環境所產生影響的責任，亦即透過道德的行為，促進經濟社會之可持續發展和社會福祉；同時在營利活動中，考慮利害關係人的期望，並以合乎法律規定及國際社會認定的行為準則，做整體性思考而從事營利活動。[2]

---

[2] 請參考 European Union, Corporate social responsibility & Responsible

自從有公司制度以來，公司或企業應否承擔社會責任，或僅須專注於其盈利的追求，便一直是社會辯論的焦點之一。近代這個議題被熱烈重視，是一九六〇年的社會運動風潮及一九七〇年代環境保護意識抬頭之後。而後在一九八〇年代，隨著全球化及反托拉斯思想的發展，企業應否承擔社會責任，以及如何承擔社會責任等議題，更被廣泛討論。

隨著時空環境的轉變，學界對企業社會責任的內涵也有不同的見解。有學者認為企業重視其社會責任，是為了維持企業之社會形象（Carroll, 1991），但也有學者認為企業社會責任的內容，包括了企業公民（corporate citizen）、可持續性商業（sustainable business）、環境責任（environmental responsibility）、商業道德（business ethics）、公司責任（corporate accountability）等意涵（Matten & Moon, 2008）。長期以來，各種互補性的企業社會責任解釋相當多，例如負責任的商業行為（responsible business conduct），或利害關係人權益管理（stakeholders management），以及受雇員工權益照顧等。各種企業社會責任的論述中，觀念較為整體且連貫者，是 Archie Carroll（1979, 1991, 1999, 2016）的企業社會責任金字塔（Carroll's Pyramid of CSR），因此本文對其模型略予介紹。

1. Carroll 的企業社會責任金字塔（CSR Pyramid）

企業社會責任金字塔（以下簡稱 CSR 金字塔）是一

---

business conduct。網址：https://ec.europa.eu/growth/industry/sustainability/corporate-social-responsibility_en。

個理論的框架，解釋企業為何承擔社會責任，以及應該如何承擔社會責任。CSR 金字塔由四個區塊所構成，分別是經濟責任（economic responsibility）、法律責任（legal responsibility）、道德責任（ethical responsibility），以及慈善責任（philanthropic responsibility）。從四種責任個別來說（圖二），經濟責任是 CSR 金字塔的基礎，因為企業必須有堅強的持續獲利能力，方能支持企業其餘的社會責任，而且企業其他利害關係人對企業期待的實現，也建構在此一基礎上。因此，企業社會責任的基礎，是以其經濟的穩健度和經營的可持續性為前提。至於企業的經濟責任內容，則包括為業主賺取利潤、對員工支付合理的薪資，以及以公平公正的價格，向消費者銷售其產品。

其次，由於企業是在社會的框架下營運，因此所有企業都必須遵守法律，不得以非法或違法的手段營運而賺取利

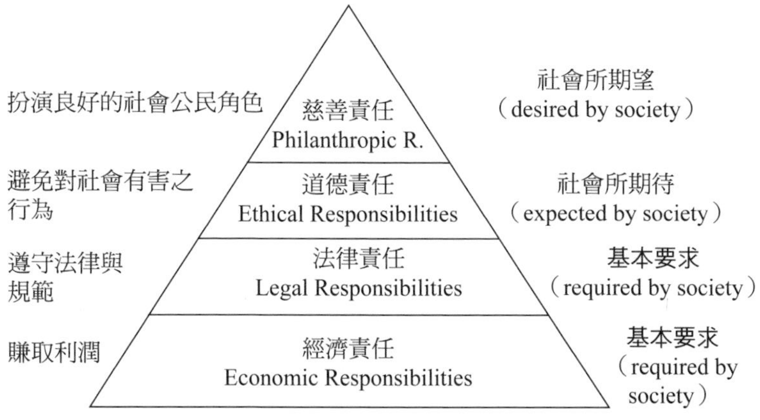

資料來源：作者依據 Carroll（2016）繪製

圖二：Carroll 企業社會責任金字塔

潤。法律和規定不僅是公民社會參與者所必須共同遵守，也是企業合法業務開展與成長的基礎。因此，經濟責任與法律責任是企業存續的必要基礎。

此外，企業應以合乎道德的方式營運，亦即其運作應避免對利害關係人（stakeholders）做出傷害，或者應將傷害降到最低。道德責任雖非法律所強制，卻是社會對於企業之所期待。法律僅是企業經營者的最低社會規範，企業應主動承擔超出其法律要求之外、更高層次的道德責任，盡力去做對的事、做公平的事，避免對人、對社會及環境造成傷害。最後，企業應該成為一個好的企業公民，扮演良好社會公民角色，以其獲利回饋社會，積極對社區扮演貢獻金錢、物資和人力，從事改善群體生活品質的慈善行為。

企業在守法獲利的基本責任之後，除盡力不傷害其他相關利害人，更盡力扮演濟弱扶貧的利他慈善角色，Carroll 認為這是社會對企業之所期望。簡言之，Carroll 的企業社會責任金字塔構想，勾勒了一個理想的企業在社會中應該扮演的基本功能。

四項責任雖各有其重點，其中經濟責任與法律責任是企業存續之所必須。然而，Carroll 認為四項責任不是各自獨立，從金字塔下端往上逐一完成，而是一體的。其中，串起 CSR 金字塔，扮演軸心角色的是道德責任。雖然，道德責任在前述 CSR 金字塔的介紹中被視為為 CSR 的一個單獨類別，但它應該被視為貫穿並融入整個金字塔其他區塊的關鍵因素，因為其他責任類別中也存在道德面向的思考。例如，在企業的經濟責任中，CSR 金字塔隱含假設資本主義社會的存在，而在資本主義社會中，企業追求利潤被視為是合法且合理的行為。換言之，在資本主義的經濟制度下，企業為其業主或股東賺取利潤做為其對企業投資的報酬，在道德上是合理的。

道德責任也與法律責任相關；大多數的法律規定和法條的創建，都是依據某種合於道德的理由而來。大多數的法律源於對道德或倫理問題的關心，例如，對消費者安全、員工安全，以及自然環境的關注等。因此，相關議題的法律一旦正式制定，就反映了該社會的「道德法典」（codified ethics）。

道德責任在 CSR 金字塔中，尚含括了人們對企業在法律或制度之外的期待。法律是社會共同遵守的規範，是公民應該遵守、也被動被要求遵守的最起碼規範；道德則是由人性的良善與正直所顯現，是高於法律的人群軌範。雖然道德之層次高於法律，但也可能變成法律，例如不能詐欺，最初是道德準則，後來則變成法律規範。守法，是公民之所必須，但道德不僅是法律的基礎，也是高於法律的人類社會無形準則。

最後，慈善責任是發自於內心的道德動機而形諸於外的利他行為。雖然有些企業為了功利性的目的、為了被視為「良好的企業公民」而從事策略性的慈善活動，但有些企業從事慈善活動的動機，則是因為出於道德動機或利他主義。

Carroll 認為企業尋求履行其經濟、法律、道德和慈善責任等四大社會責任的過程中，無可避免會出現目標間的衝突取捨問題。例如，企業若履行慈善責任，便違背了對股東的經濟責任。因此，從短期來看，公司在法律、道德和慈善責任上的支出，必然減損其短期的利潤，出現對股東（shareholders）的不負責現象；然而，隨著時間拉長，企業將資源花在滿足其他利害關係人身上，則有助於改善企業形象，提昇長期獲利的潛力。這類企業社會責任目標的衝突，以及責任的取捨，端視企業對聲譽的重視度，以及 CSR 的策略，而決定權衡取捨的先後。

總結來說，Carroll 的企業社會責任金字塔雖由四個部分所構成，但它們不是四個不同區塊，CSR 金字塔不應被解釋為企業應該從基礎開始，以某種順序、層次、或形式等方式去履行其社會責任。相反地，企業應同時履行所有責任。SCR 金字塔的四種分類，僅是反應企業在社會中的存在，一定要先實踐經濟和法律的責任，這是所有企業都必須履行的，至於道德和慈善責任則是社會對企業的期待與期望。整體而言，這四者對企業而言，是不可分的。一個以 CSR 為核心的企業，應努力賺取經濟利潤、遵守法律、尊崇道德規範，以及成為良好的企業公民。以此角度來看 CSR 金字塔，則此金字塔便是一個統一或一貫性的整體。

此外，Carroll 認為 CSR 金字塔應被視為企業可持續追求的核心價值，因為這些責任也代表了企業的長期義務，而且這些責任的踐履也對後代的利害相關人產生影響。雖然金字塔可以被視為社會責任的靜態描述，但其目的在說明一個動態的、適應性的框架，其內容既關注當前，也關注未來。

2. 企業社會責任與可持續性發展

許多人將對利害相關人和經濟發展可持續性的關心，

與企業可持續發展貼上等號。許多學者也呼籲，將企業社會責任重新定義為企業對利害關係人的責任，也有人主張將企業社會責任定義為企業的可持續性責任（見 Carroll & Buchholtz, 2015），這些呼籲也凸顯了前述關聯主題的緊密性。此外，近年更有許多人將 CSR 與可持續性連結，將企業的 CSR 參與，以及環境、社會和公司治理（Environment, Society, and Governance, ESG）做為投資與否的主要參考依據，其關注點即在於關心 CSR 對未來世代可持續性發展的影響。

企業的社會責任議題，不論在過去、現在或未來，都將繼續被關注。無論是從企業社會責任金字塔的四部分定義結構，或是以其他形式或名稱來看，如企業公民、可持續性、利益關係者管理、企業道德、創造共同價值、有良知的資本主義（conscious capitalism），或其他一些社會意識的名詞，都顯示人類社會對可持續性問題和人類社會未來發展的關心。

然而，CSR 必然牽涉到實踐與獲利的取捨問題。因此，從企業主的角度來看，他們關心的是從事 CSR 可以得到什麼樣的直接好處？對於這個問題，傳統思維認為企業將資源用於法律、道德和慈善等目的，會減損獲利，將危及企業的未來發展。但有一些研究則認為企業從事前述關心社會的活動，會為其帶來經濟回報，故企業應該努力創造這樣的有利局面。Kurucz et al.（2008）認為企業關注 CSR，可以帶來數種利益或優勢，包括降低成本和風險、對市場競爭的有利影響、公司聲譽及經營的合理性提昇，以及為公司和社會創造雙贏局面等。另有研究則指出企業從事 CSR 活動，可以帶來包括創新、品牌差異化、員工敬業度和客戶參與度等利益，這些都有助於企業的可持續性發展。

然而，在企業的社會責任與可持續性的關係討論中，不論是強調企業應從事道德營運，或強調社會與環境可持續性的關聯，對於廠商行為與「持續性」如何在市場經濟中實現，仍缺乏整體性的敘述。因此，本文擬以聖嚴法師的「心靈環保」思想為核心，對可持續性與廠商獲利、民生富足等議題做探討。

三、聖嚴法師「心靈環保」思想簡介

關於聖嚴法師的「心靈環保」思想，筆者在二〇二〇年已有介紹討論，[3]茲僅將其思想之大要略述，做為後續討論之基礎。

首先，人活在世間的關係，有人與人的關係，也有人與家庭、家庭與家庭、家庭與社區，以及人類社區和自然環境的關係，而且人的生存與幸福，和這些世間關係密不可分。世間有三種：五蘊世間、眾生世間和器世間。人的生命體，是五蘊世間；人所依存的環境，包括人與人的社會關係，以及人與自然環境的關係，是眾生世間與器世間。三種世間從因果與因緣法來說，是彼此密切相關的。因此，人若為自己的利益而傷害他人，其結果會讓自己受害；人類若為了物質欲望而損毀山林、耗竭資源，並造成環境汙染，其最後結果

---

[3] 詳請參閱許永河（2020）。

是全體人類必將因自己的愚癡行為而受害。五蘊世間是「正報」，眾生世間和器世間是「依報」。因此，「三種世間」及「依正不二」的道理，是聖嚴法師「心靈環保」及「建立人間淨土」思想的佛法理論基礎（圖三）。

經教中說：「心淨則國土淨」，因此「心靈環保」要從知我、安我、化我，到成長自我來實踐；從五蘊世間的安心、安身、安家、安業開始，向外推及眾生世間及器世間。「建設人間淨土」理想的實踐順序，是從個人的自我清淨，向外推展到人在家庭與社會中人我關係的平安與清淨，再到人與自然關係的和諧清淨（圖四）。

「建設人間淨土」是以「心靈環保」為核心，而以「心五四」的觀念，做為每個人在生活中實踐心靈環保的方針。以「心五四」來處理每個人自己內心的問題，達到情意、觀念與精神的淨化，實踐「心靈環保」。進而以「心靈環保」為核心，落實生活的節儉、整潔和簡樸的「生活環保」。再從個人的生活，往外擴充到與人相處的心靈環保；以真誠、相互尊重和禮貌的態度與人相處，實踐增進人與人和睦關係的「禮儀環保」。最後，更以「心靈環保」的生活，保護自然資源及自然生態，實踐「自然環保」。

其次，為了將四種環保落實在「依正二報」、「三種世間」的個人生活、人際關係，以及人與自然環境的關係中，聖嚴法師進一步提倡「心六倫」的新生活。「心六倫」是以「心靈環保」為基礎的六種倫理關係，包括「家庭倫理」、「生活倫理」、「校園倫理」、「自然倫理」、「職場倫理」和「族群倫理」等六種人在生活中的倫理關係。「心六

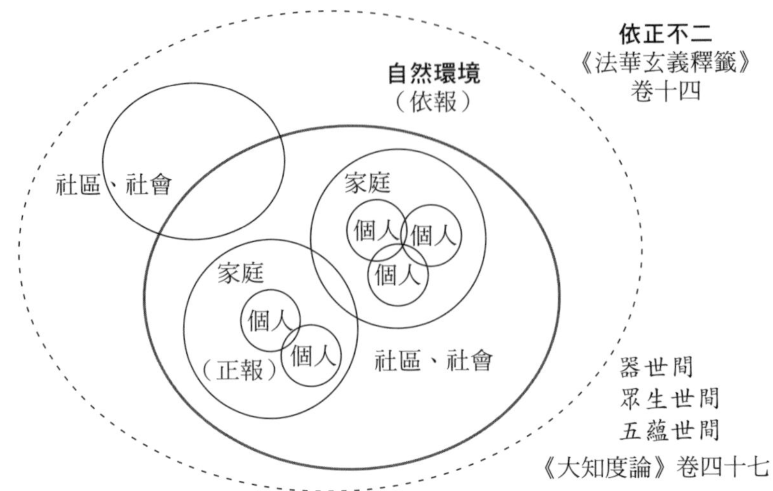

圖三：「三種世間」與「依正不二」思想是「建設人間淨土」的理論基礎

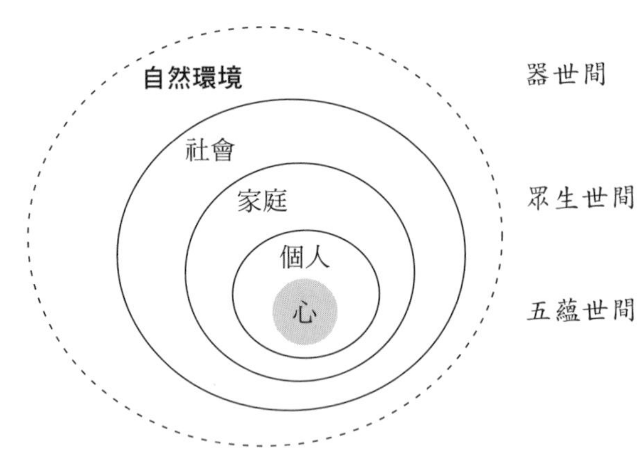

圖四：「建設人間淨土」從個人「心靈環保」做起

倫」的提倡，是希望每個人不論在生活中扮演的是何種角色，都能保持守分、盡責、奉獻的正確觀念，時時做到尊重、關心他人，建立世間的和諧平安，而達成「建設人間淨土」的目標（圖五）。

「心靈環保」、「心五四」、「四種環保」與「心六倫」，以及「建設人間淨土」的理念，是以禪法為基礎所開展出來的佛法妙用，目的在提供世人在生活中從少欲知足，達到身心輕安的觀念指引，並由心靈環保的實踐中，斷除自他苦惱，練習自利利他的菩薩道，而在世間生活中體證佛國淨土的莊嚴。

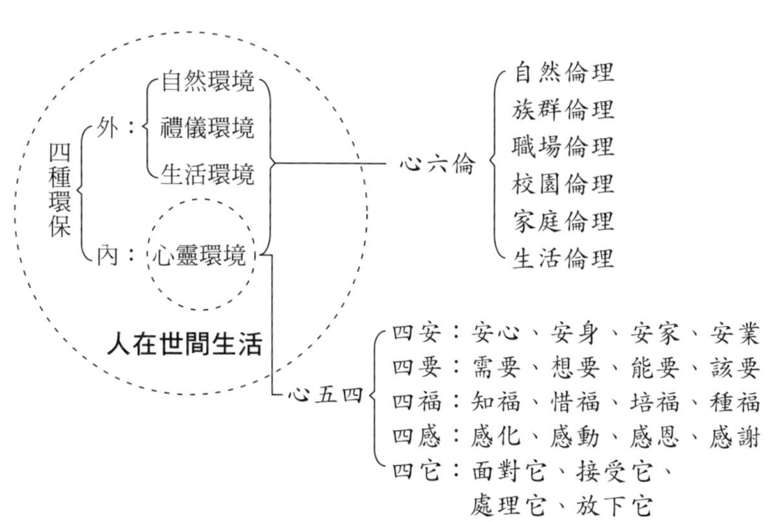

圖五：「建設人間淨土」理念的實踐：「心五四」、「四種環保」與「心六倫」

四、心靈環保、富足安樂與永續發展的廠商行為：從「心靈環保」談廠商「企業社會責任」的實踐

當代永續發展或可持續性發展的觀念與作法，其解決人類問題的努力值得肯定，但所有努力大抵解決表象的問題，無法直指問題的核心在人類的行為、更是因為「人心」而起。Carroll 的企業社會責任論述，強調以道德或倫理為核心的企業社會責任。依此道德或倫理的基礎，廠商在賺取利潤後，秉持取諸於社會，還諸於社會的精神，將一部分的利潤以慈善活動的方式回饋社會。近年來，企業社會責任關注的焦點，已經從追求利潤最大化再透過慈善捐獻做重分配的面向，轉而關注一開始的利潤是如何實現的問題，強調一個真正對社會負責的公司，在追求利潤的同時，應努力將其營運所導致的環境和社會成本降到最低，並追求企業、社會與環境利益的最大化。[4]

---

[4] 在二十世紀末，企業社會責任的觀念已經存在人類社會超過了五十年。一九三〇年代經濟大蕭條之後，凱因斯經濟學興起，提供了政府經濟政策干預或微調經濟活動的理論基礎，成為西方工業化國家經濟政策的顯學。然而，凱因斯經濟理論無法處理一九六〇年代開始出現的通貨膨脹問題，因而漸失其理論的吸引力，再加上一九七〇年代新古典經濟學思潮復甦，反對政府干預，強調自由放任，並主張政府的經濟干預政策終歸無效。新政治經濟學（new political economy）的發展，為一九八〇年代和一九九〇年代的新自由主義（neoliberalism）和國營企業私有化（privatization）興起鋪路，此時企業在自由市場獲利應否承擔社會責任的問題又再度浮上台面。儘管關於企業社會責任內涵的爭論頗多，然而，過去數十年來，並未產生一個一致性的定義。許多學者認為，企業

廠商存在的目的固然是為了賺取利潤，但其獲利須在市場中實現；市場的運作過程中，有廠商與消費者、廠商與勞工、廠商與股東、廠商與社會，以及廠商與自然環境等關係。因此，談廠商的企業社會責任，不能僅就廠商的利潤來源或分配做思考，應該以廠商的生產、銷售活動對社會和環境的影響來做整體性思考。關於企業社會責任的內含，應思考廠商做為一個營利事業的個體，其追求利潤與成長的內部需求，以及追求其經濟行為的外部性（externality）❺來做整體性思考。此一整體性思考，包括廠商在公民社會的企業公民（corporate citizenship）角色、社會期待（social expectation），以及廠商與社會環境的可持續性等面向。社會期待是指社會對廠商遵守法律與道德，以及扮演良善企業公民角色的期待，而可持續性的內容則包括企業的可持續性（corporate sustainability）和社會與環境的可持續性（social and environmental sustainability）等。這些問題中，廠商的利潤追求行為與企業可持續性成長是

社會責任包括幾個概念，如企業公民、可持續經營、環境責任、商業道德和企業責任，以及對股東和員工負責等。關於企業社會責任觀念的歷史發展沿革，請參考 Latapí Agudelo et al.（2019），該文以時間為軸，整理時空環境改變下的 CSR 理念進化與開展，對 CSR 概念發展與內涵，有概念分明的介紹。

❺ 外部性指某樣商品或勞務的生產過程中，出現生產成本由無直接關係的第三方承擔的現象，如生產所產生對環境的汙染，包括水汙染或空氣汙染，這些外部汙染成本並未列入生產者的直接生產成本和損益計算中，生產者的一部分成本是由社會和環境來負擔，這些外部經濟效果，是企業應承擔社會責任的理由之一。然而外部性不盡然是不利的影響，也有可能是有利的，例如新技術的外溢效果即是。又經濟行為的外部性也不全然在生產行為中出現，也會在消費行為中產生，例如二手菸害即是。

個體面的問題，而企業公民與社會環境的可持續性則是總體面的問題。討論可持續性，個體面與總體面的問題是無法分割討論的。因此，廠商企業責任的問題，須以宏觀的角度來做整體性的探討。

至於企業社會責任的討論，除了說明企業應否承擔社會責任，以及如何承擔社會責任之外，更重要的是要說明企業承擔 CSR 對企業的利潤及未來發展的影響，化解企業擔心 CSR 傷害利潤的擔憂。此外，從永續發展的角度來看，也希望能解釋廠商個別利益和社會、環境的群體利益間，有無可能找到共利共榮的可持續性之道。

探討廠商應否以及如何承擔企業社會責任，是希望對廠商追求利潤行為所可能產生的外部不利衝擊提出舒緩或解決的方法。人類社會中的每一個經濟個體，包括廠商與個別消費者，都在經濟活動中追求財富、追求欲望的滿足，市場經濟活動所產生的環境破壞、資源耗竭，以及人心苦惱不安，都與人的活動脫不了關係。因此，就解決人類經濟活動所產生的問題來看，當前問題的根源在人心，如果解決問題的看法不能觸及核心根源，對問題的解決便有局限性。

佛法是心法，佛陀開示世人的是在生活中保持平安幸福的觀念與方法。此一平安幸福的心法，可以看作個人生活中的修行準則，也可以做為仁王治世之道的參考。佛法是心法，轉變心態就能轉變行為，行為改變，個人生命或群體社會的面貌就能改觀。因此，當代人類社會所面臨的永續發展困境，以及解決困境的觀念與方法，都是可以藉助佛法智慧的幫助而得到改變的。

企業以合法、合德的手段追求利潤與成長，是正當的營生方式，也是佛法與世間法共同肯定的。然而，若是一味追求無盡的欲望滿足和利潤累積，便是苦惱的累積過程，這是佛法可以對世間現象貢獻，使苦惱減少、幸福增上之處。

廠商在市場中競爭逐利的過程，不僅製造自己的苦惱，也影響到企業外部的所有關係人同受而苦惱。因此，賺取利潤對企業來說，固然有其必要，但企業在生產、管理、行銷的過程中，如何減少製造煩惱或心靈汙染，並在小我（企業）與大我（社會與自然環境）、利己（賺錢）與利人（價值分享）、短期獲利與長期永續間找到平衡點，進而達到人我平安的可持續性，這都需要企業經營者對問題根源的深刻與全面性認知，進而以智慧來化解利潤追求的盲點，由內到外，改變對企業領導與管理方式，並在經營管理與行銷的社會關係中，實踐「心靈環保 CSR」，以達成經濟富足、生活安樂的永續共榮。

換言之，企業經理人從「心」出發，看清自身經濟活動與群體福禍的相倚性，以「心靈環保」為企業經營的核心價值，以此創造企業的商譽與產品形象的社會價值，並藉由行銷推廣心靈環保的企業社會責任目標，達成企業、社會和自然環境的共利共榮，這也是本文探討「心靈環保」用於企業經濟活動的初衷。

（一）以「心靈環保」為核心精神之企業社會責任

心靈環保的企業社會責任精神，需有觀念做指引，其核心觀念是「三種世間」及「依正不二」的道理。了解這些觀念，有助於建構整體性的世間觀，故以較寬廣的視野與視角高度來看世間問題，找出有效的解決之道。本小節在聖嚴法師「心靈環保」的基礎上，介紹「心靈環保 CSR」的觀念基礎，介紹因果因緣觀的企業社會責任，繼而說明佛法對福禍可持續性的說明，接著介紹以「心靈環保」為基礎的覺察與覺照的經濟生活。

1. 因緣因果觀的企業社會責任

「心靈環保」的企業社會責任，建立在對佛法思想的理解之上。佛法對世間一切現象，以「因、緣、果」來做說明，也就是「因果法」與「因緣法」。因果法說明世間現象現起的時間關係，因緣法則說明現象出現的空間關係。

從因果法則來說，在無盡時間的連續中，「過去因」引生「現在果」，而「現在果」又成為引生「未來果」的「現在因」。「三世因果」說明無盡時間的延續中，現象變化的因果連鎖關係；在因果的關係中，果報法則是：善因招感福樂的果報，惡因則招感惱苦的果報。罪福果報因果昭然，因此想得福樂，應行善積善因，如果恣意放縱身心為惡行，終不免遭受苦果之報應。

果報的成就，除了業因之力外，尚須空間關係的外「緣」助成，故《雜阿含經》中說：「有因有緣集世間，有因有緣世間集。」❻就世間現象的成就來說，當事者的努力固然重要，若無外緣助成，仍無法成就事業。因此，廠商想賺錢其自身固然需要努力，若無外在社會經濟環境的助成，

---

❻ 見《雜阿含經》第 2 卷，《大正藏》第 2 冊。（CBETA, T2, No. 99）

也無法實現其獲利的夢想。因緣是同性相吸，善因與善緣相應，惡因則招感惡緣。因此廠商發自內心關懷社會，將獲利適度地回饋所有利害關係人，此舉看似利人損己，但其實是利己；因為自身現在善舉的因，將招感善緣，未來因緣具足也將得到善果。培福、造福而不貪享福，才是有福；水漲船高，才能駛順風船。

世間的企業社會責任，強調廠商的道德責任。以佛法為基礎的企業社會責任，也談道德，因為佛法的善不離世間善。「心靈環保 CSR」認為商業經營者，世間的法律與道德固然應該遵守，然而心內的貪欲煩惱更應該消除，如此才能維持內外的平安幸福。

在「知因果、明因緣」的觀念上，知道果報是「自作自受」，而從內心發起行善的動機與道德心，不再僅是為了獲利而不計後果；從明瞭因緣關係中，知道企業、社會與自然環境是相倚相成，是一體的，明白貪圖眼前利益而破壞社經環境和自然環境，是殺雞取卵，損人不利自己的行為。因此，「知因果、明因緣」之後，廠商自然願意發自內心積極承擔企業社會責任，因為這是自利利人之舉，而不再被動遵守外在法律與道德規範而從事 CSR。此一觀念與態度的轉變，是以佛法為基礎的「心靈環保 CSR」與世間一般 CSR 精神內涵的不同，也是佛法可以彌補世間法、改善世間之處。

2. 從惑業苦談「永續發展」

世間強調企業社會責任，通常將之與「永續發展」連結，鼓勵廠商從事 CSR 來達成永續發展的目標。「永續發展」是從英文「sustainable development」翻譯而來，聯合國對此一概念的定義是：「在提昇和創造當代福祉的同時，不能損及後代的福祉。」❼但中文「永續」一詞帶有「永遠持續」的意象，因此「永續發展」更確切的翻譯應該是「可持續性發展」。然而，不管是「永續發展」或「可持續性發展」，許多學科領域已對此提出諸多構想，佛法對此一當代人類社會的議題，又將如何切入而做貢獻？此外，從佛法的因緣法觀點來說，一切現象均是「緣起」，故說「緣起性空」。世人聽到佛法談「空」，便不免懷疑佛法中有何永續發展或可持續性發展的討論空間，又如何以佛法來談永續發展？

從人的生存經驗來看，人生在世，莫不追求欲望的滿足，以及生活富足幸福。若從人的理性經驗來看，大多數的人可以接受世間沒有「永恆不變」的事物，但人的情感或感性，卻總希望世間的快樂幸福可以永遠保有。由於幸福難以永遠維持，因而彌足珍貴，故以「追求幸福」為個人或群體的努力目標，通常可以得到共鳴。因此，「永續發展」目標也成為人類社會許多類似的努力目標之一。

世人對於滿足生活欲樂的物質或名利，莫不希望永恆保有；有欲望，便有追求造作，而有得失；有得失必生苦惱，苦惱現前便無快樂幸福可言。因此，強調「幸福永續」而不知如何減少苦惱，便無法享有幸福。

---

❼ "Sustainable development has been defined as development that meets the needs of the present without compromising the ability of future generations to meet their own needs." 見聯合國 "What is Sustainable Development." 網址：https://www.un.org/sustainabledevelopment/development-agenda/。

若能了解世間苦樂的真相，以及苦樂相續的原因，對於人類追求幸福與永續發展目標的實現，當有助益，而這也是佛法可以對永續發展貢獻之處。佛法雖談緣起性空，但說因果關係不空，這也是佛法可以提供世人積極向善的基礎觀念。因為「緣起性空」，所以得失去來莫執著；因為「因果不空」，所以斷惡修善當努力。

佛法說「緣起性空」，並不否定世間一切現象，而說一切苦樂現象，是「因果有、自性空」。造惡因不可能得到福樂果報，因此因果的法則應該要肯定；然而不管經濟富足或世間名位的福樂，都是因緣和合的結果。因緣和合的現象，不論是福樂或罪苦，其本體均是「性空」，亦即無實體可得。緣起現象的遷流變化中，前後變異、前滅後生，看似有一主宰的主體，但均是因緣和合而現起，並無主宰的我、也無永恆不變之物；緣起的現象是不一不異、非常非斷的。因此，緣起性空的真義是「因空現有，因有顯空，空有不二」。佛說緣起性空並不否定世間現象，而是在觀念上破除世間有情自我中心的愛見執著，幫助眾生斷除自我中心貪愛執著所產生的苦惱。

世間現象的現起，離不開前因後果的時間關係，以及相倚相成、互為助緣的空間關係。過去造業為因，隨緣現起當下的苦樂報相。苦樂報相雖隨緣生，然而緣起現象中的「善因得善果、惡因得惡果」的果報法則是不容忽視的。人在善惡果報現前時，通常對福樂生貪、對罪苦生瞋，而對不苦不樂境則渾然不覺而助長愚癡。不論是貪、瞋、癡哪一種心念現起，都是在生命的果報現象中造新煩惱。

人心隨因緣幻化的境界起伏而飄動，隨業受報的當下，心隨境界相應的欲望牽引而續造新業，其業力又招感未來的果報。因此，《成唯識論》卷第八說：「生死相續由惑業苦。發業潤生煩惱名惑，能感後有諸業名業，業所引生眾苦名苦。惑業苦種皆名習氣。」[8]所謂習氣是人的自我中心執著所表現出來的習慣性偏好、習慣性看法、習慣性行為，也就是無明業力。人由於自我中心的愛見執著，受無明習氣的牽引而受無盡的生死苦惱。

從因果關係來看，起惑造業是因，受報感苦是果；但世人不知因果、不明因緣，因此在受苦當下執著我與非我為實有，受習氣驅使，而又起惑、造業，再遭受下一輪的煩惱苦果。圖六說明人心缺乏智慧，受無明習氣驅使而在惑業苦的因果關係中無盡輪轉的關係。惑業苦的無盡連鎖，也是佛法對世間「苦惱持續性」的說明。若能轉念，心不再對境生貪、瞋、癡，持續斷惡修善，解離苦惱的束縛，遠離惑業苦的枷鎖。日日心離煩惱，則幸福增上。對於苦樂相續的因果關係說明，也是佛法對當代「可持續性發展」的幸福理念可以貢獻之處。

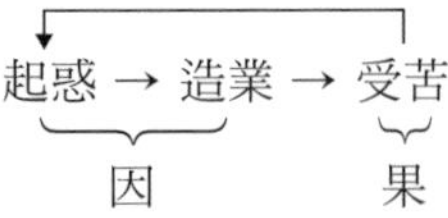

圖六：惑業苦的無盡因果連鎖

---

[8] 見《成唯識論》第 8 卷，《大正藏》第 31 冊。（CBETA, T31, No. 1585）

提倡可持續性發展的目的，在追求現在世代與未來世代幸福的相續，而非僅是眼前欲望的滿足。幸福是心離苦惱的狀態，心若能離開自我中心的束縛，便得平安幸福。因此，受苦報的當下，若生出正見，知因果明因緣，心離貪、瞋、癡，身、口不造惡業，不僅當下苦惱可以減輕，而且也因為現在不造惡業，增長未來招感福報的善因。若繼而在未來福報現起的當下，繼續生出正見正行，增長善因的力量，對境不起惑、造惡，則未來的福報便可持續增長。然而要斷惡修善，在生活中須培養「覺」的習慣，這將在下一小節中介紹。

此一斷惑、修善的努力，也是善福可持續性的保證；「知因果、明因緣」而努力斷惡修善，也說明了幸福「可持續性發展」的可實踐性。因此，從佛法在世間實踐的角度來看，「可持續性發展」不僅是理想而已，也是人類社會可以共同努力實踐的目標。

3.「心靈環保」的經濟生活：覺察與覺醒

聖嚴法師「心靈環保」與「建設人間淨土」的理念，是將佛法契合當代世間需求而提出，而幸福的「可持續性發展」或「不可持續性發展」，關鍵就在於人心的一念之間，在於「覺」與「不覺」而已。若從佛教經濟學與廠商企業責任來看經濟發展的可持續性，重點在於世人能否過覺醒的經濟生活，不再受自我中心物欲追求束縛而自苦害他，轉而能在經濟生活中自利利他。

以「心靈環保」的觀念過經濟生活，最重要的是「覺察」與「覺醒」。「覺察」的第一個層次，在於觀察人與人，人與環境的關係，進而了知正報的個體（我）與依報的環境（社會環境、自然環境）是一體的。每個人的行為不僅影響自己的生活，也影響到他人與環境，而環境的變化又反饋影響到包括「我」在內的每一個相關人等。

因此，從覺察中開始省思，自私自利或許可以讓自己得到短暫欲望的滿足，但為了自己利益而交相侵奪的結果，絕對無法讓幸福感持續；自利而且利人的行為，不僅讓自己平安幸福，也讓他人平安幸福。能如此良性交互影響，在知福、惜福、培福、種福中，才能讓社會整體的幸福持續。

在察知較為粗重的世間現象及人與外在環境的相互影響關係之後，「覺察」的第二個層次，則是回到自己的身心，來觀察自己的身心與環境對應時，如何起生起欲望，且在欲望一念生起後，它又如何驅使身心去追求欲望的滿足，以及追求的過程中，「我」的煩惱如何生起。

在此一覺察觀照的練習中，覺知幸福或不幸福，都與「我」的欲望和行為有關。因此，自作自受的「我」，要對自己的生命境遇負責，而「我」也要為社會與環境的狀況盡心，因為「利人便是利己」，只有環境改善，自己的幸福才可持續。能做如此認知，便是「覺醒」。

想要幸福，也不是覺察、覺醒便足夠，需要不斷回到生活中來深化覺察與覺醒的心力，並修正過去錯誤的生命態度與生活習慣，學著在生活中培養增福增慧的觀念與態度，開始過覺醒的生活，以此保障可持續性的幸福。

換言之，在覺察、覺醒之後，練習以「心靈環保」為核心，練習身心對境無煩惱汙染，並以「心五四」為實踐的綱要來過「覺」的生活：在生活中提起「四安」來安身立命；面對欲望的誘惑，以「四要」來疏通內心對欲望的貪執；面對生活中福報的圓缺，以「四福」提醒自己，少欲知足，便已有福，知福、惜福，並為眾生造福，才是真享福；面對生命中的一切人，以「四感」做為改善人際關係的錦囊，化逆緣成助緣；面對生命的逆境，以「四它」做為處理的方針，則一切境界都是成長自他的好境界。

以「心五四」為綱要的「心靈環保」，是保障自他幸福的心法。以此心法為基礎，落實儉樸生活的「生活環保」、增進社會和諧的「禮儀環保」，以及保護自然環境和所有生物的「自然環保」。「四種環保」的實踐綱領是「心五四」與「心六倫」，也是聖嚴法師對解決世間問題的看法，這些看法是整體性、普遍性的，不僅有心法，也有實踐的綱要，可以彌補世間追求永續發展論述的不足。

（二）覺醒廠商和消費者的良性循環

「生死相續由惑業苦」[9]，惑是貪、瞋、無明，人因為對境貪愛而起惑，又因貪愛而追求造業。在欲望驅使下，不辨事理，雖求快樂卻不知正途，因此，行為的結果便感生一切苦惱。「生死相續由惑業苦」這句話，也說明了當前人類社會一切問題的根源，在於人的貪欲，要解決人類社會的問題，根本上必須轉貪欲為正願，願每個人都能獲得生活之所需，也願大家在經濟活動中，都能夠互利，福祉增加，成就

---

[9] 見註[6]。

「共好」的經濟體。

自由經濟體系下，市場提供了無盡的欲望滿足的機會，但也提供了許多欲望的誘惑。市場決定了一個人的生活物資有無可能獲得，也決定無盡的物質欲望能否滿足，以及財富累積的欲望能否實現。就總體經濟而言，市場的成長代表國民所得的提高，但平均所得提高並非每人生活福祉的改善，貧窮與分配不均永遠是社會動盪和對立的來源，更何況盲目追求經濟成長所帶來的環境破壞，對人民福祉更是一大傷害。

因此，市場可以扮演飢餓苦難救贖的物資來源，也可以是財富追逐的殺戮戰場，差別在於參與市場者的心態。改善市場經濟的缺失，需要所有市場的參與者，過覺醒的經濟生活：知道放縱欲望的結果是害人害己，也傷害人類賴以生存的自然生態，而自願性的選擇節制貪欲，增進自他福祉；在了知人與人、人與環境的共倚共存、共利共生關係中，自發性地承擔經濟活動的社會責任，以增進自己和相關人等的福祉。

市場經濟活動中有供給與需求兩方，生產者或企業扮演的是供給者的角色，而社會上每個人均是消費者或需求者。供需兩方的互動，決定了市場經濟活動的面貌與結果。「覺醒的生產者」和「覺醒的消費者」在市場經濟行為中的互動，扮演改善人類經濟社會問題的關鍵功能。

近年來 CSR 在企業營運中的重要性與日俱增，而企業採取 CSR 的動機與消費者行為有密切相關。CSR 愈受社會重視，表示消費者對企業的道德營運敏感度增加，因此每個消費者均可以透過消費行為來影響企業營運，進而促使企業的營運方針往消費者所希望的方向調整。因此，本文所稱「覺醒的消費者」，是指覺知自己的消費行為不僅影響自己的物質生活，個人日常經濟生活決策也帶來社會面的影響，因此願意承擔個人的社會責任（Personal Social Responsibility, PSR）。在此覺知與承擔下，願意成為遵守法律的社會公民，在經濟生活的態度上，以「心靈環保」的「心五四」做為綱要，少欲知足，儉樸為樂，布施分享，為自他培福。在消費行為上，意識到自己行為對社會與環境的影響，因而節制貪欲，只取日用所足，不購買過度包裝的產品或對生態環境產生不利影響的商品，透過消費行為的改變，減輕個人經濟活動對環境的傷害。個人心靈環保、消費生活與可持續性等議題，重點在於生活型態（lifestyle）的改變，對此議題將於日後另為文探討，本文僅討論廠商的「心靈環保」行為。

供給面的廠商行為，亦須靠廠商的覺醒改變，以減輕其行為對社會環境的不利衝擊。企業應體認其利潤追求目標的達成，不僅須在社會的框架下實現，而且其生產與銷售行為也影響社會。因此，企業行為對社會的衝擊，最後將反饋回到企業本身，也將影響企業的營運。企業在認知其獲利、存續與社會和自然環境息息相關之後，願意自發地履行企業的社會責任，成就與一切利害關係人「共好」的經營模式，便是「覺醒的廠商」，也是「心靈環保 CSR」的生產者。

廠商「心靈環保 CSR」的踐履，應從企業經理人或領導人認知的改變與經營策略的改變開始，由此層層向外推動。

由於經理人的覺醒，將理念與行動推及所有利害相關人（圖七），而實現利益共享、永續共生的實現。

企業經理人以「心靈環保」的理念，做為企業經營之核心價值，先將「四種環保」的理念，從自身的體驗與應用開始，在企業內部利害關係人間推動，包括對員工、股東或業主等做分享。其策略是先尋求企業體內的共識，而後將此價值理念，推廣到外部利害關係人中，包括消費者、協力廠商，再推廣至其產品的供應鏈及產品銷售網路，並向外推廣到社會大眾。心靈環保 CSR 的推動，是在生產及銷售行為中，關心所有利害關係人的福祉，當然也包括對自然環境的關心，而且藉由供銷網路關係，不僅創造經濟價值的分享，也孕育了「心靈環保」的精神價值，提醒一切利害關係人對人類幸福及自然永續的關心。如此由內往外，層層普及實踐

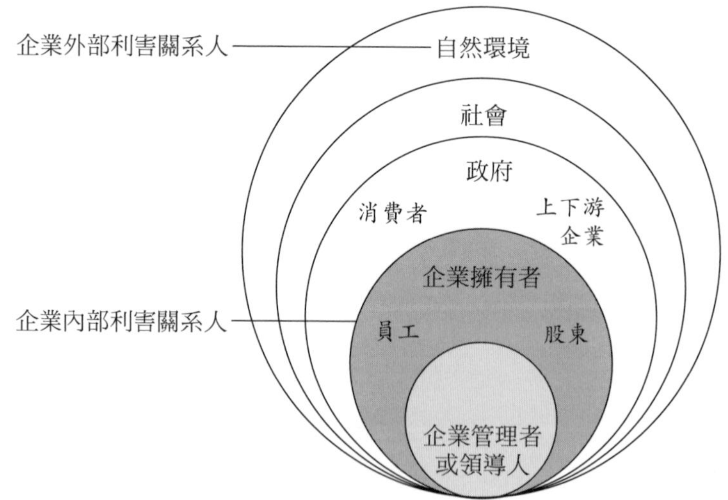

圖七：心靈環保企業社會責任之推廣

企業與社會共同價值的創造與分享。

在圖七中，自然環境雖然排在「心靈環保 CSR」的最外圈，但這並不表示自然環境不重要，它與其他利害關係對象都是息息相關、同等重要的，而且從廠商生產活動到銷售及產品的壽命循環中，對自然環境的關心都在每一環節顯現。正報與依報是一體的，人與人、人與環境是休戚與共的，損人而利己是不可行的，只有在利己的過程中也能利人，才有幸福可言。當前人類社會的問題因人而起，因此解決人類社會的問題也要回到人的觀念與行為的改變。本圖所說明的是以企業經理人的覺醒開始，以人為核心之心靈環保 CSR 推動順序，由內而外，層層推動，而自然環境本來就在「心靈環保 CSR」的思想中，並非對自然環境的關懷順序可留到最後推動。

企業界依「心靈環保 CSR」建立品牌形象，可以吸引消費者，而達成企業成長、環境共好的目標。此一共好目標的達成，是經由企業與消費者間的良性循環而成就。圖八說明承擔心靈環保企業社會責任的廠商與消費者間的良性循環，以及對產業發展的影響。

承擔社會責任的廠商與消費者間的良性循環，其發軔可能來自需求面的消費者態度改變而開始（圖八，①），也可能是從企業的供給面行為的改變而來（圖八，②）。從需求面來看，因為消費者重視廠商對 CSR 的態度，所以偏好 CSR 相關產品的消費，以消費需求的力量，迫使廠商改變其承擔 CSR 的態度，因而努力實踐 CSR；若從供給面來看，起因是企業追求市場的開拓、追求成長與永續經營，故努力

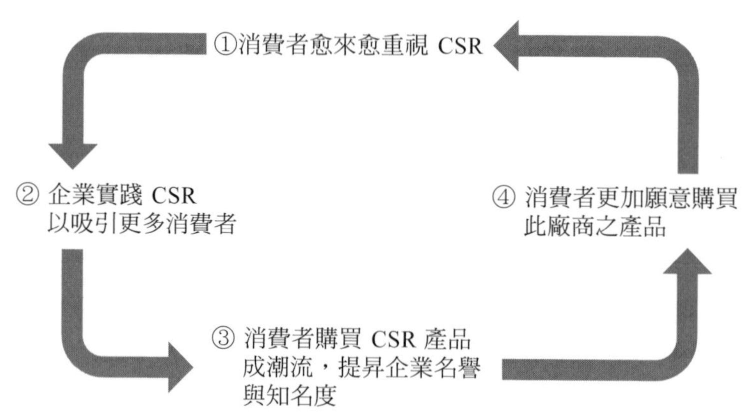

圖八：承擔社會責任的廠商與消費者間的良性循環

實踐 CSR 以吸引更多消費者對其產品的青睞。不論對 CSR 重視的起始是從供給面或需求面發動，均可造成消費者購買 CSR 產品的潮流，而產生提昇承擔 CSR 的企業聲譽及產品知名度的效果（圖八，③），繼而消費者更樂於購買此廠商之產品（圖八，④），進一步形成消費者愈來愈重視 CSR 廠商與產品的社會印象（圖八，①），誘使或鼓勵廠商持續進行 CSR 之實踐。此一良性循環，有助於廠商提昇收益、消費者達到消費滿足，而且廠商經營的利害關係人集體利益提昇，並可減少過去盲目追求經濟成長所產生的社會與環境問題。

（三）以「心靈環保」為價值之企業社會責任落實

然而，企業如何在承擔社會責任的背景下將其運營的可持續性概念化？企業的 CSR 計畫是否反映了企業領導階層與社區共同創造價值觀的信念，或者僅是為了遵守監管單位的要求而實施這些舉措？企業如何執行和確保企業可持續發展之倡議，並為社會帶來可持續和正向發展的結果？由於「心靈環保」的理念係以人的幸福提昇為著眼，而落實到當前的經濟與社會生活中的幸福經營，因此前述問題，均可透過實施「心靈環保」的企業社會責任而得到解答。

傳統討論企業社會責任之論述，在提及 CSR 的執行時，均認為企業應與社會創造共同價值，但所謂共同價值為何物，並無具體之論述，一般均認為是商品附加價值；在討論企業應否從事 CSR 行為時，多以「道德」（ethics）做為要求企業承擔 CSR 的基礎，卻甚少從人性角度出發、從「心」說明企業的 CSR 承擔，既能利己、也能利人，在自他兩利的環境下讓企業可持續性經營實現，讓企業經營者樂於自發性地承擔 CSR。「心靈環保 CSR」不以道德的訴求做為要求廠商承擔 CSR 的理由，而從人性、人心，以及人在世間生活的平安幸福角度，談廠商經濟行為中承擔 CSR 的自利利他性，以及「心靈環保 CSR」與「建設人間淨土」的關係。

平安幸福，是人類的共同理想與生活價值，而佛法出現在世間的目的，在於幫助一切有情從苦惱中解脫。「心靈環保」以「心五四」為出發點，先從個人生活的平安，推展到人我及人在環境中的平安，進而營造一切人與自然環境的和諧平安。「心靈環保」的實踐，可以實現並保障普世的「平安幸福」價值。因此，以「心靈環保」為理念的企業社會責任，可以創造企業與社會的共同價值，亦即經濟富足和平安幸福的理想，其結果不僅社會經濟可以永續發展，企業也可以達成永續經營，而為企業、社會與自然環境創造三贏的局面。圖九說明以「心靈環保」為價值之企業社會責任落實策略，而「心靈環保 CSR」的實踐，可以達成廠商經營的可持續性，也可達成自然環境、經濟發展與社會變遷的可持續性實現，亦即「建設人間淨土」理想的實現。

茲就圖九之意義，略做解說。在企業管理的論述中，CSR 通常與可持續性（sustainability）相提並論，一如聯合國強調，CSR 的可持續性是建立在經濟發展、社會進步和環境平衡等三大支柱上。因此，企業經理人在勾勒企業可持續性經營的策略目標時，不應以獲利的可持續性為唯一目標，

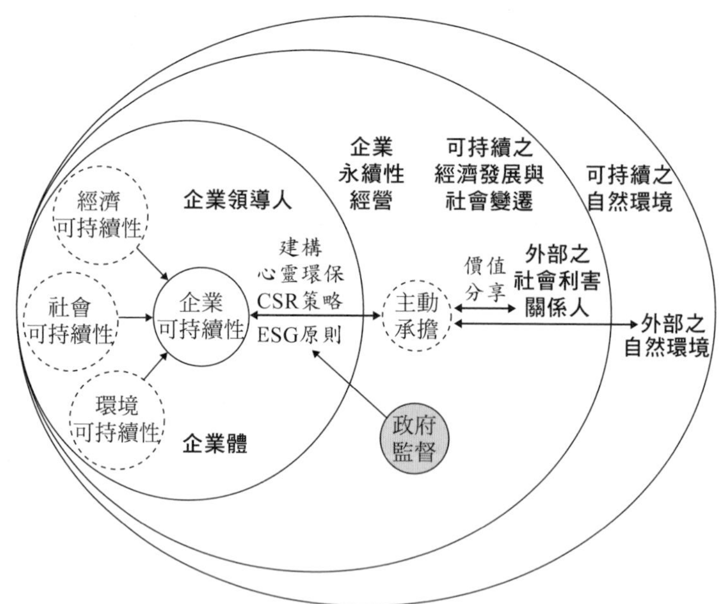

圖九：以「心靈環保」為價值之企業社會責任落實

而以「心靈環保」為理念核心，在企業經營與經濟社會發展相倚相生的認知上，建構企業和所有利害關係人的一體性利益思考：以企業和環境的共利共榮做為經營的通盤考量，謀求企業與所有利害關係人福祉的提昇，而不再局限於股東的最大利益或企業獲利最大化的追求。

此一心靈環保 CSR 策略，結合經濟、社會和環境等三大支柱的可持續性，並通盤思考所有利害關係人的利益。因此，企業經理人首先在企業體內部的員工和股東間，建立「心靈環保」與「你我共好」的企業核心價值，再以 ESG（Environment, Society, Corporate Government, ESG）的經營三原則（詳後說明），追求一個平衡商業利益與社會、環境關懷的經營策略，積極主動對企業外部的利害關係人承擔 CSR 責任，獲取外部之社會利害關係人共鳴，達成永續經營理想的實現。

ESG 原則強調企業經營不應純以財務表現或獲利能力為評估經營績效的準則，而應考量環境、社會和公司治理（ESG）三原則，將相關因素納入投資決策或企業經營之考量中。所謂環境原則（Environment, E）指企業營運過程中對環境的關懷，主張企業的經營應考慮生物多樣性、環境汙染防治與控制，能源使用效率與管理、廢棄物管理、氣候風險評估等；社會原則（Society, S）則是對社會及文化的關懷，其內涵包括關心勞工的工作條件、工作安全、產品責任、社區健康與安全、文化遺產之保存，以及受產業影響之利害關係人等；而公司治理原則（Corporate Governance, G）則指公司治理應有透明度與公開度，其治理績效的衡量，包括董事會素質與成效、風險管理、商業道德、供應鏈管理等議題。就企業經營者而言，ESG 的施行可以提昇公司經營的穩定度和聲譽，而對企業的投資者而言，重視 ESG 概念之企業通常擁有較透明財務報表，以及相對穩定和低風險之營運，成為理想的投資對象。

企業藉由市場經濟活動，做為理念分享與經濟利益共享的管道，不僅在市場活動中創造經濟價值，也分享並喚醒社會利害關係人追求平安幸福的精神價值。此種價值的創造與分享，係以「心靈環保」為基礎，從公司經理人的覺醒，進而達到內外利害關係人一致的共同意識與價值觀建立。因此，藉由市場的制度以及人與人的互動，在經濟活動中不僅傳遞、分享生活所需的物資，同時也在市場經濟活動中，表現對一切生命的尊重與感恩，在經濟活動中實現人品提昇，而在經濟互動關係中實踐「心六倫」。過去市場經濟活動中的競爭、傾軋，因「心靈環保 CSR」的推動而轉化為「共榮共享」的相互關心與扶持，並將傳統經濟學的「自利心」，轉為「利人便是利己」的「自他兩利」心態，如此一來，不僅實現了「經濟共好」，也減少了生活中的苦惱，而逐漸實現「人間淨土」的理想。

企業以此「心靈環保 CSR」策略做為營運藍圖，從企業內部往外推展，動態執行此一策略，隨著經濟發展、社會變遷，以及環境保護意識等客觀環境因素的改變，接收外部利害相關人對企業營運方式的回饋，修訂永續經營方針及實踐「心靈環保 CSR」的方法。總結來說，企業的心靈環保 CSR 策略，連結 ESG 三原則，與利害關係人分享價值、創造價值，而達成可持續性的自然環境、可持續性的經濟發展與社會變遷。企業在大環境的可持續性下經營，也可達成其可持續性發展目標。

至於政府在這個以「心靈環保 CSR」為價值的經濟社會中，應扮演何種角色？政府的角色是監督與督促；政府一方面監督企業，避免其為了獲利而危害相關利害關係人的利益，另方面則藉由政策的制訂，帶動企業落實公司治理及承擔 CSR，提昇整體之永續發展。政府的職能，除了一般的國防、外交、教育與社會秩序的維持外，其在經濟活動中應扮演引導企業經理人與相關利害關係人的良性發展與互動，營造一個健全的永續發展生態體系。

（四）自利利他的生產者經濟學：CSR廠商能否獲利？

美國經濟學者，也是一九七六年取得諾貝爾經濟學獎得主，Milton Friedman（1962, 1970）認為公司專業經理人是公司股東或公司所有者的代理人，因此專業經理人從事 CSR 的花費，將減損股東的利潤，故 CSR 等同於花費他人的金錢，其結果可能帶來股東報酬減少、消費者的價格上升，或是降低某些員工的薪資。Friedman 認為專業經理人的責任就是維持高獲利，企業不應該從事 CSR 的活動。經濟學家對 CSR 的看法是如此，管理學者長期以來對於企業社會責任與獲利能力之間是否存在相關性，一直存在意見的分歧，其分歧背後的根本原因之一，是衡量 CSR 的複雜性。有學者以廠商的經濟加值（Economic Value-Added, EVA）做為利潤的指標，實證分析 CSR 和獲利能力之間的相關性，認為兩者間有弱的正相關性，但也有學者的研究顯示 CSR 與獲利能力之間有顯著的正相關關係（見 Hategan et al., 2018）。

企業承擔 CSR 的活動，超越了做為社會公民所應遵守的法律規範或道德約束的範圍，而從事促進社會公益的活動。從本質上來說，這些公益活動將他人的利益置於公司的獲利目標之上，或許有害股東利益，然而許多企業透過這些公益活動，達成改善企業公共關係及企業形象的目的，因而能夠提昇企業的長期獲利。Orlitzky et al.（2003）的研究也發現 CSR 與企業獲利能力間有正向的關聯。

企業從事 CSR 活動不僅改善公共關係、增進商譽，CSR 活動對消費者如何評估企業產品的價值也變成極為重要的角色；從事 CSR 活動的公司產品比不從事 CSR 活動的公司產品更能獲得消費者的正向評價。此外，企業的 CSR 活動不僅提高了企業的商譽和品牌形象，也有助於降低消費者對產品價格的敏感性，並提高消費者對品牌忠誠度，這些效益均有助於提昇長期的獲利能力（Chernev & Blair, 2015; Oeyono et al., 2011）。至於 CSR 有助於降低消費者價格敏感度的原因，在於消費者認同企業承擔 CSR 的行為，認為 CSR 廠商產品售價較高，是因價格中已含企業從事 CSR 活動的額外成本，因而願意為 CSR 產品支付高價（Habel et al., 2016）。

隨著 CSR 逐漸被重視，愈來愈多的研究顯示，將 CSR 整合於日常營運目標中的企業，通常可以獲得較好的財務回報，因為 CSR 可以為企業帶來形象的改善、銷售量增加和價格提高的效果，並可以減少員工的流失。因此，本文試圖從經濟學的分析角度，探討 CSR 對企業利潤的影響，為「心靈環保 CSR」的廠商，提供經濟理論的論述與理性討論，做為參考。

在以下的分析討論中，考慮兩類廠商：面對自由競爭市場與不完全競爭市場的廠商。第一類為自由競爭市場中的廠商，這些廠商對市場價格的制定，完全沒有影響力，是價格的接受者（price taker）；它們僅能依據市場中全體廠商的供給與消費者需求所決定的均衡價格，做為其產品的銷售價格。第二類廠商則為不完全競爭市場的廠商，此廠商在市場中具有決定產品價格的能力，因此可以藉由調整價格來改變銷售量，而獲取其最大化的利益。

1. 完全競爭市場短期間 CSR 廠商的利潤分析

假設在完全競爭市場中，有 A、B 兩廠商。由於是完全競爭市場，因此兩個廠商用同樣的技術與資本，生產同質的商品。在未有任何人承擔 CSR 之情況下，兩廠商的成本結構相同，其成本線都如廠商 B 一般（圖十，B）。在完全競爭市場中，只要有利潤可圖，便會吸引新的生產者投入生產，因此長期間每位生產者僅能獲得正常利潤（P ＝ ATC），無超額利潤可得，但在短期間，完全競爭市場的廠商仍有可能享受超額利潤。假設此時市場的均衡價格水準為 P，由於市場價格在平均總成本（ATC）的最低點之上，因此兩個廠商均可賺取利潤。

現在 A 廠商決定投入 CSR 的活動，導致其成本增加，成本結構也發生改變，新的成本結構如圖十中 A 圖所示。短期間來說，如果市場的均衡價格仍然維持在 P 的位置，由於 P 剛好等於其平均總成本（ATC）的最低點，因此儘管在此

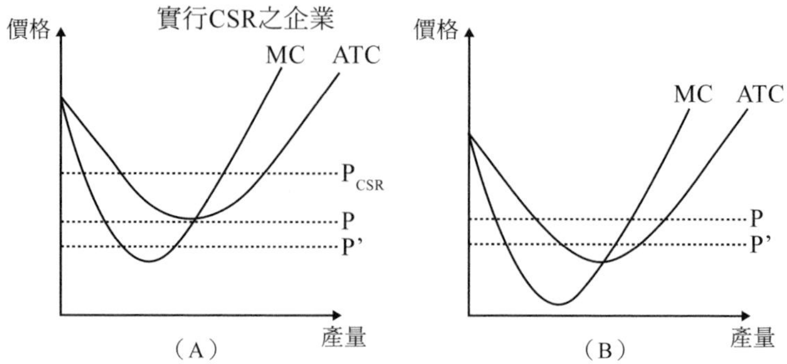

圖十：完全競爭市場廠商實施 CSR 與未實施 CSR 的損益分析

價格下未實施 CSR 的廠商仍享受到利潤，但此一 CSR 廠商每一單位產品的售價，僅能回收總平均成本，達到損益兩平的狀況。由於實施 CSR，此廠商的短期間損益，從原先享受利潤的情況變成毫無利潤可言。

倘若現在市場的價格下降到 P'，對於追求利潤最大化而不願意投入 CSR 活動的廠商來說，因為價格（P'）仍高於其平均總成本的最低點，仍然享有利潤（圖十，B）。在價格降到 P' 之後，投入 CSR 的廠商因為成本結構較高，因此在短期間由損益兩平變成遭受損失。

然而，投入 CSR 廠商如果因為社會責任的形象良好，其產品獲得消費大眾的信任，就能夠享受企業形象所衍生的產品區別效果，故能以其產品的差異性，吸引偏好 CSR 的消費者。關心廠商 CSR 的消費者，願意以較高的價格來購買具有環境友善意識或關懷社會形象的 CSR 產品（如 Habel et al., 2016 所述）；例如，目前國內某些標榜「有機蔬菜」或「生態友善耕作」的農產品，同樣是小白菜，消費者願以較高的價格來購買。因此，該 CSR 廠商得以其投入社會責任的形象，獲得消費者信賴，儘管同類的商品價格仍然維持在 P，但這類廠商的產品以其產品的差異性，產品售價可以提高到 PCSR。此時，CSR 企業經營岌岌可危的現象獲得改善，而出現利潤。因此，投入企業社會責任的廠商，只要能夠建立良好的企業形象或商譽，獲得消費者信任，短期間也能夠維持企業的可持續性經營。

2. 不完全競爭市場 CSR 廠商的損益分析

不完全競爭市場的廠商，具有決定產品價格的能力，可以藉由產品差別取價的方式，藉由降低價格來增加產品的銷售。因此，其產品的邊際收益線（MB），即為其所面對的需求線（圖十一 DD 線所示）。

假設此不完全競爭市場廠商的生產有外部不經濟的現象，亦即其生產伴隨空氣汙染、水汙染或環境破壞等情況，而且此廠商不將這些外部成本納入其生產成本之中。因此，廠商決策增產時所考慮的成本變化，僅有內部的邊際生產成

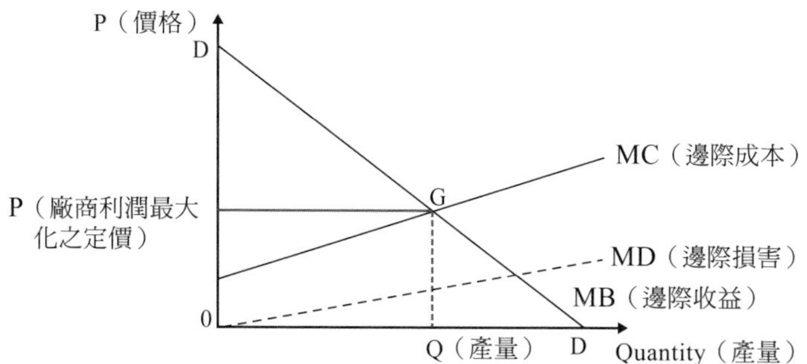

圖十一：不完全競爭市場廠商不考慮外部社會成本之差別取價與產量

本，而未將外部損害（Marginal Damage, MD）納入其成本思考。此時，廠商每新增一單位產品的生產，只要其售價能回收因增產的邊際成本（Marginal Cost, MC），即願提供產品銷售。因此，廠商的邊際成本線（MC），即為其產品的供給線（圖十一）。

3. 廠商追求利潤最大化的生產與定價決策

在不考慮外部成本的情況下，廠商利潤最大化的條件，是邊際成本等於邊際收益之時（即 MC ＝ MD），此廠商依此條件而決定其產量與價格。在圖十一中，滿足 MC ＝ MD 的點是 MC 與 MB 兩線相交之點「*g*」，此為廠商利潤最大化的決策點，也是產品的供需均衡點。在供需均衡時，廠商決定其產品的售價為 P，而產量為 Q。

此廠商不論直接的內部生產成本或外部的社會成本，均會隨著產量增加而增加。其生產所帶來的社會邊際損害如圖十二之 MD 線所示。廠商生產每單位產品所帶來的成本

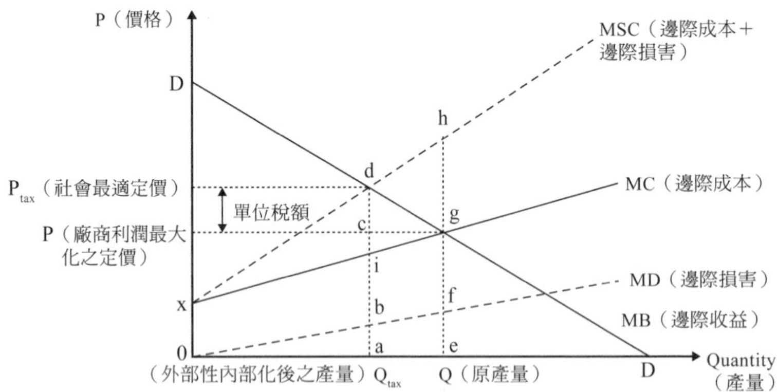

圖十二：政府以課稅手段將廠商生產導致的外部成本內部化

增加，並非其邊際成本（MC）而已，而是內部的邊際成本（MC）加上生產對社會所帶來的邊際損害（MD）。廠商每增加一單位產品的生產，對社會所帶來的成本的增加稱為邊際社會成本（Marginal Social Cost, MSC），而 MSC ＝ MC ＋ MD。如果要反應產品生產的真實成本，此廠商產品的售價應以 MSC 做為定價之基礎，而非 MC。

（1）政府以課稅手段矯正廠商生產的外部性

如果此時政府擬強迫廠商將其產品售價反應真實的生產成本，即 MSC，而以對廠商課稅的手段來達到此一目的。課稅後供需的新均衡點不再是圖十二中之 *g* 點，而是 MB 與 MSC 交點之 *d* 點所示。此時產品售價提高至 P_{tax}，而產量減少至 Q_{tax}。政府對生產活動產生外部經濟效果的廠商課稅，使得產品的售價上升，而消費者能夠消費的數量減少。此一結果對整體的社會福利有無影響？這問題要從課稅對消費者剩餘以及生產者剩餘的改變來分析。

消費者剩餘是每一單位產品消費者願意付而未付出的部分，以圖形表示，是需求線（DD）以下、價格線以上所夾的三角形面積（圖十二中△ *DPg*）。對生產者而言，只要價格高過其生產成本，便願意將產品賣出，因此，每單位產品實際售價高過於其願意提供銷售的價格差距，便是生產者剩餘。因此，生產者剩餘是邊際成本線以上、價格線以下所夾的三角形面積所表示（圖十二△ *Pxg*）。茲對比課稅前後此兩項剩餘的變化，說明政府以課稅為手段，矯正此一追求利潤最大化廠商的生產行為對經濟福祉的影響。

課稅之前，消費者剩餘為△ *DPg* 所示，生產者剩餘為△xPg 所示。政府課稅之後，消費者剩餘減少，變成 DdP_{tax}，而生產者剩餘變成多邊形⊿ $xidP$ 所示，狀似增加，但生產者實際享受到的剩餘僅為多邊形⊿ $xPci$ 的面積，其中長方形▭ $PcdP_{tax}$ 並非廠商的收益，而是為政府代收的稅，是政府的稅收。因此，課稅的結果使消費者剩餘減少，而其所減少一部分（長方形▭ $PcdP_{tax}$ 面積），變成政府的稅收，但消費者剩餘有一部分因課稅、減產而平白無故損失掉了△cdg 的面積；此外，生產者剩餘也因產量減少、銷售減少，因而平白無故消失△cig 的面積。

消費者剩餘與生產者剩餘均因政府對生產者的課稅而有減少，整體社會出現了經濟學所稱的「無謂損失」（deadweight loss），社會無謂損失的數額為△dig 的面積。因此政府對廠商的生產外部性（如空氣汙染或水汙染）課稅，雖可讓產品售價反應其真實的社會成本，並降低生產者產量來減少外部損害，但消費者與生產者剩餘均產生減損的現象。

然而課稅的結果，導致產量下降，因此生產的社會外部損害也告減少，其減少的數額如圖十二中多邊型⊿ $abfe$ 的面積（＝⊿ $cdhg$ 面積）。損害的減少，可以視為社會福祉的增加。如果社會損害減少的利得可以彌補消費者剩餘和生產者剩餘的損失，則社會整體的福利不必然減少。

圖十二的多邊形⊿ $cdhg$ 面積中，包括了消費者剩餘減損的面積（△cdg），因此社會利得扣除對消費者剩餘減損的彌補之後，尚有△dgh 的面積，其面積顯然大於生產者剩餘減少的面積（△cig）。因此，關於政府以課稅方式矯正廠商

生產的外部性現象，會對社會帶來整體福利增加的效果。

（2）廠商主動承擔 **CSR** 的經濟效果

如果這個廠商主動承擔起企業社會責任，將其生產對社會的邊際損害納入成本與定價的考量中，其結果會是如何？圖十三顯示廠商已承擔社會責任，但其 CSR 的努力，仍未在消費者間建立信譽。此時，其產品售價反應真實的社會成本 MSC，亦即每單位產品生產的內部邊際成本與社會的邊際損害成本，則產品售價會由原先的 P 提高至 P_{CSR} 水準，而且產量減少，由 Q 下降到 Q'。由於廠商主動承擔企業社會責任，不以其自身利益最大化做為生產與取價的決策，而以社會最適的角度來決定產量。其承擔社會責任的效果，與課稅一樣，出現價格提高與產量下降的效果（價格 $P_{CSR} = P_{tax}$，產量同為 Q'）。此一結果對社會整體經濟福利的影響，是否與課稅相同？

廠商承擔 CSR 而節制產量，產量減少的結果，社會外

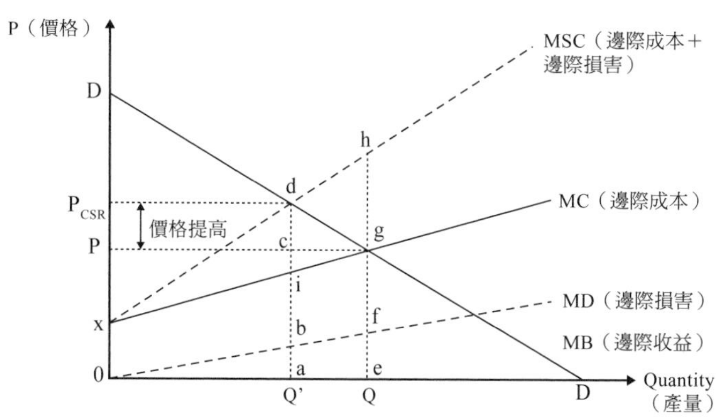

圖十三：廠商採取 CSR 措施，將社會成本內部化，但尚未建立信譽

部損害數量也告減少，其減少的數額為多邊型⊿*abfe* 的面積（＝⊿*cdhg* 面積）。損害的減少，可以視為社會福祉的增加。然而，減產使消費者能夠消費的數量減少，因此消費者剩餘減少了△*cdg* 面積，而減產也使生產者剩餘減損，其減損為面積△*cig*。消費者與生產者的經濟福祉損失，亦即消費者剩餘與生產者剩餘的損失，其加總的損失為圖十三中△*dgi* 的面積。損益兩相比較，結果與政府課稅一樣，廠商主動承擔 CSR 時，其結果為社會整體的福祉增加，總利得（外部損害的減少）大過於社會總剩餘的減損，則此社會的福利仍然會有增加的效果，但有兩項結果與政府課稅的結果仍有差別。

差別之一是減產是由於廠商主動承擔 CSR 的結果，因此生產者剩餘的減損（△*cig*）並非社會的「無謂損失」，而是生產者自行吸收承擔的利潤減損。其次，由於廠商主動承擔 CSR 而帶來產量減少、售價上升的結果，因而導致消費者剩餘減少，其減少的數額如圖十三多邊形⊿$PgdP_{tax}$ 的面積所示（圖中 $P_{CSR}=P_{tax}$）。消費者剩餘減少的一部分（△*cdg* 面積），是因可消費數量減少而減少，且無其他人獲得，因此是「無謂損失」，但其餘的長方形□ $PcdP_{tax}$ 面積，在課稅時是政府的稅收，此時卻變成生產的剩餘。

廠商主動承擔 CSR 責任所帶來減產與價格提高的效果，在市場制度下，出現部分的消費者剩餘轉變成為生產者剩餘的效果。生產者剩餘是廠商利潤的來源，此一轉變對生產者的利潤產生貢獻的效果，然而廠商總利潤的變動，仍須比較產量減少帶來的收益減少（□ *QgcQ'*）和價格提高來的收入增加（□ $PcdP_{tax}$）的淨額而定。

如果這個生產者 CSR 的努力得到消費者的信賴，因為對其產品的滿意度提高，而願意以較高的價格來購買。假設因為生產者的商譽而使其每單位產品的售價可提高 *gh* 的距離（圖十四），則其邊際收益線，亦即需求曲線，出現平行往右往上移動的效果，從 DD 線變成 D_1D_1 線。如果此一需求的變動使得生產者的均衡產量回復到未執行 CSR 前的水準，則對整體經濟的福利影響為何？

此一需求的變動，是因生產者主動執行 CSR，帶來產品評價以及商譽的提高，因此消費者對同樣的數量願以較高的價格購買消費。消費者願意付的價格反映其對產品的滿意度，因此消費者剩餘沒有損失，消費者剩餘從△ DgP 變為△ $D_1hP^*_{CSR}$，其總額並未減損，但生產者剩餘則較為承擔 CSR 時提高了□ $PghP^*_{CSR}$。消費者剩餘減損，但生產者剩餘

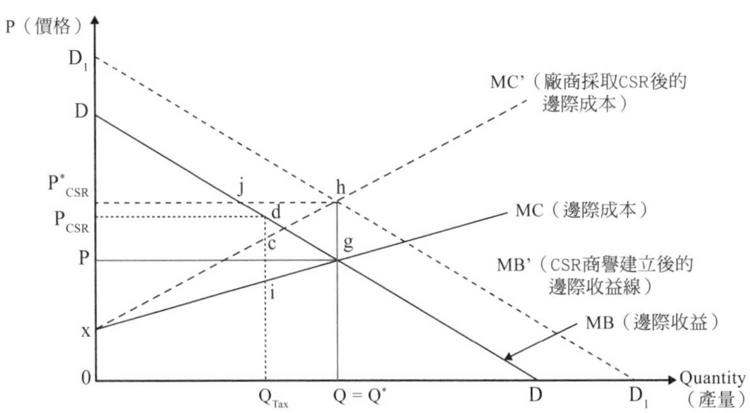

圖十四：廠商採取 CSR 措施，將社會成本內部化，且已建立信譽

增加，社會整體的福祉因消費者對廠商 CSR 的滿意而增加。

因此，廠商主動承擔令消費者滿意的企業社會責任的結果，不僅消費者福利沒有減損，廠商收益也因此而增加，整體社會福祉亦告增加，也無政府以課稅手段來矯正生產外部性的「無謂損失」現象，達成所謂「共好共榮」的效果。

總結來說，生產者主動執行 CSR，並得到消費者信賴，其結果可以提高社會福祉，也可以實現企業可持續性經營的目標，並達成廠商的可持續性經營和經濟社會、自然環境的可持續性發展和諧共存的結果。

（五）「心靈環保CSR廠商」與「一般CSR廠商」的可持續性

在前一小節的利潤分析中，說明生產者主動承擔 CSR，得到消費者認同信賴，企業獲利與社會整體福祉的提昇，既實現企業可持續性經營的目標，也增進社會環境的可持續性。前述利潤分析中，並未特別說明「心靈環保 CSR 廠商」及「一般 CSR 廠商」間的利潤有無差別，有無「心靈環保」的廠商，承擔 CSR 所產生的可持續性結果有無差異等問題，茲就此二問題做進一步分析。

討論前述兩問題前，先就企業社會責任的發展做簡單回顧。企業社會責任觀念的發展，最早是鼓勵企業從事慈善活動（philanthropy），彌補企業為了追求利潤而對社會環境所造成的傷害，這部分的期望著重於道德的訴求。其後 CSR 的理念發展，不強調慈善活動，而主張企業營利的同時，應將營利活動所產生的利害關係人傷害降到最低，亦即從公益慈善或對傷害的彌補轉而做降低傷害的努力；企業應努力減少利己而不利人的事，並在營業過程中將外部的傷害最小化。千禧年以來的 CSR 理念趨勢，已從傷害最小化的經營，轉而重視社會和環境問題的積極解決，並開始重視「策略性 CSR」（strategic CSR）。此一新的 CSR 理念發展，認為廠商提供產品或服務不僅是為了滿足消費者的需求，更應積極從事「策略性 CSR」，在資本的營利過程中，透過業務本身，滿足社會未能滿足的巨大需求。如果能滿足消費者的需求，便能創造獲利的機會，也就能夠擴大經營規模，達成永續發展的目標。

若將企業社會責任與永續發展併同討論，則永續性或可持續性（sustainability）一詞便有兩個面向的意涵：其一為企業經營的可持續性（corporate sustainability），其次為社會與環境的可持續性（social and environmental sustainability）。前者是企業個體面立場的思考，後者則是社會總體面的問題，而企業社會責任則是串起個體面與總體面可持續性的關鍵因素。如何讓企業經營的可持續性在總體面的可持續性中實現，須做策略性的 CSR 規畫。

因此，一般的企業從事 CSR 活動，如果僅是為了滿足社會的期待或法律與道德的制約，其活動通常是隨機的、隨俗的。其結果或可滿足社會的期望，但不必然能兼顧企業與社會環境的可持續性發展。然而「心靈環保 CSR」的實踐，企業經理人對企業與社會的關係有整體性的認知，對於行為的因果有明確的了解，並在覺察覺醒的基礎制訂 CSR 策略，其 CSR 行為對企業與社會環境的可持續性發展效果，應可較缺乏策略、無計畫性的「一般 CSR」廠商為佳，此殆無疑慮。

其次，不僅「心靈環保 CSR」廠商從事策略性 CSR，一般企業也可能從事策略性 CSR，並將 CSR 嵌入到企業所做的一切以及整個價值鏈當中做整體性的規畫。此一策略性 CSR 廠商會選擇與企業組織與核心價值一致的策略，並將主要利害關係人所期望之責任納入整體性的策略中，並在企業經營與 CSR 承擔的過程中追求價值創造與分享。這類策略性 CSR 行為，不僅利潤分享社區，更重要的是在企業從事策略性 CSR 時，社區也獲得企業的知識、人才、技能和其他資源。如此一來，企業內部的營運與外部的期待一致，個體面與總體面的可持續性目標也可望在日常營運中逐步達成。

因此，就前述策略性 CSR 而言，「心靈環保 CSR」與「一般 CSR」均對可持續性目標產生貢獻。然而，「心靈環保 CSR」因為有「心淨國土淨」的精神內涵，其創造分享的價值，不僅是經濟價值，還有「心靈環保」的精神面價值。因此，實施結果不僅可以帶來經濟生活的可持續性，也能夠提昇社會精神面的生活，進一步達到經濟富足、平安幸福的目標。此外，「心靈環保 CSR」廠商在建構其 CSR 策略時，係以經理人的「心靈環保」開始，推及企業內部員工，再往外藉由流通銷售體系，擴及所有利害關係人（本文圖九），此策略之推展過程中精神面的指導綱要，包括人與人、人與社會環境關係的「心五四」、「心六倫」，以及「心靈環保」為核心的四種環保，這些都是一般 CSR 中沒有的，因此實施過程中較「一般 CSR」更能與社會環境產生良性互動，獲得共鳴，因而有更大的機會讓廠商經營的可持續性與社會環境可持續性實現。

企業社會責任是企業對其經營活動所產生的社會影響承擔責任的行為，企業雖被期待從事公益慈善活動，但企業不是慈善機構，而是一個經濟實體，其存在的目的在於提供優質的產品和服務，並同時獲取利潤。因此，從現實面來說，企業所從事的活動應該能為企業帶來經濟利益，否則企業的存續即出現風險。然而，一家企業若想建立商譽，獲得公眾信任，又必須承擔 CSR 活動，而 CSR 活動必然帶來成本增加。一旦企業意識到 CSR 活動降低了利潤，或無法獲得利害關係人的認同時，通常會迴避這些活動，退回到以獲利為目的的工具性目的。然而，「心靈環保 CSR」廠商因為發心自利利他，而且能夠知因果、明因緣，在願心的基礎上有正見、正念，因此遇到 CSR 推動的瓶頸時，較能堅持 CSR 的理想，其調適力可望比一般 CSR 廠商為佳。

最後，廠商願意承擔社會責任的客觀限制，是企業沒有生存危機問題。企業存續經營，須有利潤，而從事 CSR 的廠商，其利潤存在的前提是商譽。如果 CSR 行動所產生的正面形象及商譽被所有利害關係人肯定，則商譽會帶來 CSR 廠商產品與競爭產品間的差別化效果，此一差別化效應，讓消費者願意付較高的價格購買其產品，因此 CSR 廠商方能享受商譽產生的營收利益效果。就此而言，「心靈環保 CSR」廠商以「心靈環保」為核心推動 CSR 活動，其「心靈環保 CSR」可以帶來企業形象獨特化的效果，因而可望對營收利益產生有利的效應。至於「心靈環保 CSR」廠商的利潤是否優於一般 CSR 廠商，則難以定論，因為尚須考慮廠商成本結構、營收績效與管理效率等問題，此一比較是值得未來進一步探究的問題。

五、結語

聯合國之二〇三〇年永續發展目標揭櫫全球邁向永續發展的理想。永續發展雖以人類不同世代經濟生活永續為目標，但其實踐則需少欲知足、利人利己的態度，才能達到經濟發展、社會進步，以及環境承載的可持續平衡的目標。近代談永續發展，著重於矯正從產業革命以來，資本主義市場經濟對人類生活和自然環境的不利影響，而以生產者承擔企業社會責任做為對生產者的期望，以及盼望藉此達到企業永續經營、經濟社會永續發展，和自然環境永續的目標。然而，此類倡議，有解決問題的迫切心意，但對於如何達成社會或地球全面的可持續性，其整體性的論述仍有許多可強化之處。

今日人類社會的問題，因人而起，導因於人類長期追求經濟富足，卻在市場經濟活動中，被物欲與財富的貪欲牽引，無法認知人與人、人與環境的一體性，追求「自利心」的最大化卻造成社會及環境的問題。因此，解決當代人類社會的問題，應該從人類的經濟生活中找問題根源。追求經濟富足與生活幸福，是人類的共同願望，但人因欲望的牽引，每日在經濟生活、物欲牽引追逐的過程中，失去幸福安樂的正確方向，以道德角度訴求人類經濟行為的改變，或可舒緩問題的惡化程度，但無法根本解決人類當前的問題。

當前人類社會問題的根本解方，應在人心中找。聖嚴法師以「心靈環保」為基礎來推動「建設人間淨土」的理念，契合當代人類社會的需要，也是解決當代人類社會問題的處方。筆者嘗試將聖嚴法師思想應用在總體經濟活動之分析，以佛法的理論為基礎，勾勒人類社會追求經濟富足、永續發展與心靈安樂的願景，名之為「心靈環保國富論」。本文為此一整體架構單元之一，著重於討論廠商生產行為、市場活動、利潤追求、社會責任與永續發展之關係，說明生產者利人利己之態度對經濟富足、環境保護及社會福祉提昇之可能貢獻，以及企業永續經營和經濟發展可持續性之實現。其餘相關之論述，如心靈環保之消費等議題，將於日後另文撰述。

此外，關於廠商的行為，本文以聖嚴法師「心靈環保理念」，以及「三種世間」和佛法的「因果因緣觀」為基礎，提出「心靈環保企業社會責任」觀念，以整體性思考，做為廠商建構經營策略、追求企業永續經營，並同時達成聯合國永續發展目標的實踐綱要。本文雖就「心靈環保企業社會責任」的理念做說明介紹，但仍屬概念化的階段，未來如何推廣實施，仍須進一步探討。此外，本文推論「心靈環保CSR」之經營可持續性及收益可因 CSR 形象而提高，唯此部分之推論，仍待未來進一步實證檢驗。

參考文獻

一、中文

中華電子佛典協會（CBETA），《大正新脩大藏經》2011 年電子版。

釋聖嚴，《法鼓全集》，2005 年網路版，網址：http://ddc.shengyen.org/pc.htm。

池祥麟，〈佛法、企業社會責任與社會責任投資〉，收入聖嚴教育基金會學術研究部編，《聖嚴研究》第十輯，臺北：法鼓文化，2018 年 5 月，頁 317-368。

許永河，〈經濟富足與心靈安樂——聖嚴法師「心靈環保」思想對「佛教經濟學」理論之啟示〉，收入聖嚴教育基金會學術研究部編，《聖嚴研究》第十三輯，臺北：法鼓文化，2020 年 11 月，頁 129-223。

二、外文

Bourguignon, F., and Morrisson, C. (2002). Inequality Among World Citizens: 1820-1992. *American Economic Review*, 92 (4): 727-744.

Carroll, A. B. (1979). A three-dimensional conceptual model of corporate social performance. *Academy of Management Review, 4*, 497-505.

Carroll, A. B. (1991). The pyramid of corporate social responsibility: toward the moral management of organizational stakeholders. *Business Horizons, 34*(4), 39-48.

Carroll, A. B. (1999). Corporate social responsibility: Evolution of a definitional construct. *Business & Society*, 38(3), 268-295.

Carroll, A. B. (2016). Carroll's pyramid of CSR: taking another look.

International journal of corporate social responsibility, 1(1), 3.

Carroll, A. B., & Buchholtz, A. K. (2015). *Business and Society: Ethics, Sustainability and Stakeholder Management* (9th ed.). Stamford: Cengage Learning.

Carroll, A. B., & Näsi, J. (1997). Understanding stakeholder thinking: Themes from a Finnish conference. *Business Ethics: A European Review*, 6(1), 46-51.

Chernev, A. & Blair, S. (2015). "Doing Well by Doing Good: The Benevolent Halo of Corporate Social Responsibility", *Journal of Consumer Research* vol. 41, no. 6, pp. 1412-1425.

Christophers, B. (2009). Uneven Development, in Rob Kitchin & Nigel Thrift (eds.), *International Encyclopedia of Human Geography*, Elsevier, 2009, pp. 12-17, ISBN 9780080449104, https://doi.org/10.1016/B978-008044910-4.00241-8.

Friedman, M. (1962). *Capitalism and Freedom*. Chicago: University of Chicago Press, 1962.

Friedman, Milton. "The Social Responsibility of Business Is To Increase Its Profits," *The New York Times Magazine*, Sept. 13, 1970, No. 33, pp. 122-26.

Habel, J., Schons, L., Alavi, S. & Wieseke, J. (2016). "Warm Glow or Extra Charge? The Ambivalent Effect of Corporate Social Responsibility Activities on Customers' Perceived Price Fairness", *Journal of Marketing,* vol. 80, no. 1, pp. 84-105.

Hategan, C.-D., Sirghi, N., Curea-Pitorac, R.-I., & Hategan, V.-P. (2018). Doing well or doing good: The relationship between corporate social responsibility and profit in Romanian companies. *Sustainability*, 10(4), 1041.

Kurucz, E., Colbert, B. and Wheeler, D. (2008). The business case for corporate social responsibility. In A. Crane, A. McWilliams, D. Matten, J. Moon and D. Siegel (eds), *The Oxford Handbook of Corporate Social Responsibility*. Oxford: Oxford University Press, pp. 83-112.

Latapí Agudelo, M.A., Jóhannsdóttir, L. & Davídsdóttir, B. (2019). A literature review of the history and evolution of corporate social responsibility. *International Journal of Corporate Social Responsibility.* 4, 1 (2019). https://doi.org/10.1186/s40991-018-0039-y

Matten, Dirk & Moon, Jeremy. (2008). "Implicit" and "Explicit" CSR: A conceptual framework for a comparative understanding of corporate social responsibility. *Academy of Management Review*. 33.

Oeyono, J, Martin, S. & Bampton, R. (2011). "An Examination of Corporate Social Responsibility and Financial Performance", *Journal of Global Responsibility*, vol. 2, no. 1, pp 100-112.

Orlitzky, M., Schmidt, F. L., & Rynes, S. L. (2003). Corporate Social and Financial Performance: A Meta-Analysis. *Organization Studies*, *24*(3), 403-441. https://doi.org/10.1177/0170840603024003910

Economic Prosperity and Peace of Mind:
"Protecting the Spiritual Environment", Producer's Behavior, and Sustainability

Yuan-Ho Hsu
Professor of Economics, National Cheng Kung University

Abstract

This study develops a conceptual framework for the analysis of economic growth, societal development, and environmental protection that aims to attain the Sustainable Development Goals (SDGs) disclosed by the United Nations. The author introduces Master Sheng Yen's preaching of "Protecting the Spiritual Environment" and "Building Pure Land on Earth" to the conventional discussion of corporate social responsibility (CSR). In addition to the conventional ethical CSR element, the author illustrates how an enlightened producer that acknowledges the integrity of the firm and social environment can balance the conflicts between self-interest and altruistic motives so that promote the society's overall welfare and thus achieve the SDGs.

Keywords: SDGs, Protecting the Spiritual Environment, Building Pure Land on Earth, Corporate Social Responsibility

心五四能否提昇經濟行為的利他傾向？

謝俊魁*
東海大學國際經營與貿易學系副教授暨系主任

顏美惠
法鼓文理學院人文社會學群碩士生

摘要

聖嚴法師提出實踐心靈環保理念的方法：心五四（四安、四要、四它、四感、四福），至今已二十多年，但人們認識心五四、進而實踐心五四之後，其行為是否受到影響而有所改變，目前尚未有學者對此進行研究。本研究以「滾雪球抽樣法」，透過網路問卷，於二〇一九年五月八日至五月十三日取得 2,037 筆有效問卷，探討「在日常生活中運用心五四的頻率」（以下簡稱為「心五四」）、「穩定持續地修行或經常參加共修、課程之自評分數」（以下簡稱為「修行」）、「個人平均每月所得之級距」（以下簡稱為「所得」）這三者對「經濟行為之利他傾向」（以下簡稱為「利他傾向」）有何影響。主要發現如下：（1）心五四、修行、所得都能提昇利他傾向。（2）無論修行疏密、所得

---

* Email: ckhsieh@thu.edu.tw。本論文為聖嚴教育基金會補助並發表於 2021 年第八屆聖嚴思想國際學術研討會之研究成果，作者敬表謝忱。感謝果光法師、彭作奎教授、周賓凰教授、許永河教授、陳定銘教授，以及兩位匿名審查委員提供寶貴的修訂建議。

多寡，心五四都能提昇利他傾向。（3）愈經常運用心五四者，不但利他傾向愈高，而且利他傾向愈不受所得影響。（4）在心五四中，四安對利他傾向的正向影響最為顯著。（5）上述發現在控制年齡、性別、教育程度、居住地等人口統計變數之影響後仍然成立。

關鍵詞：心五四、心靈環保、經濟行為、利他傾向、聖嚴法師、佛教經濟學

一、前言

聖嚴法師所創辦的法鼓山，以「提昇人的品質，建設人間淨土」為理念，邀請大家透過心靈環保（Protecting the Spiritual Environment）❶來提昇人的品質，進而成就《維摩詰經・佛國品第一》所示，「若菩薩欲得淨土，當淨其心。隨其心淨，則佛土淨」的人間淨土。聖嚴法師於一九九二年提出心靈環保理念後，後續再於一九九九年及二〇〇七年分別提出心五四（the Fivefold Spiritual Renaissance Campaign）❷及心六倫（the Six Ethics of the Mind Campaign）❸，做為落實心靈環保，並將佛陀教法融入現代生活的觀念指引及具體方法。果光法師所著《心靈環保經濟學》（釋果光，2014）一書更首度以心五四的觀點探討經濟運作的架構與原則。謝俊魁、顏美惠（2017, 2019）探討心五四在現代經濟社會中「可以扮演的角色」，發現心

---

❶ 釋聖嚴，《心靈環保：法鼓山的核心主軸》，臺北：聖嚴教育基金會，2013 年。

❷ 心五四的內容包含以下五個「四」：四安（安心、安身、安家、安業）；四要（需要的不多，想要的太多；能要該要的才要，不能要不該要的絕對不要）；四它（面對它、接受它、處理它、放下它）；四感（感恩、感謝、感化、感動）；四福（知福、惜福、培福、種福）。（釋聖嚴，《心靈環保：法鼓山的核心主軸》，2013 年）

❸ 心六倫係針對現代人多元的群我關係，將心靈環保的理念，推展到現代倫理觀念的建立；內容包括六大要項：家庭倫理、生活倫理、校園倫理、自然倫理、職場倫理、族群倫理。詳情請參見法鼓山全球資訊網，《心靈環保》網址：https://www.ddm.org.tw/event/spirit/page02_03_02.html，搜尋日期：2019.05.25。

五四中的每一個四，包括：四安、四要、四它、四感、四福，都有非常深刻的利己利他意涵；而且，在運用心五四來處理內在、外在的各種問題和挑戰的時候，五個四是彼此互補的。因此，若能聯合五個四，交互運用，心五四可以發揮非常大的力量，幫助人們安定平穩地，以利己利他的方式，把事情做對、做好。然而，人們認識心五四、進而實踐心五四之後，究竟在行為上是不是有所改變？心五四是否真的發揮了它該有的力量，影響了現代人的經濟行為（economic behavior）？若然，其影響會被修行（regular practice）所取代嗎？關於以上問題，相關研究仍然付之闕如。

本研究擬以實證分析的方式來探討上述問題。由於沒有適合的次級資料可供使用，在時間及資源的限制下，我們必須自行設計問卷，透過親友、同事，及法鼓山的信眾們，以一傳十、十傳百的方式傳布網路問卷[4]，蒐集足供分析的樣本資料。然而，問卷中該詢問哪些問題才足以分析心五四及修行對經濟行為的影響呢？在構思問卷的初期，我們就發現要想透過問項來量測填答者「心五四運用得多好」、「修行的狀態多好」，難度相當高。再者，要想透過有限的問項「問到」填答者過去的各種「經濟行為」，更是艱難的任務。於是我們退而求其次，不問「行為」本身，而是問「經濟行為的傾向」。這立刻就讓我們進一步想到，我們不需執著於量測填答者「心五四運用得多好」、「修行的狀態多

---

[4] 余民寧、李仁豪（2006）認為問卷調查結果的實質內容不會因調查方式是網路問卷或紙本問卷而受到影響。

好」；只要能知道填答者「是否經常運用心五四」、「是否經常用功修行」，並找到一個可能會因「經常運用心五四」及「經常用功修行」而受到影響的行為傾向，再透過問項捕捉這個行為傾向即可。

我們認為，這個可能會因「經常運用心五四」及「經常用功修行」而受到影響的行為傾向就是利他傾向（altruistic tendency）。正信的宗教都是鼓勵向善、強調心靈層面之富足平安的；因此，經常依教用功修行應能正向地影響經濟行為的利他傾向。另一方面，聖嚴法師所提倡的心五四，是淬鍊自佛陀教法，要協助學佛者及非學佛者在生活中將煩惱心淨化為慈悲心及智慧心的觀念與方法；因此，在生活中經常運用心五四，也應能正向地影響經濟行為的利他傾向。那麼，我們該如何捕捉經濟行為的利他傾向呢？

在經濟學的循環流程圖（circular-flow diagram）中，個人做為家戶單位的決策者，一方面向廠商提供勞動力及資本等生產要素而賺取要素所得，另一方面則運用所得向廠商購買商品。其中所牽涉的主要經濟行為包括工作（提供勞動力給廠商）、投資（提供資金讓廠商建置資本）、及消費（向廠商購買商品）。因此我們透過三個問項分別捕捉填答者在工作、投資、消費等三個「經濟活動層面」的利他傾向。此外，相較於「物質財富」所帶來的外在滿足，利他者相對更重視「心靈財富」的內在富足，且會更加樂於行善布施；因此「重視內在富足」及「樂於行善布施」是兩個與「經濟活動層面」互補的問項。我們運用主成分分析法（principal components analysis; PCA）萃取這五個問項分數的第一主成分，用以衡量填答者的「經濟行為之利他傾向」，做為本研究的被解釋變數。

在解釋變數方面，我們將填答者「在日常生活中運用心五四之觀念及方法的頻率」稱為「心五四」，將填答者「『穩定持續地修行或經常參加共修、課程』之自評分數」稱為「修行」，並將填答者「平均每月所得之級距」定義為「所得」；心五四、修行，及所得這三個變數即是本研究的主要解釋變數。將所得也納入主要解釋變數的理由有三：（1）所得不但是影響個人工作、消費、投資等經濟行為的重要變數，也是影響個人是否更有餘裕以資利他的重要變數。（2）若未將所得納入分析，係遺漏重要解釋變數，將導致迴歸估計發生偏誤。（3）將所得納入分析，讓我們得以探討心五四與修行對經濟行為的影響，是否分別與所得存在著相互加成或相互抵減的效果。

綜上說明，本研究旨在運用二〇一九年五月八日至五月十三日期間蒐集之 2,037 份有效問卷，探討心五四、修行、及所得如何影響經濟行為之利他傾向。本研究後續節次分別為文獻回顧、研究問卷與變數定義、實證分析，以及結語。

二、文獻回顧

（一）利他是什麼？

利他，是人類社會的普世價值之一，並構成了世界上大多數偉大的宗教、社會改造運動、革命運動的基本信念。Rushton（1982）認為，利他行為是一種非常人性化的行為；它以非常高的頻率發生，並且無處不在。Feigin et al.（2014）認為，人類利他，是以「有意並自願地造福他人」為主要動機的行為，且不去期望得到他人有意或無意的回報。Stürmer and Snyder（2009）認為，利他動機在於提高或維護其他人的福利，但它不同於維護自己的利己動機。Batson（2010）則強調，利他是以增加他人的福利為最終目標。

在影響利他的因素方面，有學者認為，利他行為強調助人的動機（劉曉敏，2000），而且「正向情緒下的個體」比「消極情緒下的個體」更容易給予他人幫助（Sharma, 2015）。Feigin et al.（2014）認為，影響利他的因素並非單一的來源，而是個人內外的眾多來源。Gluth and Fontanesi（2016）與 Marsh（2019）則強調，人類的利他行為是非常複雜的，需要多種心理過程共同發揮作用。張旭昆（2005）則建議，從四個面向來區分不同的利他行為：「人類利他行為有幾個面向：一是純粹利他還是有利己動機的純度；二是傾囊相助，還是有所保留的程度；三是普度眾生，還是只施惠於特定人群的廣度；四是經常為之，還是偶爾為之的頻度。」

也因為利他如此複雜，故而吸引了藝術、哲學、自然科學、社會科學等領域，以各自的切入點及方法論去探討利他的行為與利他的價值觀。心理學、神經科學、社會生物學等眾多學科的研究者，採用實驗、大腦斷層掃描、數學模型等諸多方法不斷地探索（Xie et al, 2017）。單就社會科學來說，經濟學、心理學、政治學、社會學等學科，在利他的研究上也都有各自不同的觀點及發現（Smith, 2006）。

心理學家 Macaulay and Berkowitz（1970）對利他行為提出的一個正式定義是：「為使他人受益而實施的行為，而不期望來自外部來源的獎勵。」Ji et al.（2006）則是提及，積極幫助他人往往無法全數轉化為實際的利他行為，因此當談論利他主義時，需要區分利他與社會親善在**動機**及**行為**上的差異。一般認為，社會親善包括：自認的利他主義、他人導向的同理心，以及樂於助人（Penner et al., 1995）。

（二）利他的動機

人類的**動機**，通常與其需求相關；而行為的驅動，則較為複雜。最為人熟知的需求理論，為瑪斯洛（A. H. Maslow）所提出的「生理、安全、愛與歸屬、受尊重、自我實現」五層級理論（Maslow, 1943）。Alderfer（1969）則提出了不強調層級、順序的 ERG 理論，認為人類的需求可分為「生存需要（existence needs）、相互需要（relatedness needs）、發展需要（growth needs）」三大核心需求。

丹娜·左哈（Danah Zohar）與伊恩·馬歇爾（Ian Marshall）在二〇〇四年出版的《心靈資本學》一書中認為，就已開發國家而言，瑪斯洛五個需求的順序應該是相反的：在一出生就衣食無缺、安全無虞的情況下，一旦失去「自我實現」的機會，人們可能會生病甚至死亡；人類前額葉內的所謂「神點」讓追尋生命意義成為深刻的需求（王怡棻譯，2009）。達賴喇嘛二〇〇九年也曾對於瑪斯洛的五層級需求理論提出佛教觀點的反思，認為「人在滿足自己需求的同時，也要能滿足他人的需求才會快樂」（鄭淑芬譯，2010）。

以上兩本較近期的著作都談及人類的利他行為，並呼應本文以「重視內在富足」及「樂於行善布施」做為衡量利他傾向的部分問項的作法。

（三）利他的行為與傾向

而關於人類的**行為**，在生物學、心理學、文化、宗教、經濟等各個層面都引發學者關注。例如社會生物學者以演化觀點解釋，發現人類演化過程中形成了能夠啟動純粹利他行為的自發機制，這種機制由位於中腦的尾狀核來執行，它能使人從利他行為本身獲得滿足，而無須依賴外界的反饋（Dominique et al., 2004）。而且，幫助他人與高層次的心理健康有關，超過了接受幫助等其他已知因素的助益（Schwartz et al., 2003）。

心理學上也對行為提出三種理論，包含理性行動理論（TRA）、早期計畫行為理論（TPB）和後期理性行動方法（RAA），以及支持這些理論的實驗證據。這三個理論都認為，行為的近期關鍵因素是一個人的行為意圖。行為意圖，代表個體採行某種行動或行為的可能性（likelihood）與傾向（tendency）。也可說是一個人有意識地計畫、決定並努力執行目標的行為動機（Conner, 2020）。許多社會心理學文獻，都以所謂的計畫行為理論為利他行為特徵（Ajzen, 1985; Ajzen, 1987; Ajzen, 1991）。

以上文獻支持了本研究退而求其次，以「經濟行為的利他傾向」為被解釋變數的作法。

（四）經濟學與利他

從經濟學看利他，不免論及「經濟學之父」亞當・斯密（Adam Smith）一方面在《國富論》中詳論人類追求自利的效率意涵，另一方面則在《道德情操論》中深刻談論倫理、道德的源起及意義；隱含經濟學與倫理學應為並行之兩輪，且自利與利他並非互斥之觀點。

Dean et al.（2008）認為，個人的購買意圖不僅會受到責任義務和內疚感的影響，同時也受到個人希望在道德和倫理上有貢獻的影響。楊春學（2001）指出：「對利他主義的經濟學分析認為，即便是世人眼中神聖的利他主義行為也仍然不能擺脫自利這個動力。」利己主義者一再強調，利己的考慮必須是理性的（莫兆鳳，1989）。因為這樣的理性動力，有學者提出了個人環境責任的概念，將關注點轉移到責任和主動性（Kashyap et al., 2005）。對環境負責的消費者，不會僅被動等待廠商提供對環境友善的產品，還會積極地影響廠商的決策；他們認為個人和集體目標必須且可以共同實現（Kashyap and Iyer, 2009）。

另有研究發現，人們對於捐出時間與捐出金錢會表現出不同的偏好（Reed et al., 2007），對於捐出時間會比捐出金錢表現出更高的利他意願（Yang et al., 2014）。捐出時間或金錢會啟動不同的心態，前者使人關注慈善的情感意義，後者則使人轉而留意其經濟效用，進而影響其實際捐出的數量（Liu and Aaker, 2008）。Hoffman（2011）的研究顯示，利他行為會隨著收入增加而增加。本研究則發現，所得會提昇經濟行為的利他傾向；並且進一步發現，愈經常運用心五四者，不但利他傾向愈高，而且利他傾向愈不受所得影響。

（五）宗教信仰與利他

學者認為文化可以誘發與遺傳傾向相反的利他行為。文化會透過塑造另類親緣利他主義和互惠的傾向來引發利他行為，這個想法在宗教領域尤為重要（Allison, 1992）。一般認為，宗教信仰及實踐對道德的發展與利他的傾向有促進作用，例如使人更樂於助人和參與志願服務（Hardy et al., 2012）。宗教不僅促進社會親善行為，而且無論他們的宗教信仰為何，都鼓勵信徒利他（Etter, 2019）。宗教可以啟動，甚至是潛意識地驅動社會親善；它以一種介於宗教和非宗教之間的方式增強利他主義（Saroglou, 2013）。

個人的信仰和態度，對塑造其社會行為具有重要意義；利他主義信念將導致利他主義行為（Ji et al., 2006）。信仰成熟度、各種社會親善態度都和利他行為呈現正相關，例如性別和種族包容性、接受多樣性、拒絕種族隔離等（Benson et al., 1993）。在某種程度上，宗教信仰往往使他們對有需要的人更加同情，也激勵他們自願從事無私的工作（Ji et al., 2006）。

然而，宗教信仰雖使人們傾向於利他主義，但卻不必然會因此增加社會親善行為（Ji et al., 2006）。換言之，人們可能會受宗教影響而具有利他主義思想及社會親善價值觀，但他們可能不會採取行動（Etter 2019）。例如，有學者發現：宗教有時不僅與利他行為無關，有時還會造成消極行為（Ji et al., 2006）。還有研究顯示，宗教信仰既不是社會親善行為的必要條件，也不是確保這種行為的充分條件，並補充說宗教信仰和社會親善行為之間幾乎沒有任何聯繫（Kohn, 2008）。雖然那些經常參與宗教活動的人，確實比那些不參與的人更具同理心，但其利他的價值觀卻不見得更堅定（Smith, 2003）。

（六）宗教信仰與利他消費行為

本研究論及佛法及修行對於經濟行為利他傾向的影響，故屬於佛教經濟學之研究。由宗教層面談論經濟行為雖然仍屬新興之學門，但在行銷領域，宗教信仰如何影響消費行為已有許多的討論。Abu-Alhaija et al.（2018）認為在建構顧客態度及行為之行銷模型時，有必要將宗教信仰的因素納入考慮。Mathras et al.（2016）認為宗教係透過信念、儀式、價值觀與社群等四個面向，去影響消費者的心理與行為。Saroglou et al.（2005）指出，宗教信仰引發的利他行為，雖然有其影響上的限制，但卻是真實存在的，並非自欺欺人的現象。Essoo and Dibb（2004）在跨宗教的消費研究也顯示消費行為會受到宗教信仰的影響。另外，Minton et al.（2015）發現：宗教投入較高的消費者，對永續消費行為的參與度也較高；各宗教信徒中又以佛教徒的此項行為較為顯著。

臺灣也有相關研究。劉宏基（2010）發現，宗教信仰因素會影響消費者對有機農產品的購買行為。謝依倫（2007）

則發現，有機棉花製品的消費者以有宗教信仰或具備環保意識者為多。

整體來說，上述文獻皆談及宗教參與對利他或友善消費行為的影響，本研究的特點則在於將宗教參與鎖定在心五四運用及日常修行兩個層面，並將經濟行為的關注層面由消費層面擴展為消費、工作、投資等三個層面。

（七）佛教觀點的利他

我們透過中華電子佛典協會（Chinese Buddhist Electronic Text Association, CBETA）線上閱讀版[5]，查詢佛教典籍中關於「利他」的論述。在浩瀚深奧的典籍中爬梳，「利他」共出現在 3,244 卷經文中，次數 10,151 次，平均每一卷出現頻次為 3.1 次；「利人」共出現在 1,468 卷經文中，次數 2,093 次，平均每一卷出現頻次為 1.4 次；「自利利人」共出現在 218 卷經文中，次數 255 次，平均每一卷出現頻次為 1.2 次。由此可見佛陀與祖師大德們對於利他、利人、自利利人之觀點的重視。

例如，比較凡夫與諸佛如來在知見行為上的差異，就說：

> 世間所有愚癡凡夫，貪諸欲樂，勞苦己身，求無義利。諸佛如來，於此不然，唯樂利他，非求自樂，善了心法，

---

5 中華電子佛典協會（CBETA）線上閱讀版網址：https://cbetaonline.dila.edu.tw/zh/。

見法寂靜，住安樂句，無欲無苦，得四禪定。是故世尊，若有上根善男子等，當如是見，當如是聞，當如是覺，當如是知。❻

提醒學佛者精勤修學的方向，則說：

所謂大師面前，親承說法，寂滅涅槃，菩提正向，善逝、正覺。是故，比丘！當觀自利、利他、自他俱利，精勤修學，我今出家，不愚不惑，有果有樂，諸所供養衣服、飲食、臥具、湯藥者，悉得大果、大福、大利，當如是學。❼

描述學佛者往菩提道上行走：

為菩提道，修行智慧，以知法界故，受身安樂，是名自利。能發眾生世間之事及出世事，是名利他。❽

自利利他道是諸菩薩摩訶薩道，一切智智道是諸菩薩摩訶薩道，不住生死及涅槃道是諸菩薩摩訶薩道。❾

---

❻ 宋・法賢譯，《信佛功德經》第 1 卷，CBETA 線上閱讀版。（T0018, 0257c10）

❼ 劉宋・求那跋陀羅譯，《雜阿含經》第 14 卷，CBETA 線上閱讀版。（T0099, 0098b01）

❽ 《大方便佛報恩經》第 7 卷，CBETA 線上閱讀版。（T0156, 0164b13）

❾ 唐・玄奘譯，《大般若波羅蜜多經》第 355 卷，CBETA 線上閱讀版。（T0220, 0827c24）

經典對於修行者證果上的具足與否，也因自利與利他是否同等深大而有不同，例如：

> 一切諸善功德成滿具足者，菩薩住七地中，破諸煩惱，自利具足；住八地、九地，利益他人，所謂教化眾生，淨佛世界。自利、利他深大故，一切功德具足。如阿羅漢、辟支佛，自利雖重，利他輕故，不名具足；諸天及小菩薩，雖能利益他，而自未除煩惱故，亦不具足。❿

而要能成佛道、得涅槃，更需要自利利他，如以下經文所說：

> 成世智已，知時知量，以慚愧莊嚴勤修自利、利他之道，是故成就慚愧莊嚴，於此行中勤修出離，不退不轉，成堅固力。得堅固力已，勤供諸佛，於佛教法能如說行。⓫

> 四事應修禪定：定破亂心，莊嚴菩提攝眾生，身心寂靜是自利、不惱眾生是利他，後受清淨身、安隱得涅槃。⓬

---

❿ 後秦·龍樹菩薩造，鳩摩羅什譯，《大智度論》第 50 卷，CBETA 線上閱讀版。（T1509, 0419b20）

⓫ 唐·實叉難陀譯，《大方廣佛華嚴經》第 34 卷，CBETA 線上閱讀版。（T0279, 0183a04）

⓬ 隋·智顗說，《妙法蓮華經》第 8 卷，CBETA 線上閱讀版。（T1718, 0115c23）

從經典中，我們發現佛陀與祖師們對於利他都有高度重視，認為利他不但是成佛的重要關鍵，也是修行上重要的心要。而利己與利他的平衡與深大，更是決定善功德圓滿與否的關鍵指標。那麼，晚年全力推動心靈環保，並且以心五四與心六倫為其實踐方法的聖嚴法師，對於利他又是如何看待與詮釋的呢？

（八）聖嚴法師「利人便是利己」的觀點

從過去對於利己與利他的研究來看，有學者認為，利己的行為雖可能包含作弊、假帳、逃兵、欺騙和背信，但同時也涵蓋了助友、待人慷慨和為公益努力等行為（Kalin, 1975）。而且「我們往往無法在消極的或是積極的、涉及自己或別人的利他之間做很明確的畫分。而我們也不須在這之間做確切的畫分」（Bentham, 1983）。將利己與利他視為是對立的看法，基本上是一種錯誤的見解（莫兆鳳，1989）。由此可見，利己與利他不必然是對立、無法並存的。禪宗三祖僧燦的《信心銘》開頭就告訴我們：「至道無難，唯嫌揀擇。」以佛教觀點來看，利他可以培福，而福德的積累又是成佛重要的資糧；換言之，利人便是利己，利己與利他無須區分。這正呼應了上述學者的研究結果。

從經典可知，利他在佛教的教義與修行方法上，占有極為關鍵的地位，而且並不認為利人與利他之間有矛盾，甚至鼓勵學佛者讓兩者同時深大。聖嚴法師在其著作中，也經常使用利他、利人、利己利人等平實易懂的關鍵字，來分享正確的佛法觀念與修行心態。

一生推廣佛法，投入佛學研究，注重推動佛法的普及，且著重於佛法實用性的聖嚴法師，晚年致力於推動心靈環保，並以心五四、心六倫為實踐心靈環保的方法。為了讓佛法在漢傳的脈絡中生根，除了創立中華禪法鼓宗，讓禪法深入人心，更是致力推廣「利人便是利己」的觀念。在聖嚴法師的著作中，利他、利人、利己利人、自利利他、自利利人等字眼不斷地出現。例如法鼓山信眾最熟知的二十句〈四眾佛子共勉語〉中的第六句，便明確寫著「利人便是利己」。佛教經典，在在提點大眾要向菩薩學習，並以走向菩提道、往成佛的方向行去修學佛法為依歸。而聖嚴法師的〈菩薩行〉偈子中，更是直接點出：「如何成佛道？菩提心為先；何謂菩提心？利他為第一。」

從聖嚴法師的著作中，我們可看出利他在佛陀教法中的重要性。聖嚴法師說：

> 在世尊之世，所教的任何一法，有其自利功能，也必有其利他功能。⓭

還說：

> 人天乘法，雖受佛教的重視，卻不是佛教的重點；聲聞、獨覺的解脫生死，雖是佛教的重點，卻尚不是佛教的

⓭ 釋聖嚴，《菩薩戒指要》，《法鼓全集》第 1 輯第 6 冊，臺北：法鼓文化，2020 紀念版，頁 22。

目的；唯有菩薩的自他兼濟而尤重於利他的成佛法門，才是佛教的目的。⓮

同時也在書序中提到：

如宏印法師所說：《妙雲集》的精神是人本的、入世的、利他的、今世的、自力的、肯定的。這也正是現實人間所需要的佛法。⓯

身為臨濟與曹洞兩個法脈的傳人，聖嚴法師認為：

禪的目的是教人：學著將現實世界的八熱地獄，轉變為清涼國土的七寶蓮池；試著把自害害人的身口意三業，轉化成自利利他的慈悲與智慧。⓰

聖嚴法師以提昇人品、建設淨土的理念，創立法鼓山，鼓勵信眾以發願、還願的心念來面對人生中的所有挑戰，他鼓勵信眾都能夠時時發願，從當嬰兒菩薩開始，讓人間成為淨土。他說：

⓮ 釋聖嚴，《比較宗教學》，《法鼓全集》第 1 輯第 4 冊，臺北：法鼓文化，2020 紀念版，頁 407。

⓯ 釋聖嚴，《書序》，《法鼓全集》第 3 輯第 5 冊，臺北：法鼓文化，2020 紀念版，頁 53。

⓰ 釋聖嚴，《禪與悟》，《法鼓全集》第 4 輯第 6 冊，臺北：法鼓文化，2020 紀念版，頁 3。

> 發願的目的是要做一個菩薩……要我們做實義菩薩而不要做假名的菩薩，一個名實相符的實義菩薩，又必定是能夠自利利他和自他同得莊嚴的……既然能夠自利利他並自他莊嚴了，自也應該能夠度人信佛，度人皈依三寶，度人也來行菩薩道。[17]

大乘佛教中提到，要成佛需要先發菩提心；而修行菩薩道除了受持戒律，還要廣行六度：

> 六度中的布施行是利他門，持戒行看似自利門，可是五戒被稱為五大施，持戒行也含攝了菩薩的三聚淨戒，那便也是利他門了。四攝法的布施、愛語、利行、同事，則全屬於利他行的方便法。[18]

聖嚴法師也提醒我們：

> 佛教的修行觀，主要是以解脫道為著眼的，也就是從認知四聖諦的苦、苦集、苦滅，而修滅苦之道，這是佛法的根本思想和基本功能。修滅苦之道，便是解脫道。若以修行解脫道而為自己完成滅苦的目的，稱為自利行，若以解脫道協助他人也都完成滅苦的目的，稱為利他行。近代

---

[17] 釋聖嚴，《評介》，《法鼓全集》第 3 輯第 6 冊，臺北：法鼓文化，2020 紀念版，頁 156-157。

[18] 釋聖嚴，《學術論考》，《法鼓全集》第 3 輯第 1 冊，臺北：法鼓文化，2020 紀念版，頁 457。

> 的日本學者宇井伯壽博士的《佛教泛論》，也基於這個觀點，以小乘諸派為自利教，大乘諸宗為利他教。
>
> 我一向以為：關懷人間的種種社會問題，是屬於人天善法；自求出離的四諦法門，稱為解脫道；以六度及四攝等法門，來利人利己的，稱為菩薩道。如果不以解脫為終極目標，僅修人天善法，從事社會關懷，便成隨順世俗的福利事業，不合佛法救世的宗旨。如果只顧修行四聖諦法而自求解脫，便成缺少慈悲心的自了漢，不合佛陀說法化世的本懷。必須將出離生死之苦、證得涅槃之樂的解脫法門，結合了人天善法的社會關懷，落實於人間，分享給大眾，才是正確的修行觀。⓳

由此可知，利人利己不但合於佛陀說法化世的本懷，也是我們修行的指引，更是成就菩提道不可或缺的路徑。對於進入二十一世紀，面臨疫情考驗的我們，更是離苦得樂、推動心靈環保的舟楫。

根據本研究統計，聖嚴法師經常在著作中提及利他、利人、利己利人。以《法鼓全集》2005 網路版搜索聖嚴法師著作，「利他」共出現在 78 本著作中，次數 251 次，平均每一冊出現 3.2 次；「利人」共出現在 71 本著作中，次數 219 次，平均每一冊出現 3.1 次；「自利利人」共出現在 48 本著作中，次數 108 次，平均每一冊出現 2.3 次。在相對次數

⓳ 釋聖嚴，《學術論考》《法鼓全集》第 3 輯第 1 冊，臺北：法鼓文化，2020 紀念版，頁 461-462。

上呈現出「利他～利人＞自利利人」的順序，且平均每一冊的提及次數介於 2 至 3 次之多。這也意味著，若將「利他、利人、自利利人」當成同義詞，提及的次數必然會超過 3 次。[20]

以下進一步以圖一及圖二分別呈現《法鼓全集》2005 網路版（排除《七十年譜》）之各分輯中，利他、利人、自利利人之平均每冊提及次數，以及各分輯提及利他、利人、自利利人之冊數比率。

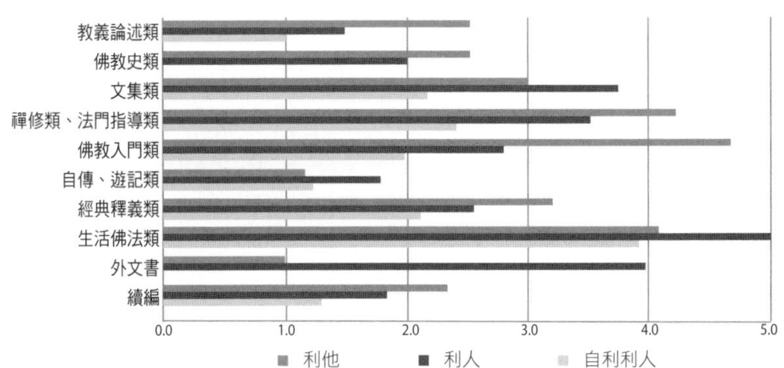

圖一：《法鼓全集》各分輯（類）中利他、利人、自利利人之平均每冊提及次數

[20] 相較於 2005 版，《法鼓全集》2020 紀念版中，「利他」共出現在 82 本著作中，次數 210 次，平均每一冊出現 2.6 次；「利人」共出現在 81 本著作中，次數 230 次，平均每一冊出現 2.8 次；「自利利人」共出現在 53 本著作中，次數 118 次，平均每一冊出現 2.2 次。以上結果與 2005 版的結果一致，在相對次數上亦呈現出「利他～利人＞自利利人」的順序。同義詞「利人利己」共出現在 14 本著作中，次數 17 次；另一同義詞「自利利他」共出現在 61 本著作中，次數 124 次。

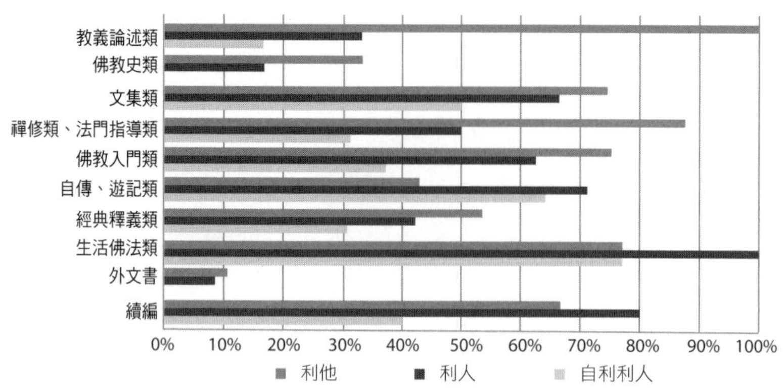

圖二：《法鼓全集》各分輯（類）提及利他、利人、自利利人之冊數比率

《法鼓全集》（排除《七十年譜》）中，**利他**之每冊提及次數，《全集》平均為 3.2 次；如圖一所示，分輯平均高於《全集》平均者，有佛教入門類、禪修法門指導類、生活佛法類。**利人**之每冊提及次數，《全集》平均為 3.1 次；高於《全集》平均者，有生活佛法類、外文書類、文集類、禪修法門指導類。**自利利人**之每冊提及次數，《全集》平均為 2.3 次；高於《全集》平均者，有生活佛法類、禪修法門指導類。而且除了文集類、自傳遊記類、生活佛法類、外文書類之外，**利他**之平均次數皆高於**利人**之平均次數與**自利利人**之平均次數。

《法鼓全集》（排除《七十年譜》）中，提及**利他**之冊數比率為 61%；如圖二所示，分輯冊數比率高於《全集》冊數比率者，有教義論述類、禪修法門類、生活佛法類、文集類、佛教入門類、續編等。《全集》中提及**利人**之冊數比率為 56%；高於《全集》冊數比率者，有生活佛法類、續編、自傳遊記類、文集類、佛教入門類。《全集》中提及**自利利人**之冊數比率為 38%；高於《全集》冊數比率者，有生活佛法類、自傳遊記類、文集類、續編。而且除了自傳遊記類、生活佛法類、外文書類、續編之外，提及**利他**之冊數比率皆高於提及**利人**之冊數比率與提及**自利利人**之冊數比率。

由此可知，聖嚴法師不但將利他、利人、自利利人等重要概念，以近似典籍的相對頻次分布在其全部著作中，而且各分輯中皆有關於利他、利人之論述。以自傳遊記類與生活佛法類兩輯來說，聖嚴法師非常擅長在行文之間自然而巧妙地分享經典內容，讓讀者毫不費力地沉浸在典籍的智慧語言中，領會「利人便是利己」的真諦。這也呼應了聖嚴法師晚年推動心靈環保、心五四、心六倫之用心。

（九）心靈環保、心五四與利他

心靈環保中的心五四，是聖嚴法師淬鍊自佛法而提出的觀念與方法。聖嚴法師在晚年致力推廣心靈環保、心五四、心六倫，就是希望藉由淡化宗教名相讓佛法能幫助更多的人，讓佛法為全人類所用。[21] 富含佛教教法觀念卻沒有佛教名相外衣的心五四的特色，即在於其淺顯的文字、多層次的

---

[21] 聖嚴法師：「『心五四』的條目之中沒有佛學專用名詞，淡化了宗教色彩，可讓世界上各種民族文化及宗教背景的所有人類共同使用。但是它的內涵，即是佛法的『心』法，那不是狹義的宗教信仰，而是淨化了的人文社會價值觀以及其實施的方法。它可以深入佛法，卻不會與任何其他民族文化及宗教背景相牴觸，所以這項運動，必將是可久又可大的。」（節錄自一九九九年八月二十二日法鼓山全球悅眾大會開示）

內涵、及互為配套的整體觀。然而，心五四是否真的正向地提昇了人們利他的行為傾向？這正是本研究關注的焦點。

果光法師於二〇一四年發表《心靈環保經濟學》，首度以心五四的觀點探討經濟運作的架構與原則。謝俊魁、顏美惠（2017）嘗試結合心靈環保的心五四與個體經濟學的消費選擇理論；認為心五四中的四要有助於促進自利利他的消費行為，包括會更加偏好並穩定地購買需要、能要、該要的商品，故具有以消費行動支持對社會及環境友善之廠商的效果。謝俊魁、顏美惠（2019）探討在世界各國產、官、學界及非營利組織追求永續發展目標（SDGs）的浪潮中，心五四可以如何幫助企業成為增進大眾福祉的永續組織；認為將心五四中四福的觀念與方法融入企業文化，有助於趨動企業中的每位成員由內而外、協調一致地朝永續發展的方向邁進。

上述研究對於心五四如何影響經濟行為提供了一些可能開展的研究方向，但相關的實證研究尚付之闕如。本研究將首度針對心五四如何影響經濟行為的利他傾向進行實證分析。

三、研究問卷及變數定義

本節先簡述問卷發放與回收的過程，以及問卷基本資料之分布概況，再詳述被解釋變數、三個主要解釋變數、及四個控制變數之定義。

（一）問卷傳布與回收

本研究以滾雪球抽樣方式傳布網路問卷。問卷釋出日為二〇一九年五月八日，樣本截止日為二〇一九年五月十三日，共回收 2,037 份有效問卷，占全部問卷回收數的 95.7%。在 2,037 份有效問卷中，填答者係於法鼓山皈依之佛教徒比率約為 74.7%，於其他道場皈依之佛教徒比率約 8.8%，未皈依的佛教徒比率約 6.9%，非佛教徒的比率則約 9.6%。由以上數據可知，本研究在傳布問卷的過程中，雖已盡量避免傳布對象全數落入單一信仰族群的缺失，但有效回收樣本仍以於法鼓山皈依之佛教徒為主。

表一詳列信仰狀況及心五四認識狀況之樣本分布，有助於一窺心五四在弘化擴展上的現狀。全體有效答卷者（2,037 人）有 18.3% 完全不知心五四之內容，自認為是佛教徒者（1,841 人）則有 13.5% 完全不知心五四之內容，已皈依佛教徒（1,701 人）亦有 10.6% 完全不知心五四之內容。即使是最有機會了解心五四的，法鼓山皈依信眾填答者，仍有高達 7.8% 完全不知心五四之內容。再進一步看，於其他道場皈依之佛教徒、未皈依之佛教徒、非佛教徒這三類填答者，完全不知心五四內容之比率則分別高達 34.6%、48.6%、63.8%。

聖嚴法師晚年戮力推廣心靈環保，並先後倡導心五四、心六倫，為佛教徒及非佛教徒提供落實心靈環保之良方。但就此有效問卷樣本所顯示之現況來看，一九九九年所提出的心五四仍未廣泛為人所知。

（二）「知道部分至全部心五四內容者」之基本資料分布概況

進一步分析 1,664 位「知道部分至全部心五四內容者」之基本資料分布概況。在性別比例方面，女性約為男性的 4 倍。在填答者居住地分布方面，以臺灣北部（基隆、雙北、桃竹苗）為主，占 63.3%；其次為中部（中彰投），占 22.2%。臺灣（含離島）以外之地區，以香港與澳門兩地共 5.2% 最多，其他海外地區也有 1.4% 的填答者。以上分布狀況與法鼓山全球弘傳之分布狀況大致相符，佐證本研究所蒐集之數據就分析心五四弘傳現況之目的而言是具有代表性的。

在教育程度方面，以大學為最多（55.1%），其次為高中職（21.3%）、研究所以上（19.6%），國中以下占比最少（4.0%）。若以所得分布來看，大致分為三大群，以 3 萬以上～未滿 7 萬者最多（61.4%），其次為未滿 3 萬者（29.8%），7 萬以上占比最少（8.8%）。在年齡層方面，80% 填答者之年齡介於 41 歲至 65 歲之間，40 歲以下者及 66 歲以上者各占一成。

以皈依時間長短來區分，人數占比由高至低分別為：皈依超過 15 年者（27.9%），皈依 1 ～ 5 年者（22.6%）、皈依 6 ～ 10 年者（21.0%）、皈依 11 ～ 15 年（15.5%）、未皈依之佛教徒或非佛教徒（8.6%）、皈依未滿一年者（4.4%）。

在接觸心五四的時間長短方面，聖嚴法師捨報之後才接觸心五四之填答者占 65.4%，顯示心五四在聖嚴法師捨報之後仍持續在法鼓山體系的推廣下陸續為人所知。

在修行方式方面，1,664 位中有 53 人未填答或填答「無」。統計其餘 1,611 人所填之各類修行方式人次，以禪修類（663 人次）與佛學課程類（630 人次）為大宗，其次為念佛持咒類（543 人次）與法會類（510 人次），再其次為讀誦抄經類（354 人次）、志工類（265 人次）、定課類（245 人次）、常態活動課程類（133 人次）、其他類（86 人次）。

統計 1.664 位知道部分至全部心五四內容者，認為自己在五個「四」當中，曾從中獲益或受其影響較深的各個「四」之人次多寡，依次為：四它（1,487 人次）、四要（1,094 人次）、四福（1,026 人次）、四感（943 人次）、四安（787 人次）。值得注意的是，有超過五成的人並不認為曾從四安中獲益或受其影響較深。

（三）被解釋變數之定義

如前言之說明，本研究之被解釋變數「經濟行為之利他傾向」（Y）是萃取自「重視內在富足」、「樂於行善布施」、「消費行為之利他傾向」、「工作行為之利他傾向」、「投資行為之利他傾向」等五個問項分數的第一主成分。表二甲完整呈現了這五個問項及各問項之選項的內容。

1. 重視內在富足（Y_1）：認同真正的快樂源於內在

問項：「相較於外在的物質，您認同真正的快樂是來自內在。」Y_1 愈大代表對內在富足的重視度愈高。

2. 樂於行善布施（Y_2）：樂於幫助他人或布施

問項：「在行有餘力時，您是否樂於主動幫助他人或布施（無償捐出自己一部分的時間、體力、智慧或錢財）。」Y_2 愈大代表愈樂於行善布施。值得注意的是，Y_2 所衡量的是「行有餘力」的行善布施傾向，而非「勉強而為」的行善布施傾向。

3. 消費行為之利他傾向（Y_3）：偏好購買友善對待環境與社會之企業的商品

問項：「對於您或親友所需要的商品，若該商品在原料取得與製造過程對環境與社會較為友善，您會願意付出較高的價格去購買。」Y_3 愈大代表消費行為的利他傾向愈高。值得注意的是，Y_3 所衡量的是對「自己或親友所需要的商品」的利他消費傾向，而不是為了支持友善企業而去購買不需要或不合用的商品。

4. 工作行為之利他傾向（Y_4）：偏好為友善對待員工、環境與社會之企業工作

問項：「您選擇為哪一家企業工作時，或在工作上選擇往來的企業時，會優先考慮對員工、社會、環境較友善的企業。」Y_4 愈大代表工作行為的利他傾向愈高。

5. 投資行為之利他傾向（Y_5）：偏好投資友善對待員工、環境與社會之企業

問項：「您投資時（例如買股票），會優先考慮投資於對員工、社會、環境較友善的企業。」Y_5 愈大代表投資行為的利他傾向愈高。此問項與社會責任投資（socially responsible investments）之精神是一致的。

6. 經濟行為之利他傾向（Y）：$Y_1 \sim Y_5$ 之主成分分析法（PCA）第一主成分

$$Y = 0.3211\ Y_1 + 0.4228\ Y_2 + 0.4487\ Y_3 + 0.5118\ Y_4 + 0.5049\ Y_5$$

（四）解釋變數之定義

本研究的三個主要解釋變數為心五四（*FSRC*）、修行（*Pract*），以及所得（*Income*），四個控制變數則為年齡（*Age*）、教育程度（*Edu*）、性別（*Male*）、居住地（*North*）。表二乙完整呈現了這七個問項及各問項之選項的內容。

1. 心五四（*FSRC*）

問項：「您在日常生活中運用心五四的觀念及方法的頻率為？（任何一個「四」都算在內）」*FSRC* 愈大代表在日常生活中使用心五四的頻率愈高。必須注意的是，*FSRC* 是在衡量「是否經常用心五四」，而非「心五四運用得多好」。

2. 修行（*Pract*）

問項：「您有穩定且持續的個人修行方式（如：祈禱、讀經、靜坐、拜佛等），或經常參加宗教共修活動（如：禮拜、團契、遶境進香、禪坐共修、念佛共修、法會等），或經常參與跟心靈成長相關的課程（包括宗教課程，如佛學課程等）。」*Pract* 愈大代表填答者持續定課及參與共修的自評分數愈高。此問項在設計時為配合不同宗教的修行方式，在題目中特別書明各式修行方式以利填答。必須注意的是，*Pract* 是在衡量「是否持續定課、經常修行」，而非「修行的狀態多好」。

3. 所得（*Income*）

問項：「請問您個人平均每月的所得（新臺幣）為？」；*Income* 為個人月所得之級距，最小為 0（新臺幣 19,999 元以下），最大為 6（新臺幣 100,000 以上）。

4. 四個控制變數分別為：

年齡（*Age*）：由 2019 減去出生年計算而得。

教育程度（*Edu*）：國中（含）以下為 0，高中（職）為 1，大學（大專）為 2，研究所（含）以上為 3。

性別（*Male*）：為虛擬變數，男性對應 1，其他性別對應 0。

居住地（*North*）：為虛擬變數，居住地為北北基桃竹苗對應 1，其他地區包括海外皆對應 0。

四、實證分析

本節以二〇一九年五月八日至五月十三日所取得之 2,037 筆有效網路問卷中，知道心五四內容之填答者的 1,664 份問卷為樣本，依序進行敘述統計量分析、相關係數矩陣分析，以及迴歸分析。

（一）敘述統計量分析

1. 被解釋變數之敘述統計量（請參見表三甲）

在五個構成 Y 的利他成分中，Y_1（重視內在富足）的平均值最大、標準差最小；反之，Y_3（消費行為之利他傾向）則是平均值最小、標準差最大。事實上，只有利他消費的平均數低於 3。這顯示出，在五種利他成分中，填答者對於內在富足感是最重視的，而且彼此的個別差異是最小的；相形之下，填答者對於利他消費雖然也算重視，但卻是五種利他層面中最不重視的，而且重視程度的個別差異也是最大的。此結果呼應了文獻回顧中曾提及的：在物質無虞的狀況下，瑪斯洛五個需求的順序應該是相反的，人們將更為重視與內在富足相關的需求。而且值得注意的是，「重視內在富足」者並不必然也會「重視並落實利他消費」。

2. 解釋變數之敘述統計量（請參見表三乙）

心五四（*FSRC*）的變異係數為 0.32（=1.19/3.76），修行（*Pract*）的變異係數則明顯較小，僅 0.22（=0.76/3.44）；這表示，填答者們在是否經常修行方面，個別差異是比較小的，而在是否經常運用心五四方面，個別差異則是比較大的。換言之，相較於修行，心五四被重視而被運用的狀況是比較不普遍、不一致的。

在個人基本資料方面：所得（*Income*）的變異係數是 68%，代表每一類所得級距的填答者，人數都不算少。年齡（*Age*）的平均值偏高（53.37 歲）。教育程度（*Edu*）主要落在高中與大學。男性（*Male*）僅占 19%。居住地為「北北基桃竹苗」者（*North*）占 63%。由於 1,664 位填答者中，有 84% 是在法鼓山皈依的佛教徒，所以這些基本資料的分布狀況，主要是反映法鼓山信眾的分布狀況。

（二）相關係數矩陣分析

1. 被解釋變數之相關係數矩陣（請參見表四甲）

就 Y 與各個構成變數（$Y_1 \sim Y_5$）之相關性來說，Y 與三個經濟行為傾向變數（$Y_3 \sim Y_5$）的相關係數都在 0.7 以上。Y 與樂於行善布施（Y_2）的相關係數為 0.63，與重視內在富足（Y_1）的相關係數為 0.48；都低於 0.7。這顯示 Y 的構成特性是以三個經濟行為的利他傾向為主，行善布施及重視內在富足為輔；這與本研究擬捕捉之構念相當一致。

$Y_1 \sim Y_5$ 彼此都為正相關。其中，重視內在富足（Y_1）與其他構成變數的相關性相對小。樂於行善布施（Y_2）與消費行為之利他傾向（Y_3）之相關性較大（0.43），且兩者與 Y_1 的相關性都稍低於 0.2。工作行為之利他傾向（Y_4）與投資行為之利他傾向（Y_5）之相關性更大（0.6），且兩者與 Y_1 的相關性都高於 0.2。換言之，就與「重視內在富足」的關係來說，行善布施（Y_2）和消費利他（Y_3）的性質較接近，而工作利他（Y_4）則和投資利他（Y_5）的性質較接近。

2. 解釋變數之相關敘述矩陣（請參見表四乙）

心五四（*FSR*）與修行（*Pract*）的相關係數約為 0.29，雖為顯著正相關，但僅為低度相關，顯示兩者所捕捉的構念有所不同。此外也發現學歷（*Edu*）愈高、性別為男性（*Male* =1）者，其所得（*Income*）平均愈高；而年齡（*Age*）愈低者，其教育程度平均愈高。這些現象與社會上的一般狀況一致。

（三）迴歸分析

1. 心五四對利他傾向之影響及內生性檢定（請參見表五）

表五依據下列迴歸模型分析心五四對經濟行為利他傾向之影響，並進行內生性檢定：

$$Y_i = \beta_0 + \beta_1 FSRC_i + \beta_2 Pract_i + \beta_3 Income_i + \beta_7 Age_i + \beta_8 Edu_i + \beta_9 Male_i + \beta_{10} North_i + \varepsilon_i \quad (1)$$

模型（1）只納入 *FSRC* 一項解釋變數，其 OLS 結果顯示，*FSRC* 的迴歸係數顯著為正，意謂**心五四對利他傾向有顯著的提昇作用**。模型（2）控制年齡、性別、教育程度、居住地等人口統計變數之影響後，結果並沒有明顯改變。模型（3）進一步納入修行及所得兩項解釋變數，結果顯示：**修行及所得亦對利他傾向有顯著的提昇作用**，且 *FSRC* 的迴歸係數仍顯著為正；後者意謂著**無論修行疏密、所得多寡，心五四都能提昇利他傾向**。

在詮釋迴歸結果為因果關係前，必須檢查解釋變數是否存在著內生性問題。為了檢定以上 OLS 估計結果是否受到內生性問題的影響，表五除了呈現 OLS 估計結果，也併列呈現工具變數 IV 的兩階段估計結果。我們以工具變數兩階段最小平方法來處理內生性問題。一個合適的工具變數，必須對有內生性疑慮的解釋變數具有攸關性，符合「排除限制」條件，並對被解釋變數具有外生性。

我們使用填答者「首次接觸心五四距今的時間」做為填答者「心五四運用頻率」的工具變數。理由有三。首先，就工具變數的攸關性來說：認識心五四的時間愈長，就有愈長的時間可以了解心五四的內涵與用處，所以會更願意在生活中經常運用心五四，進而達到提昇利他傾向的效果。其次，就「排除限制」條件來說，「首次接觸心五四距今的時間」如果要影響利他傾向，應該是以「心五四運用頻率」為中介變數。換句話說，如果只是在很久以前聽到了心五四的內容，卻沒有去用它，利他傾向不會只因為曾經聽過心五四而有什麼改變。第三，就工具變數對被解釋變數的外生性來說，利他傾向愈高，不見得認識心五四的時間就會愈久；換句話說，「利他傾向愈高，就會愈早認識心五四」，這個反向的因果關係比較不明顯。基於以上三個理由，我們所選擇的工具變數應該是合適的。

模型（1）至模型（3）的 IV 兩階段最小平方法估計結果顯示：第一階段工具變數迴歸的 *F* 值都非常顯著，這代表工具變數具有攸關性。Durbin 卡方值及 Wu-Hausman *F* 值也都非常顯著，這代表使用工具變數估計法可減輕內生性疑慮。根據工具變數第二階段的迴歸估計結果，心五四、修行、所得的迴歸係數都仍顯著為正，而且心五四迴歸係數的 IV 估計值大於 OLS 估計值，這可能代表，在認識心五四更

久，進而更經常運用心五四的情況下，心五四對利他傾向有更大的提昇作用。

這個結果，與前述文獻回顧中所提及的「宗教信仰及實踐對於道德的發展及利他的傾向有促進作用」的論點相吻合。儘管聖嚴法師提出心五四時刻意淡化了宗教色彩，但心五四畢竟淬鍊自佛法，若能理解並實踐之，確實能顯著提昇利他傾向。

綜合上述結果，在使用工具變數估計法減輕內生性疑慮後，「無論修行疏密、所得多寡，心五四都能提昇經濟行為利他傾向」，這個主要實證結果仍然是成立的。

2. 心五四、修行、所得及其兩兩交乘項對利他傾向之影響（請參見圖三、表六、表七）

圖三是由表六之數據繪製而成，整體所呈現的是：愈經常運用心五四者，不但利他傾向愈高，而且利他傾向愈不受所得影響。圖形中的三條線，斜率都是正的，代表無論是否經常運用心五四，所得都能夠提昇利他傾向。心五四運用頻率愈高者斜率愈小，代表愈常運用心五四，利他傾向就愈不受所得影響。我們還可以觀察到，給定相同的所得級距，心五四運用頻率愈高，利他傾向就愈高。值得注意的是，「所得級距在 2 以下且心五四等於 5」的平均利他傾向，都大於「所得級距在 4 以上且心五四在 3 以下」者；這意思是說：「所得不到 4 萬元但每天至少用一次心五四」的填答者，他們利他傾向的平均數甚至還高於「所得在 5 萬元以上，但每個月用不到一次心五四」的填答者。

為了檢定圖三中「經常運用心五四者，利他傾向較不受

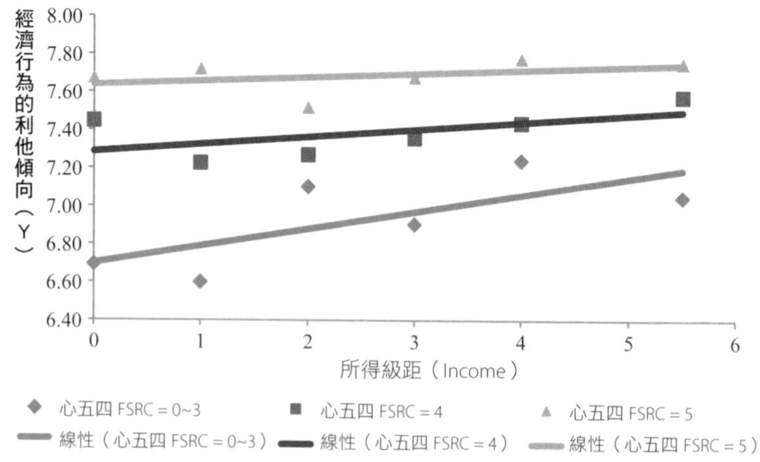

圖三：心五四對利他傾向及「利他傾向——所得」關係的影響

所得影響」這個現象，在統計上是否顯著，我們在迴歸式中加入了解釋變數的交乘項：

$$Y_i = \beta_0 + \beta_1 FSRC_i + \beta_2 Pract_i + \beta_3 Income_i + \beta_4 FSRC \times Income_i + \beta_5 Pract_i \times Income_i + \beta_6 FSRC_i \times Pract_i + \beta_7 Age_i + \beta_8 Edu_i + \beta_9 Male_i + \beta_{10} North_i + \varepsilon_i \quad (2)$$

從表七的估計結果可以觀察到：心五四和所得的交乘項，迴歸係數是顯著的負值；這表示：愈經常運用心五四，所得對利他傾向的影響就愈小。這與圖三中觀察到的完全一致。

我們也可以注意到，修行和所得的交乘項，係數雖然是負值，但並不顯著。此外，心五四和修行的交乘項，迴歸係數是正的，然而也並不顯著。就調整後判定係數來看，模型（4）的判定係數是四個模型中最高的，所以後續表八及表九的子樣本分析，是以模型（4）的設定進行估計。

以上結果不但呼應了 Hoffman（2011）「利他行為會隨著收入增加而增加」的發現，更增進了我們對「所得—利他傾向」關係的理解：愈經常運用淬鍊自佛法的心五四，則利他傾向愈不受所得影響。

3. 心五四、修行、所得對利他傾向之影響——區分修行別（請參見表八）

表八呈現按修行方式來切分樣本的子樣本估計結果。各子樣本估計結果的交乘項迴歸係數雖然都是負值，但只有「禪修類」、「法會類」、「定課類」三類子樣本的交乘項迴歸係數是顯著的；這表示「愈經常運用心五四者，利他傾向愈不受所得影響」這樣的現象是否顯著，是與修行方式有關的。此外我們還可以觀察到，在「禪修類」、「法會類」、「定課類」三類子樣本中，法會類的心五四迴歸係數是三種修行方式中最大的，同時也最為顯著。

4. 心五四、修行、所得對利他傾向之影響——區分皈依時間別（請參見表九）

表九呈現按皈依時間長短來切分樣本的子樣本估計結果。各子樣本估計結果的交乘項迴歸係數雖然都是負值，但只有「皈依 16 年以上」子樣本的交乘項迴歸係數是顯著的；這表示「愈經常運用心五四者，利他傾向愈不受所得影響」這樣的現象是否顯著，是與皈依時間的長短有關的。此外，我們還可以觀察到：皈依時間愈短則心五四迴歸係數愈

小；這可能是因為皈依時間較短的填答者，對心五四的認識深度相對較淺。

5. 心五四中的每個四對利他傾向及其五個成分變數之影響（請參見表十）

表十呈現心五四中的每一個四，對經濟行為利他傾向 Y，及構成 Y 的五個成分變數的影響。各欄分別呈現以 Y 或個別成分變數為被解釋變數的個別迴歸估計結果。其中，F_1 到 F_5 都是虛擬變數；例如，$F_1=1$ 代表填答者曾經從「四安」中獲益，或受「四安」影響較深。從調整後判定係數來看，全體解釋變數對 Y_1、Y_2 的解釋能力都大於對 Y_3、Y_4、Y_5 的解釋能力；這可能代表：就現況而言，心五四在填答者的非經濟決策上較能發揮影響力，或填答者對於心五四的利他意涵以及心五四在經濟決策上的用處，認識還不夠深。

仔細比較各個四的解釋力可以發現，只有四安對整體的利他傾向 Y 具有解釋力，也只有四安對大部分的個別利他成分都有解釋力。然而，我們卻在問卷中發現，四安在「是否曾經從中獲益或受影響較深」的問項分數中敬陪末座。換句話說，相較於其他的「四」，曾經從「四安」中獲益，或受「四安」影響較深的填答者，人數是最少的；這代表四安的實用性並未廣泛為人所知。即使如此，本研究的發現仍讓我們對於四安推動利他的力量感到相當好奇：四安雖較少為人所知，但卻對多數利他成分具有解釋力；這個力量來源是什麼？是否與漢傳佛教經典中經常提及「安心」之道的力量有關？這些問題值得後續研究探求解答。

須注意的是：四要和四福對於每一種利他傾向都沒有

顯著的解釋力。其中，最令人意外的是：四要竟然無法解釋消費上的利他；而四福，竟然也不能解釋布施上的利他。其實，四福中的培福、種福，都與布施有密切的關係。而四要中的能要、該要，可以避免為了想要而傷人傷己。聖嚴法師還曾強調：「為社會、環境的需要，而想要，且能力可及，是可以要的。」由此可見，四要及四福都有自利利他的意涵，並不局限於個人層次。但初學或了解未深者，可能會把四要、四福限縮於個人範疇；例如：四要只用於節制個人的想要、四福只做為個人增減福報的依歸。若如此限縮於個人層次，就難以展現其可推及家庭、群體、社會與世界的力量，甚為可惜。

五、結語

本研究首度以實證分析的方式，發現心五四的確發揮了它該有的力量：讓人們在認識心五四、進而實踐心五四之後，無論修行疏密、所得多寡，在經濟行為的利他傾向上都有所提昇。同時也發現：愈經常運用心五四者，經濟行為的利他傾向愈不受所得影響。然而，本研究並未量測「利他的經濟行為」，而是量測「經濟行為的利他傾向」，所以心五四是否在影響了「行為傾向」後，也實際影響了「行為」？仍有待後續研究。

聖嚴法師在〈菩薩行〉中開門見山地告訴我們，利他為大乘佛教修行的核心：「如何成佛道？菩提心為先。何謂菩提心？利他為第一。」為了回應聖嚴法師倡導源於佛法之心靈環保於佛教內、外大眾的初衷，我們建議：在賴以落實心靈環保之心五四的推廣上，可同時加強深度及廣度。深度，可以指的是每一個四的自利利他內涵，以及實用的情境；使其深刻意涵能更深入人心。廣度則是要讓心五四為更多佛教內外大眾所知、所用；使其提昇利他行為傾向之趨力能夠加大、增廣。當然，也可以和心六倫串聯，藉以在心六倫的六大類情境中，廣泛運用並體驗心五四自利利他的內涵於日常生活中；「菩薩最勝行，悲智度眾生」。

聖嚴法師曾提醒大家：「佛法離開實踐，是沒有生命力的。」心五四其實就是聖嚴法師提出來幫助佛教內外大眾實踐佛法的觀念與方法；一旦離開了理解與實踐，就無法發揮其生命力。聖嚴法師在捨報前一年的除夕撞鐘活動現場開示：「小小的好做得多了，就會變成一個大大的好！」如果大家都能經常運用心五四來成就許多小小的好，這些小小的好，累積、串連起來，就會變成一個大大的好。自利利他的念頭與行為若能加深、增廣，這個世界也將愈來愈好！

表一：信仰狀況及心五四認識狀況之樣本分布

表一甲

	完全不知心五四內容者	知道部分至全部心五四內容者	人數合計	完全不知心五四內容者占比	
於法鼓山皈依者	118	1404	1522	7.8%	(=118/1522)
已皈依佛教徒	180	1521	1701	10.6%	(=180/1701)
佛教徒	248	1593	1841	13.5%	(=248/1841)
全部問卷	373	1664	2037	18.3%	(=373/2037)

表一乙

	完全不知心五四內容者	知道部分至全部心五四內容者	人數合計	完全不知心五四內容者占比	
於其他道場皈依	62	117	179	34.6%	(=62/179)
未皈依之佛教徒	68	72	140	48.6%	(=68/140)
非佛教徒	125	71	196	63.8%	(=125/196)

表二：被解釋變數與解釋變數之問項及選項

表二甲：構成被解釋變數的五個問項及各問項之選項

變數名	問項內容	選項及變數對應數字	
Y_1 重視內在富足	7. 相較於外在的物質，您認同真正的快樂是來自內在。	非常同意	4
		同意	3
		普通	2
		不同意	1
		非常不同意	0
Y_2 樂於行善布施	12. 在行有餘力時，您是否樂於主動幫助他人或布施（無償捐出自己一部分的時間、體力、智慧或錢財）。	總是這樣做	4
		常常這樣做	3
		偶爾這樣做	2
		有想過，但沒做	1
		從來沒想過要做	0
Y_3 消費行為的利他傾向	13. 對於您或親友所需要的商品，若該商品在原料取得與製造過程對環境與社會較為友善，您會願意付出較高的價格去購買。	總是這樣做	4
		常常這樣做	3
		偶爾這樣做	2
		有想過，但沒做	1
		從來沒想過要做	0
Y_4 工作行為的利他傾向	14. 您選擇為哪一家企業工作時，或在工作上選擇往來的企業時，會優先考慮對員工、社會、環境較友善的企業。	非常同意	4
		同意	3
		普通	2
		不同意	1
		非常不同意	0
Y_5 投資行為的利他傾向	15. 您投資時（例如買股票）會優先考慮投資於對員工、社會、環境較友善的企業。	非常同意	4
		同意	3
		普通	2
		不同意	1
		非常不同意	0

表二乙：各個解釋變數之問項及各問項之選項

變數名	問項內容	選項及變數對應數字	
FSR 心五四	11.1 您在日常生活中運用心五四的觀念及方法的頻率為？（任何一個「四」都算在內）。	從未運用	0
		曾運用，但每年不到 1 次	1
		每年至少 1 次	2
		每月至少 1 次	3
		每週至少 1 次	4
		每日至少 1 次	5
Pract 修行	8. 您有穩定且持續的個人修行方式（如：祈禱、讀經、靜坐、拜佛等），或經常參加宗教共修活動（如：禮拜、團契、遶境進香、禪坐共修、念佛共修、法會等），或經常參與跟心靈成長相關的課程（包括宗教課程，如佛學課程等）。	非常同意	4
		同意	3
		普通	2
		不同意	1
		非常不同意	0
Income 所得	6. 請問您個人平均每月的所得（新臺幣）為？	19,999 元以下	0
		20,000~29,999 元	1
		30,000~39,999 元	2
		40,000~49,999 元	3
		50,000~69,999 元	4
		70,000~99,999 元	5
		100,000 以上	6
Age 年齡	2. 請問您的出生年（西元）	填入出生年（以 2019 減出生年為年齡數字）	
Edu 教育程度	5. 請問您的教育程度	國中（含）以下	0
		高中（職）	1
		大學（大專）	2
		研究所（含）以上	3
Male 性別	1. 請問您的性別	女	0
		男	1
		其他	0
North 居住地	4. 請問您所居住的地區	臺灣北部（基隆、雙北、桃竹苗）	1
		其他（含臺灣之中部、南部、東部、離島，及海外其他地區等共 8 個答項）	0

表三：敘述統計量

本表以 2019/5/8~5/13 所取得之 2,037 筆有效網路問卷中，知道部分至全部心五四內容之填答者的 1,664 份問卷為樣本。被解釋變數「經濟行為之利他傾向（Y）」為五個相關問項分數（Y_1~Y_5）之 PCA 第一主成分：

$$Y = 0.3211Y_1 + 0.4228Y_2 + 0.4487Y_3 + 0.5118Y_4 + 0.5049Y_5$$

主要解釋變數為「心五四運用密度（*FSR*）；『在日常生活中運用心五四之觀念及方法的頻率』之級距）」、「修行密度（*Pract*）；『穩定持續地修行或經常參加共修、課程』之自評分數」、「所得（*Income*）；個人平均每月所得之級距」。其他解釋變數（控制變數）包括年齡（*Age*）、教育程度（*Edu*；0 到 5 的整數；0 代表「國中（含）以下」，3 代表「研究所（含）以上」）、性別（*Male*；虛擬變數，男性等於 1）、居住地（*North*；虛擬變數，北北基桃竹苗等於 1）。

表三甲：被解釋變數之敘述統計量

被解釋變數	平均值	標準差	最小值	最大值
Y 經濟行為之利他傾向	7.331	1.002	2.997	8.837
Y_1 重視內在富足	3.734	0.504	0	4
Y_2 樂於行善布施	3.227	0.672	0	4
Y_3 消費行為之利他傾向	2.805	0.762	0	4
Y_4 工作行為之利他傾向	3.580	0.607	0	4
Y_5 投資行為之利他傾向	3.320	0.756	0	4

表三乙：解釋變數之敘述統計量

解釋變數	平均值	標準差	最小值	最大值
FSR 心五四	3.76	1.19	0	5
Pract 修行	3.44	0.76	0	4
Income 所得	2.72	1.86	0	6
Age 年齡	53.37	9.68	19	89
Edu 教育程度	1.90	0.75	0	3
Male 性別	0.19	0.39	0	1
North 居住地	0.63	0.48	0	1

表四：相關係數矩陣

本表以 2019/5/8~5/13 所取得之 2,037 筆有效網路問卷中，知道部分至全部心五四內容之填答者的 1,664 份問卷為樣本。被解釋變數「經濟行為之利他傾向（*Y*）」為五個相關問項分數之 PCA 第一主成分。主要解釋變數為「心五四（*FSRC*）：『在日常生活中運用心五四之觀念及方法的頻率』之級距」、「修行（*Pract*）：『穩定持續地修行或經常參加共修、課程』之自評分數」、「所得（*Income*）：個人平均每月所得之級距」。控制變數包括年齡（*Age*）、教育程度（*Edu*；0 代表「國中（含）以下」，5 代表「研究所（含）以上」）、性別（*Male*；虛擬變數，男性等於 1）、居住地（*North*；虛擬變數，北北基桃竹苗等於 1）。左下角為 Pearson 相關係數，右上角為 Spearman 相關係數。相關係數右上方的星號 *、**、*** 分別代表此係數在 10%、5%、1% 之顯著水準下顯著地異於零。

表四甲：被解釋變數之相關係數矩陣

	Y	Y_1	Y_2	Y_3	Y_4	Y_5
Y 經濟行為之利他傾向	1	0.491^{***}	0.633^{***}	0.708^{***}	0.698^{***}	0.746^{***}
Y_1 重視內在富足	0.496^{***}	1	0.197^{***}	0.190^{***}	0.284^{***}	0.273^{***}
Y_2 樂於行善布施	0.634^{***}	0.191^{***}	1	0.435^{***}	0.236^{***}	0.224^{***}
Y_3 消費行為之利他傾向	0.699^{***}	0.166^{***}	0.426^{***}	1	0.290^{***}	0.317^{***}
Y_4 工作行為之利他傾向	0.707^{***}	0.248^{***}	0.228^{***}	0.281^{***}	1	0.630^{***}
Y_5 投資行為之利他傾向	0.734^{***}	0.235^{***}	0.211^{***}	0.304^{***}	0.597^{***}	1

表四乙：解釋變數之相關係數矩陣

	FSR	*Pract*	*Income*	*Age*	*Edu*	*Male*	*North*
FSRC 心五四	1	0.285^{***}	-0.004	0.111^{***}	-0.072^{***}	-0.069^{***}	0.001
Pract 修行	0.288^{***}	1	0.011	0.093^{***}	-0.039	-0.052^{**}	0.041^{*}
Income 所得	-0.002	-0.001	1	-0.045^{*}	0.402^{***}	0.201^{***}	0.085^{***}
Age 年齡	0.123^{***}	0.112^{***}	-0.008	1	-0.219^{***}	0.040	0.052^{**}
Edu 教育程度	-0.061^{**}	-0.053^{**}	0.399^{***}	-0.216^{***}	1	0.159^{***}	0.032
Male 性別	-0.080^{***}	-0.065^{***}	0.205^{***}	0.035	0.147^{***}	1	-0.004
North 居住地	0.006	0.043^{*}	0.085^{***}	0.069^{***}	0.032	-0.004	1

表五：心五四對利他傾向之影響及內生性檢定

本表以 2019/5/8~5/13 所取得之 2,037 筆有效網路問卷中，知道部分至全部心五四內容之填答者的 1,664 份問卷為樣本。依據下列迴歸模型分析心五四、修行、所得對經濟行為利他傾向之影響：

$$Y_i = \beta_0 + \beta_1 FSRC_i + \beta_2 Pract_i + \beta_3 Income_i + \beta_7 Age_i + \beta_8 Edu_i + \beta_9 Male_i + \beta_{10} North_i + \varepsilon_i$$

各欄位分別呈現各迴歸式的個別估計結果。被解釋變數「經濟行為之利他傾向（*Y*）」為五個相關問項分數之 PCA 第一主成分。主要解釋變數為「心五四（*FSRC*）：『在日常生活中運用心五四之觀念及方法的頻率』之級距」、「修行（*Pract*）：『穩定持續地修行或經常參加共修、課程』之自評分數」、「所得（*Income*）：個人平均每月所得之級距」。控制變數包括年齡（*Age*）、教育程度（*Edu*；0 代表「國中（含）以下」，5 代表「研究所（含）以上」）、性別（*Male*；虛擬變數，男性等於 1）、居住地（*North*；虛擬變數，北北基桃竹苗等於 1）。每個模型除了用 OLS 估計外，另亦以「第一次接觸心五四距今時間」為 *FSR* 之工具變數進行兩階段估計（2SLS）。迴歸係數下方括號內的 *t* 值或 *Z* 值、第一階段迴歸之 *F* 值、Durbin 卡方值、Wu-Hausman *F* 值皆係以穩健標準誤計算而得；迴歸係數右上方的星號 *、**、*** 分別代表此係數在 10%、5%、1% 之顯著水準下顯著地異於零。

模型	(1)		(2)		(3)	
	OLS	IV	OLS	IV	OLS	IV
Constant	6.4075*** (82.23)	4.7269*** (14.97)	5.5680*** (32.62)	4.4223*** (12.66)	4.3822*** (25.19)	3.7059*** (14.06)
FSRC	0.2456*** (12.43)	0.6925*** (8.28)	0.2361*** (11.91)	0.6075*** (6.20)	0.1487*** (7.80)	0.5229*** (5.14)
Pract					0.4851*** (16.39)	0.3260*** (6.09)
Income					0.0471** (3.66)	0.0413*** (2.88)
Age			0.0130*** (5.20)	0.0075** (2.42)	0.0096*** (4.13)	0.0054* (1.94)
Edu			0.0763** (2.36)	0.0900** (2.52)	0.0376 (1.16)	0.0537 (1.48)
Male			0.0290 (0.48)	0.1202* (1.71)	0.0369 (0.65)	0.1126* (1.71)
North			0.0481 (0.99)	0.0498 (0.93)	0.0074 (0.16)	0.0198 (0.40)
$Adj\text{-}R^2$	0.0845		0.0996		0.2304	
樣本數 *N*	1,664	1,664	1,664	1,664	1,664	1,664
第一階段 *F* 值		130.63***		86.20***		74.52***
Durbin 卡方值		40.27***		18.32***		17.44***
Wu-Hausman *F*		41.20***		18.44***		17.53***

表六：經濟行為利他傾向之樣本平均數——按心五四及所得交叉分組

		心五四 *FSRC* = 0~3	心五四 *FSRC* = 4	心五四 *FSRC* = 5	心五四 *FSRC* = 0~5
所得級距 *Income* =	0	6.69 (100)	7.45 (73)	7.68 (96)	7.25 (269)
	1	6.60 (79)	7.23 (77)	7.72 (70)	7.16 (226)
	2	7.10 (110)	7.27 (95)	7.52 (93)	7.29 (298)
	3	6.90 (90)	7.36 (74)	7.68 (78)	7.29 (242)
	4	7.24 (102)	7.44 (114)	7.78 (103)	7.48 (319)
	5~6	7.05 (110)	7.58 (106)	7.75 (94)	7.44 (310)
	0~6	6.95 (591)	7.40 (539)	7.69 (534)	7.33 (1644)

註：括號中的數字為對應之樣本數

表七：心五四、修行、所得及其兩兩交乘項對利他傾向之影響

本表以 2019/5/8~5/13 所取得之 2,037 筆有效網路問卷中，知道部分至全部心五四內容之填答者的 1,664 份問卷為樣本。依據下列迴歸模型分析心五四、修行、所得對經濟行為利他傾向之影響：

$$
\begin{aligned}
Y_i = \beta_0 + \beta_1 FSRC_i + \beta_2 Pract_i + \beta_3 Income_i + \beta_4 FSRC_i \\
\times Income_i + \beta_5 Pract_i \times Income_i + \beta_6 FSRC_i \times Pract_i \\
+\beta_7 Age_i + \beta_8 Edu_i + \beta_9 Male_i + \beta_{10} North_i + \varepsilon_i
\end{aligned}
$$

各欄位分別呈現各迴歸式的個別估計結果。被解釋變數「經濟行為之利他傾向（*Y*）」為五個相關問項分數之 PCA 第一主成分。主要解釋變數為「心五四（*FSRC*）：『在日常生活中運用心五四之觀念及方法的頻率』之級距」、「修行（*Pract*）：『穩定持續地修行或經常參加共修、課程』之自評分數」、「所得（*Income*）：個人平均每月所得之級距」，以及此三個主要解釋變數之兩兩交乘項。為了減輕交乘項造成之線性重合問題，此三個主要解釋變數皆已先減去各自的樣本平均數。控制變數包括年齡（*Age*）、教育程度（*Edu*；0 代表「國中（含）以下」，5 代表「研究所（含）以上」）、性別（*Male*；虛擬變數，男性等於 1）、居住地（*North*；虛擬變數，北北基桃竹苗等於 1）。迴歸係數下方括號內的 *t* 值係以穩健標準誤計算而得；迴歸係數右上方的星號 *、**、*** 分別代表此係數在 10%、5%、1% 之顯著水準下顯著地異於零。

模型	(4)	(5)	(6)	(7)
Constant	6.7434*** (44.20)	6.7328*** (44.13)	6.7337*** (44.16)	6.7389*** (44.13)
FSRC	0.1483*** (7.51)	0.1481*** (7.48)	0.1497*** (7.67)	0.1488*** (7.64)
Pract	0.4855*** (15.18)	0.4876*** (15.15)	0.4896*** (14.57)	0.4905*** (14.57)
Income	0.0474*** (3.63)	0.0468*** (3.57)	0.0473** (3.61)	0.0472** (3.62)
FSRC×*Income*	-0.0220** (-2.17)			-0.0186* (-1.73)
Pract×*Income*		-0.0242 (-1.50)		-0.0148 (-0.87)
FSRC×*Pract*			0.0115 (0.42)	0.0091 (0.33)
Age	0.0094*** (4.02)	0.0097*** (4.15)	0.0096*** (4.10)	0.0095*** (4.05)
Edu	0.0383 (1.16)	0.0362 (1.12)	0.0371 (1.12)	0.0373 (1.13)
Male	0.0344 (0.59)	0.0350 (0.60)	0.0357 (0.61)	0.0326 (0.56)
North	0.0096 (0.22)	0.0061 (0.14)	0.0080 (0.18)	0.0090 (0.20)
Adj-R^2	0.2322	0.2311	0.2300	0.2318
樣本數 *N*	1,664	1,664	1,664	1,664

表八：心五四、修行、所得對利他傾向之影響——區分修行別

本表以 2019/5/8~5/13 所取得之 2,037 筆有效網路問卷中，知道部分至全部心五四內容之填答者的 1,664 份問卷為樣本。依據下列迴歸模型分析心五四、修行、所得對經濟行為利他傾向之影響：

$$
\begin{aligned}
Y_i = \beta_0 &+ \beta_1 FSRC_i + \beta_2 Pract_i + \beta_3 Income_i \\
&+ \beta_4 FSRC_i \times Income_i + \beta_7 Age_i + \beta_8 Edu_i \\
&+ \beta_9 Male_i + \beta_{10} North_i + \varepsilon_i
\end{aligned}
$$

各欄位分別呈現各修行別子樣本之估計結果。被解釋變數「經濟行為之利他傾向（*Y*）」為五個相關問項分數之 PCA 第一主成分。主要解釋變數為「心五四（*FSRC*）：『在日常生活中運用心五四之觀念及方法的頻率』之級距」、「修行（*Pract*）：『穩定持續地修行或經常參加共修、課程』之自評分數」、「所得（*Income*）：個人平均每月所得之級距」，以及 *FSR* 與 *Income* 之交乘項。為了減輕交乘項造成之線性重合問題，此三個主要解釋變數皆已先減去各自的樣本平均數。控制變數包括年齡（*Age*）、教育程度（*Edu*；0 代表「國中（含）以下」，5 代表「研究所（含）以上」）、性別（*Male*；虛擬變數，男性等於 1）、居住地（*North*；虛擬變數，北北基桃竹苗等於 1）。迴歸係數下方括號內的 *t* 值係以穩健標準誤計算而得；迴歸係數右上方的星號 *、**、*** 分別代表此係數在 10%、5%、1% 之顯著水準下顯著地異於零。

子樣本	禪修類	法會類	定課類	念佛持咒	讀誦鈔經	佛學課程	志工類	活動及其他類
Constant	6.5485*** (27.56)	6.7415*** (23.80)	6.3492*** (17.40)	6.6036*** (26.64)	6.8142*** (21.70)	6.6352*** (26.81)	7.3654*** (19.68)	6.5695*** (17.26)
FSRC	0.1518*** (4.29)	0.1847*** (5.71)	0.1664*** (3.55)	0.1360*** (4.22)	0.1757*** (4.01)	0.1385*** (4.36)	0.0852* (1.88)	0.1329*** (2.86)
Pract	0.5996*** (9.75)	0.5098*** (7.14)	0.6001*** (5.79)	0.5614*** (8.63)	0.5257*** (6.55)	0.6427*** (9.73)	0.5559*** (6.32)	0.5865*** (7.37)
Income	0.0441** (2.36)	0.0584*** (2.75)	0.0358 (1.12)	0.0757*** (3.54)	0.0674*** (2.74)	0.0267 (1.27)	0.0792** (2.38)	0.0453 (1.36)
FSRC× *Income*	-0.0353** (-2.03)	-0.0412** (-2.48)	-0.0468* (-1.89)	-0.0136 (-0.75)	-0.0335 (-1.61)	0.1270 (0.70)	-0.0399 (-1.15)	-0.0171 (-0.78)
Age	0.0109*** (3.01)	0.0111** (2.56)	0.0122** (2.16)	0.0117*** (2.94)	0.0052 (1.05)	0.0129*** (3.62)	0.0064 (1.14)	0.0122** (2.14)
Edu	0.0928* (1.73)	-0.0100 (-0.19)	0.0883 (1.23)	0.0107 (0.21)	0.0869 (1.32)	-0.0167 (-0.30)	-0.1353* (-1.81)	0.1251 (1.54)
Male	-0.0123 (0.59)	-0.0214 (-0.20)	0.0716 (0.44)	0.0202 (0.22)	-0.0229 (-0.18)	0.0461 (0.47)	0.0499 (0.39)	0.0850 (0.60)
North	0.0375 (0.55)	0.0861 (1.12)	0.1460 (1.42)	-0.0005 (-0.01)	0.0446 (0.51)	-0.0032 (-0.04)	-0.1021 (-0.90)	-0.2633** (-2.31)
$Adj\text{-}R^2$	0.2024	0.2046	0.2136	0.2045	0.1992	0.2170	0.2046	0.2322
樣本數 *N*	684	538	251	617	360	673	273	225

表九：心五四、修行、所得對利他傾向之影響——區分皈依時間別

本表以 2019/5/8~5/13 所取得之 2,037 筆有效網路問卷中，知道部分至全部心五四內容之填答者的 1,664 份問卷為樣本。依據下列迴歸模型分析心五四、修行、所得對經濟行為利他傾向之影響：

$$
\begin{aligned}
Y_i = \beta_0 &+ \beta_1 FSRC_i + \beta_2 Pract_i + \beta_3 Income_i \\
&+ \beta_4 FSRC_i \times Income_i + \beta_7 Age_i + \beta_8 Edu_i \\
&+ \beta_9 Male_i + \beta_{10} North_i + \varepsilon_i
\end{aligned}
$$

各欄位分別呈現各皈依時間別子樣本之估計結果。被解釋變數「經濟行為之利他傾向（*Y*）」為五個相關問項分數之 PCA 第一主成分。主要解釋變數為「心五四（*FSRC*）：『在日常生活中運用心五四之觀念及方法的頻率』之級距」、「修行（*Pract*）：『穩定持續地修行或經常參加共修、課程』之自評分數」、「所得（*Income*）：個人平均每月所得之級距」，以及 *FSR* 與 *Income* 之交乘項。為了減輕交乘項造成之線性重合問題，此三個主要解釋變數皆已先減去各自的樣本平均數。控制變數包括年齡（*Age*）、教育程度（*Edu*；0 代表「國中（含）以下」，5 代表「研究所（含）以上」）、性別（*Male*；虛擬變數，男性等於 1）、居住地（*North*；虛擬變數，北北基桃竹苗等於 1）。迴歸係數下方括號內的 *t* 值係以穩健標準誤計算而得；迴歸係數右上方的星號 *、**、*** 分別代表此係數在 10%、5%、1% 之顯著水準下顯著地異於零。

子樣本	0~5 年	6~15 年	16 年以上
Constant	6.5913*** (24.25)	7.0001*** (25.54)	6.6540*** (22.32)
FSRC	0.0759** (2.11)	0.1663*** (4.95)	0.1887*** (4.79)
Pract	0.5831*** (8.45)	0.4888*** (9.02)	0.4604*** (7.08)
Income	0.0326 (1.24)	0.0424** (2.05)	0.0682*** (2.89)
FSRC×Income	-0.0241 (-1.28)	-0.0153 (-0.85)	-0.0509** (-2.36)
Age	0.0097** (2.22)	0.0047 (1.10)	0.0118*** (2.71)
Edu	0.0316 (0.46)	0.0102 (0.19)	0.0850 (1.60)
Male	-0.0809 (-0.69)	0.2449*** (2.85)	-0.1868* (-1.67)
North	0.0898 (1.01)	0.0429 (0.60)	-0.0408 (-0.53)
Adj-R^2	0.1912	0.1924	0.2307
樣本數 *N*	450	607	464

表十：心五四中的每個四對利他傾向及其五個成分變數之影響

本表以 2019/5/8~5/13 所取得之 2,037 筆有效網路問卷中，知道部分至全部心五四內容之填答者的 1,664 份問卷為樣本。以迴歸法分析心五四中的每個四對利他傾向及其五個成分變數之影響。各欄位分別呈現以 Y、Y_1、Y_2、Y_3、Y_4、Y_5 為被解釋變數之迴歸式的個別估計結果。被解釋變數 Y 為「經濟行為之利他傾向」、Y_1 為「重視內在富足」、Y_2 為「樂於行善布施」、Y_3 為「消費行為之利他傾向」、Y_4 為「工作行為之利他傾向」、Y_5 為「投資行為之利他傾向」。解釋變數包括四安（F_1）、四它（F_2）、四要（F_3）、四感（F_4）、四福（F_5）、修行（*Pract*）、所得（*Income*）。其中，F_1~F_5 皆為虛擬變數；例如，F_1=1 代表填答者曾從「四安」中獲益，或受其影響較深。控制變數包括年齡（*Age*）、教育程度（*Edu*）、性別（*Male*；虛擬變數，男性等於 1）、居住地（*North*；虛擬變數，北北基桃竹苗等於 1）。迴歸係數下方括號內的 t 值係以穩健標準誤計算而得；迴歸係數右上方的星號 *、**、*** 分別代表此係數在 10%、5%、1% 之顯著水準下顯著地異於零。

	被解釋變數					
	Y	內在 Y_1	布施 Y_2	消費 Y_3	工作 Y_4	投資 Y_5
Constant	4.6157*** (25.41)	2.5551*** (23.96)	1.8068*** (13.55)	1.3762*** (9.22)	2.5167*** (19.66)	2.2297*** (14.95)
四安 F_1	0.2035*** (3.93)	0.0568** (1.99)	0.0467 (1.25)	0.0918** (2.13)	0.0869** (2.53)	0.1582*** (3.67)
四它 F_2	0.0939 (1.18)	0.1199*** (2.81)	-0.0132 (-0.24)	0.1395** (2.14)	0.0634 (1.21)	-0.0675 (-1.14)
四要 F_3	-0.0097 (-0.18)	-0.0038 (-0.13)	0.0546 (1.41)	-0.0378 (-0.91)	-0.0271 (-0.74)	-0.0014 (-0.03)
四感 F_4	0.0930 (1.58)	-0.0194 (-0.61)	0.0684* (1.71)	-0.0106 (-0.22)	0.0449 (1.12)	0.1030** (2.14)
四福 F_5	0.0201 (0.34)	0.0141 (0.47)	0.0156 (0.39)	0.0335 (0.74)	0.0042 (0.10)	-0.0163 (-0.34)
Pract	0.5156*** (16.16)	0.2327*** (11.12)	0.2771*** (13.25)	0.2174*** (9.21)	0.2173*** (9.35)	0.2276*** (8.91)
Income	0.0517*** (3.90)	0.0344*** (5.11)	0.0325*** (3.64)	0.0459*** (4.29)	0.0060 (0.70)	0.0064 (0.57)
Age	0.0092*** (3.86)	0.0203 (1.52)	0.0042** (2.49)	0.0062*** (3.18)	0.0030* (1.93)	0.0047** (2.35)
Edu	0.0363 (1.10)	0.0391** (2.11)	0.0150 (0.66)	0.0232 (0.84)	0.0224 (1.02)	-0.0087 (-0.32)
Male	0.0030 (0.05)	-0.0573* (-1.81)	0.0576 (1.43)	0.0755* (1.60)	-0.0399 (-1.05)	-0.0324 (-0.70)
North	0.0088 (0.20)	-0.0230 (-0.95)	0.0312 (0.98)	0.0157 (0.43)	-0.0065 (-0.22)	-0.0013 (-0.04)
Adj-R^2	0.2193	0.1651	0.1383	0.0835	0.0959	0.0892
樣本數 N	1,664	1,664	1,664	1,664	1,664	1,664

參考文獻

一、中文

《法鼓全集》2020 紀念版，網址：https://ddc.shengyen.org/pc.htm。（2021.08.09 擷取）

中華電子佛典協會（CBETA）線上閱讀版，網址：https://cbetaonline.dila.edu.tw/zh/。（2021.08.09 擷取）

王怡棻譯，《心靈資本學——創造企業終極財富》（原著：Zohar, D. and Marshall, I., 2004），臺北：天下文化，2009 年。

余民寧、李仁豪，〈調查方式與問卷長短對回收率與調查內容影響之研究〉，《當代教育研究季刊》第 14 卷第 3 期，2006 年 9 月，頁 127-168。

張旭昆，〈試析利他行為的不同類型及其原因〉，《浙江大學學報（人文社會科學版）》，2005 年第 4 期，頁 13-21。

楊春學，〈利他主義經濟學的追求〉，《經濟研究》2001 年第 4 期，頁 82-90。

莫兆鳳，〈利己與利他概念的分析〉，《中央研究院三民所：第四次社會科學研討會論文集》，臺北：中央研究院三民主義研究所，1985 年，頁 353-361。

劉宏基，《有機農產品消費者行為模式之研究》，臺中：朝陽科技大學企業管理系學位論文，2010 年。

劉曉敏，〈親社會行為與利他主義〉，《心理學探新》2000 年第 3 期，頁 59-63。

鄭淑芬譯，《領導之道》（原著 Dalai Lama and Muyzenberg, L., 2009），臺北：時報出版，2010 年。

謝依倫，《有機棉花製成商品之消費者行為分析》，臺北：中國文化大學經濟學研究所碩士論文，2008 年。

謝俊魁、顏美惠，〈「四要消費者」的需求函數〉，收錄於聖嚴教育基金會學術研究部編，《聖嚴研究》第九輯，臺北：法鼓文化，2017 年 11 月，頁 113-195。

謝俊魁、顏美惠，〈四福與企業永續發展〉，收錄於聖嚴教育基金會學術研究部編，《聖嚴研究》第十二輯，臺北：法鼓文化，2019 年 8 月，頁 197-233。

釋果光，《心靈環保經濟學》，臺北：法鼓文化，2014 年。

釋聖嚴，《心靈環保——法鼓山的核心主軸》，臺北，聖嚴教育基金會，2013 年。

二、外文

Abu-Alhaija, A. S.-A., R. N. R. Yusof, H. Hashim and N. S. Jaharuddin (2018). "Religion in consumer behaviour research: the significance of religious commitment and religious affiliation." *International journal of economics, commerce and management* 6(1): 245-258.

Ajzen, I. (1985). From intentions to actions: A theory of planned behavior. *Action control*, Springer: 11-39.

Ajzen, I. (1987). "Attitudes, traits, and actions: Dispositional prediction of behavior in personality and social psychology." *Advances in experimental social psychology* 20: 1-63.

Ajzen, I. (1991). "The theory of planned behavior." *Organizational behavior and human decision processes* 50(2): 179-211.

Alderfer, C. P. (1969). "An empirical test of a new theory of human needs." *Organizational behavior and human performance* 4(2): 142-175.

Allison, P. D. (1992). *How culture induces altruistic behavior*. Annual Meetings of the American Sociological Association.

Batson, C. D. (2010). "Altruism." *The Corsini Encyclopedia of Psychology*: 1-2.

Benson, P. L., et al. (1993). "The faith maturity scale: Conceptualization, measurement, and empirical validation." *Research in the social scientific study of religion* 5(1): 1-26.

Bentham, J. (1983). *The Collected Works of Jeremy Bentham: Deontology. Together with a Table of the Springs of Action and the Article on Utilitarianism.*, 2: 272. Clarendon Press.

Conner, M. (2020). "Theory of planned behavior." *Handbook of sport psychology*: 1-18.

Dean, M., M. M. Raats and R. Shepherd (2008). "Moral concerns and consumer choice of fresh and processed organic foods 1." *Journal of Applied Social Psychology* 38(8): 2088-2107.

Dominique, J.-F., U. Fischbacher, V. Treyer, M. Schellhammer, U. Schnyder, A. Buck, et al. (2004). "The neural basis of altruistic punishment." *Science* 305(5688): 1254-1258.

Essoo, N. and S. Dibb (2004). "Religious influences on shopping behaviour: An exploratory study." *Journal of marketing management* 20(7-8): 683-712.

Etter, N. (2019). "Religiosity and Altruism: Exploring Religiosity's Impact on the Altruistic Motivations behind Prosocial Behaviors." *Midwest Journal of Undergraduate Research* 10: 88-107.

Feigin, S., G. Owens and F. Goodyear-Smith (2014). "Theories of human altruism: A systematic review." *Annals of Neuroscience and Psychology* 1(1): 1-9.

Gluth, S. and L. Fontanesi (2016). "Wiring the altruistic brain." *Science* 351(6277): 1028-1029.

Hardy, S. A., L. J. Walker, D. D. Rackham and J. A. Olsen (2012).

"Religiosity and adolescent empathy and aggression: The mediating role of moral identity." *Psychology of Religion and Spirituality* 4(3): 237.

Hoffman, M. (2011). "Does Higher Income Make You More Altruistic? Evidence from the Holocaust." *Review of Economics and Statistics* 93(3): 876-887.

Ji, C.-H. C., L. Pendergraft and M. Perry (2006). "Religiosity, altruism, and altruistic hypocrisy: Evidence from Protestant adolescents." *Review of Religious Research*: 156-178.

Kalin, J. (1975). "Two kinds of moral reasoning: Ethical egoism as a moral theory." *Canadian Journal of Philosophy* 5(3): 323-356.

Kashyap, R., E. Iyer and R. Mir (2005). "Is employees' environmental responsibility related to the corporation's environmental responsibility". Managing in a Global Economy XI. Cape Town, South Africa: Eastern Academy of Management Conference.

Kashyap, R. and E. S. Iyer (2009). "Not everybody wants to save the world." *Journal of Financial Services Marketing* 14(2): 118-134.

Kohn, A. (2008). *The brighter side of human nature: Altruism and empathy in everyday life*, Basic Books.

Liu, W. and J. Aaker (2008). "The happiness of giving: The time-ask effect." *Journal of consumer research* 35(3): 543-557.

Macaulay, J. R. and L. Berkowitz (1970). *Altruism and Helping Behavior: Social Psychological Studies of Some Antecedents and Consequences*. Ed. By J. Macaulay and L. Berkowitz. New York, Academic Press.

Marsh, A. A. (2019). "The caring continuum: Evolved hormonal and proximal mechanisms explain prosocial and antisocial extremes." *Annual Review of Psychology* 70: 347-371.

Maslow, A. H. (1943). "A theory of human motivation." *Psychological review* 50(4): 370.

Mathras, D., et al. (2016). "The effects of religion on consumer behavior: A conceptual framework and research agenda." *Journal of Consumer Psychology* 26(2): 298-311.

Minton, E. A., L. R. Kahle and C.-H. Kim (2015). "Religion and motives for sustainable behaviors: A cross-cultural comparison and contrast." *Journal of Business Research* 68(9): 1937-1944.

Penner, L. A., B. A. Fritzsche, J. P. Craiger, T. Freifeld, J. Butcher and C. Spielberger (1995). "Measuring the prosocial personality." *Advances in personality assessment* 10: 147-163.

Reed, A., K. Aquino and E. Levy (2007). "Moral identity and judgments of charitable behaviors." *Journal of Marketing* 71(1): 178-193.

Rushton, J. P. (1982). "Altruism and society: A social learning perspective." *Ethics* 92(3): 425-446.

Saroglou, V. (2013). Religion, spirituality, and altruism. *APA handbook of psychology, religion, and spirituality (Vol 1): Context, theory, and research.*, American Psychological Association: 439-457.

Saroglou, V., et al. (2005). "Prosocial behavior and religion: New evidence based on projective measures and peer ratings." *Journal for the scientific study of religion* 44(3): 323-348.

Schwartz, C., J. B. Meisenhelder, Y. Ma and G. Reed (2003). "Altruistic social interest behaviors are associated with better mental health." *Psychosom Med* 65(5): 778-785.

Sharma, P. (2015). "Positive and negative affect: Impact on empathy and prosocial behaviour among college going adolescents." *International Journal of Indian Psychology* 2(3).

Smith, A. (1853). *The theory of moral sentiments*. HG Bohn.

Smith, A. (1937). *The wealth of nations [1776]* (Vol. 11937). na.

Smith, T. W. (2003). *Altruism in contemporary America: A report from the National Altruism Study*, Citeseer.

Smith, T. W. (2006). *Altruism and empathy in America: Trends and correlates*, National Opinion Research Center, University of Chicago Chicago.

Stürmer, S. and M. Snyder (2009). "Helping 'us' versus 'them'." *The psychology of prosocial behavior*: 33-58.

Xie, X., Y. Wang, S. Gu and W. Li (2017). "Is altruism just other-benefiting? A dual pathway model from an evolutionary perspective." *Advances in Psychological Science* 25(9).

Yang, A., C. Hsee and O. Urminsky (2014). "Eager to help yet reluctant to give: How pro-social effort and pro-social choices diverge." Available at SSRN 3448153.

Does the Fivefold Spiritual Renaissance Campaign Have a Positive Influence on the Altruistic Tendency of Economic Behavior?

Chun-Kuei Hsieh

Associate Professor and Department Chair, Department of International Business,Tunghai University

Mei-Huei Yen

MA Student, Graduate School of Humanities and Social Sciences, Dharma Drum Institute of Liberal Arts

Abstract

Two decades have passed since Venerable Sheng Yen proposed the Fivefold Spiritual Renaissance Campaign (the FSRC, including the Four Fields for Cultivating Peace, the Four Steps for Handling a Problem, the Four Guidelines for Dealing with Desires, the Four Practices for Helping Oneself and Others, and the Four Ways to Cultivate Blessings) as the method to implement Spiritual Environmental Protection (SEP). However, there is no empirical research on the impact of the FSRC on human behavior. In order to investigate the influence of the FSRC, regular practice, and income on the altruistic tendency of economic behavior, we conducted an online survey using snowball sampling and obtained 2,037 valid questionnaires during 2019/5/8~2019/5/13. The main results are as follows: (1) The FSRC, regular practice, and income all have a positive influence on the altruistic tendency. (2) Regardless of the density of regular practice and the amount of income, the FSRC increases the altruistic tendency. (3) Those who use the FSRC more often not only have higher altruistic tendencies, but their altruistic tendencies are less affected by income. (4) In the FSRC, the Four Fields for Cultivating Peace have the most significant positive influence on the altruistic tendency. (5) The above findings are still established after controlling for the influence of demographic variables such as age, gender, education level, and residence.

Keywords: Fivefold Spiritual Renaissance Campaign (FSRC), Spiritual Environmental Protection (SEP), economics behavior, altruistic tendency, Venerable Sheng Yan, Buddhist economics

建設人間淨土
——聖嚴法師復興漢傳禪法的現代化特徵

劉怡寧
中央研究院社會學研究所博士後研究學者

摘要

建設人間淨土是聖嚴法師推動漢傳禪法進行現代創新的核心關懷，而此佛教現代性的實踐途徑與西方學者對公民宗教在公民社會所扮演的公共角色有所呼應。本論文將從對人間淨土的整體關照出發，深入探討聖嚴法師復興漢傳禪法的三個重要現代性意涵。首先、在人間淨土的文化意涵方面：探究聖嚴法師如何從佛教淨土的四個類型特徵（包括唯心淨土、他方淨土、天國淨土、人間淨土）出發，進一步以「人間淨土」做為推動佛教現代性的具體實踐途徑。其次，在人間淨土的信仰實踐意涵方面，則試圖揭示漢傳禪法如何以心靈環保為中心，推動人間淨土扎根於日常生活。第三，在人間淨土的公民實踐意涵方面，也將探究聖嚴法師如何和現代世界之經濟、政治、社會、文化、生態等次領域進行對話，以思索人間淨土落實公民社會之具體連結。藉由探討聖嚴法師復興漢傳禪法的現代化特徵，把法鼓山的當代實踐視為重要的研究案例，深入思考當代佛教與現代性的關係。

關鍵詞：人間淨土、漢傳禪法、現代性、公民社會、佛教創新

一、前言：反思宗教與現代性

宗教與現代性（modernity）的關係是宗教社會學長期關注的課題，包括宗教在現代社會當中能夠扮演什麼樣的功能與角色？可以創造出什麼樣的信仰與文化再生產特徵？又或，宗教在私人生活與公共生活將如何可能發揮其影響力？探索宗教與現代性的關係，也是在探索宗教與信仰的未來。

尤其從一九九〇年代以來，有關「公民宗教」（civil religion）或是「公共宗教」（public religion）的理論思潮受到歐美社會的重視，相較於一般世俗化理論認為宗教將隨著現代性的發展而喪失其在社會的重要性，秉持宗教並未失去社會功能的相關社會理論家反倒主張宗教是一種重要的社會凝聚力，可以促進社會與文化的多元包容，謀求共同價值並促進社會整合。像是美國宗教社會學者 Robert Bellah 就觀察到「公民宗教」在美國社會所扮演的重要社會角色，不僅視公民宗教為美國建國的精神動力，更認為公民宗教的精神亦體現在美國人的精神生活中，能夠扮演個人功利主義與社會集體感之間矛盾的橋樑（Bellah, 2011, 2008）；承繼 Robert Bellah 對公民宗教的關懷，並對「公民社會（civil society）如何可能」抱持高度關心的美國宗教社會學者 Richard Madsen，也進一步從比較宗教視野的觀點出發，強調在現代世界的快速變遷當中，各宗教傳統並非僅僅居於被動的角色，相反地，各宗教傳統的變遷還能在某種程度上帶動社會變遷（Madsen, 2002, 2007）。換言之，從「公民宗教」的角度來看，若是當代宗教領袖或宗教信仰社群能從既有的宗教傳統出發，積極地與現代社會進行對話，從而開展出宗教理念與宗教實踐層面的創造性轉化，將不僅能帶動宗教傳統的復興，更有可能推動現代社會成為一個更好的社會。

如果說「公民宗教」是一種「由上到下」（top-down），是鑲嵌在政治治理型態所內蘊的宗教表現，那麼「公共宗教」則意味著「由下到上」（from-the-bottom-up）的表現特徵，意指在公共生活當中，尚存在著各種公共道德與公共美德會對公共生活產生具體的影響。以美國社會來說，正是各式各樣的教會組織與道德團體扮演了這樣的公共宗教角色，無論是在志願服務、社區及志願組織等，都可以看到宗教持續作用於公共生活的具體影響。換言之，儘管世俗化帶來了信仰的私人化，但正如 Casanova（1994）對當代世界的公共宗教所進行的探索，宗教的公共影響依舊存在，並非僅作用在私人領域，仍持續發揮公共宗教的作用。

聖嚴法師一生經歷東西方多元文化脈絡下的自我反思，不僅對中國佛教固有的陋習進行改革與創新，也在日本留學期間，多方思索日本傳統宗教與新興宗教的現代化發展模式；除此之外，更在美國弘化時期，根據西方文化脈絡而發展出回應現代人身心需求的禪法教授方法。他以「提昇人的品質，建設人間淨土」為法鼓山三大教育系統的整體實踐藍圖，總的來說，「建設人間淨土」可以被看作是聖嚴法師積極回應現代世界的佛教現代性實踐途徑，力圖對佛教意義脈絡下的「人間」，以及美國社會學者所關心的《美好的社會》（*The Good Society*）[1]提供倫理性的思想理路與扎根現實人間的實踐途徑，也是漢傳禪法如何能對當代公共生活提供價值導引的重要切入。

誠如每年法鼓山水陸法會在送聖的尾聲時，總是打出聖嚴法師說：「人間總是有希望的，而且有我的祝福。」當前正值全球 Covid−19（嚴重特殊傳染性肺炎）疫情嚴峻，全球各國人心惶惶之際，又遭逢全球氣候變遷與地球暖化的風險情境，乃至於當代民族主義再度勃興，戰爭與衝突帶來世界的恐慌與巨變。在此世界不平安的危機時刻，探討聖嚴法師人間淨土思想與人間淨土實踐途徑的現代意涵，或許將是一項重要的人文省思，也期待藉此為世界帶來一線光明的曙光與內在的希望。

二、「人間淨土」之研究回顧與論述分析之研究切入

有關聖嚴法師人間淨土思想與實踐之研究，在近二十年來，已累積許多佛學研究上的廣泛討論，現有的研究成果大致上可以分為四個主要的方向：第一是回溯聖嚴法師建設人間淨土的理念根源，包括與印順法師的人間佛教概念進行理念對話與比較（釋果樸，2004；越建東，2016）；第二是對聖嚴法師「人間淨土」概念的生成過程與佛教理念意涵進行考察（釋果鏡，2010、2013；林其賢，2011；周柔含，

---

[1] 有關美好的社會如何可能？可以參見 Bellah, Robert. 1992. *The Good Society*. New York: Vintage Books。

2011；陳劍鍠，2015；黃穎思，2017）；第三是探討從「心靈環保」出發之「心淨即國土淨」觀照，是如何可能成就人間淨土的實現？（楊惠南，1994；釋慧敏，1997；繆方明，2006；陳劍鍠，2011；釋果光、釋常諗，2011）第四則是從人間淨土的倫理思想與社會實踐面出發，思索其迎向現實人間的意涵，尤其是環保與心經濟等面向（林其賢，2009、2010、2020；林朝成，2005；釋果光，2009；紀俊吉，2014）；除此之外，越建東教授更曾對聖嚴法師「建設人間淨土」提出從理念面到實踐面的整體考察，透過探索人間淨土的建設能夠達成的目標與限制，對人間淨土究竟是心淨土淨的「人間式淨土」或是不斷建設、改造的「淨土式人間」進行反思性的探問（越建東，2013）。

從上述的研究回顧可以發現，「人間淨土」既做為佛教義理的信仰實踐，也做為佛教徒關懷現實世界的具體途徑，在現有豐富的佛教教理研究基礎上，值得從宗教社會學所關注的宗教與現代性角度進行進一步的探索，以梳理聖嚴法師如何從「建設人間淨土」的理路出發，帶動漢傳禪法的現代化之路。而這牽涉到三個環環相扣的重要問題：首先，聖嚴法師為什麼在中國佛教傳統淨土思想的考察中，選擇提倡「人間淨土」為其帶動漢傳禪法走向現代化的重要理念藍圖？其次，對於「人間淨土」的具體落實，聖嚴法師主張首要著重人心的淨化，從心靈環保出發，體現「心淨則國土淨」（釋聖嚴，2010：11），而這種從心靈環保出發的個體性實踐途徑是如何能夠創造漢傳禪法的現代化復興？第三，除了指涉個體層次的自我反身性實踐之外，人間淨土的建設如何可能亦在社會集體層次達成？從倫理向度出發的行動途徑是否有可能創造一個更好的社會？又或反過來說，這種以倫理為號召的人間淨土願景，是否也促進了漢傳禪法能夠擴大其公共影響性？

為了探究上述的研究問題，在研究方法方面，將運用文獻分析的資料蒐集途徑，以聖嚴法師建設人間淨土的相關論述與研究成果為基礎，輔以「論述分析」（discourse analysis）的研究方法，檢視聖嚴法師有關人間淨土思想的思想脈絡、思想對話對象與思想生成的社會過程。

在研究的核心主題方面，延續上述的主要研究問題，將運用論述分析的研究方法，特別關注聖嚴法師「人間淨土」論述生成的三個主要歷史與社會脈絡，探究其相互交織而成的佛教現代性意涵：首先，聖嚴法師所提出的「人間淨土」思想如何和既有的佛教傳統進行對話？又希望對現有的佛教傳統提出什麼樣的革新？從聖嚴法師對漢傳佛教傳統提出之復興漢傳禪法角度，掌握其人間淨土論述的文化再生產意涵；其次，在人間淨土的現代信仰實踐意涵方面，則試圖揭示聖嚴法師所提倡的漢傳禪法如何以心靈環保為中心，從「心淨即國土淨」的出發點，推動人間淨土扎根於日常生活的自我反身性實踐。第三，在如何「建設人間淨土」的現代公民實踐意涵方面，聖嚴法師所提出的「人間淨土」論述又是如何和現代社會的重要現實條件進行對話？包括經濟面向的資本主義、消費主義；政治面向的民主、自由與人權；社會面向的現代人心靈需求與多元社會關懷；文化面向上的宗教對話與文化多元主義；以及生態面向的環保與環境關懷等五大現代社會的重要面向，依此探討聖嚴法師的人間淨土論述如何與現代社會的主流思想進行深刻對話，從佛教傳統回應現代社會的角度，思索聖嚴法師人間淨土論述做為公民佛教來回應公民社會與公民實踐的可能性。

透過論述分析的研究途徑，希冀在現有對聖嚴法師人間淨土觀的佛學研究基礎上，進一步對聖嚴法師「建設人間淨土」的論述進行完整的宗教社會學考察，以具體掌握聖嚴法師復興漢傳禪法的現代性特徵。

三、抬升人間的救贖性：人間淨土的文化再生產意涵

當探討人間淨土時，「人間」指的是什麼？是一個必須先澄清的課題。從聖嚴法師的觀點來看，其認為「人間」指的就是「人」，而「人」又是佛教所稱之「眾生」概念中的一類，也是五趣之一、六道與十法界之一。從五趣之生命之去向來看，一生造了什麼樣的業，就會前往哪裡；再從六道之路的概念來看，走在什麼路上就是什麼「道」；至於十法界則包括凡夫與聖人，把六道再加上小乘的聲聞與緣覺，大乘的菩薩與佛，就包含了從最低層次到最高層次的一切眾生（釋聖嚴，2010：15－16）。換言之，所謂十法界，包括了五趣的地獄、餓鬼、畜生、人與天，加上六道當中的「阿修羅道」，此為六凡，再加上前面提到的大乘與小乘觀點下的四聖，「人」也就是「人間」，就是這六凡、四聖當中的「人道」，指涉走在「人」的路上。

走在「人」的道路上又意味著什麼？受到太虛法師〈建

設人間淨土論〉與印順法師人間佛教的影響，尤其印順法師依據《增壹阿含經》：「諸佛皆出人間，終不在天上成佛也。」（釋聖嚴，2010：197、201），論證「人間」做為成佛所在之空間的關鍵性，聖嚴法師也相當重視人道此一環節做為修凡成聖的重要轉轍點，其引據《立世阿毘曇論》卷六，解釋了「人道」擁有聰明、勝、意細微、正覺、智慧增上、能辨虛實、聖道正器、聰業慧所生之六種基本的能力（釋聖嚴，2010：17），儘管從《大涅槃經》卷十八來看，人也有驕慢、妒忌、懷疑等因思想與自我中心所產生的心理狀態（釋聖嚴，2010：17），但是在六界的凡夫眾生中，只有人所獲得人的身體，可以做為修行佛法的工具，人可以說是修行佛法的道器，得人身時，是最好的修行時刻（釋聖嚴，2010：17）。

以此對人間與人的關照，再對照中國佛教在清末民初淪於經懺佛教的處境，聖嚴法師對過去佛法被誤解，以及無法發揮其真實的導引人生作用有很深的反思，在〈論經懺佛事及其利弊得失〉一文中，曾清楚地討論過以度亡為主的超薦經懺儀式是適應社會的需要而發展出來的，並非創自佛教的教主釋迦牟尼佛，強調佛陀的創教本來就是為了改善婆羅門教的繁瑣儀節，佛陀在世時，並未主張可以光靠誦經禮懺做為行持方法。相對來說，佛教的創生是重在實踐、重在簡單，正如佛陀時代隨處說法，隨處即是道場。為此，聖嚴法師認為中國唐代禪宗祖師所創立之供大眾修持的叢林道場，舉凡日常生活一切挑水砍柴、洗米洗碗等，無不是佛事的修持制度，最為接近佛陀當初的律制生活，但中國佛教發展成只重經懺佛事的儀節而不重佛教義理，甚至僧眾還把經懺佛事視為是糊口的事業，勢必帶來佛教的衰微❷。聖嚴法師指出舉凡舉行經懺與替亡者誦經、接受遊客捐款，或是僅在山上務農卻不教授或學習佛法等三種方式維持寺院生活的方式，都與傳授佛法無關（釋聖嚴，2009e：180），對於聖嚴法師來說，回歸佛教的修行實踐意涵、傳授佛法才應該是寺院最重要的功能，包括佛學院、對外弘化的活動、以及修行上的指導等必須是寺院的核心要素。從對清末民初中國佛教淪為經懺佛教的反思中，聖嚴法師得出「佛教雖然是那麼地好，但由於佛教沒有人才去普遍地弘揚，所以知道它的人很少，誤解它的人很多，不知道要用佛教來救世救人的人更多」的想法（釋聖嚴，2003：12），回歸佛陀本懷，將漢傳佛教重新復興起來，是聖嚴法師推動漢傳佛教邁向現代化的重要動力。

強調人間與人的重要定位之後，也需要再釐清「淨土」指的又是什麼？聖嚴法師從佛教經典出發，區分出佛教淨土有四個類型，包括「唯心淨土」、「他方（佛國）淨土」、「天國淨土」，以及其所要強調的「人間淨土」（釋聖嚴，2010：23），對於這四類型，聖嚴法師又再進一步依「救贖的世界」歸納為三個世界的淨土類型（釋聖嚴，2010：31－43）：一是「他方世界」的淨土，包括現在佛與未來佛

❷ 聖嚴法師對漢傳佛教一度淪為經懺佛事的佛教有很深的反思，也成為他帶動漢傳禪法邁向現代性的改革動力，更深入的探討可以參見聖嚴法師所著之〈論經懺佛事及其利弊得失〉，收錄於《法鼓全集》，2020紀念版，第5輯第5冊，《律制生活》，頁210-233。

的淨土，或者也可以包含前述的天國淨土，指涉非當下的現實世界，而是彼岸世界的淨土；二是「現前世界」的淨土，也就是我們當下所生活的世界，亦即人所生活的人間；三是「自心世界」的淨土，指的是從內心淨化出發，從自心的淨化著手努力。這三個類型的世界，所指涉的救贖型態截然不同，「他方世界」是對彼岸世界的企盼，也是佛法當中的易行道，救贖之道來自對他方佛國世界的堅定信念；而「現前世界」與「他方世界」截然不同，現前世界是此世的世界，也是真實的生活世界，這個世界有苦有樂，並非如同他方世界那樣具有圓滿性，尤其在佛教的一般概念中，我們身處的當下世界是三界火宅，是穢土，是要出離的所在，唯有他方佛國才是淨土。然而。聖嚴法師並不這麼主張，他主張要建設現前世界的淨土，也就是所謂的人間淨土，因為人間是釋迦牟尼佛出生之所在，強調釋迦牟尼佛之所以出生於人間，本就是為了要淨化這個世界（釋聖嚴，2010：38）。不僅如此，現前世界的淨土又與自心世界的淨土息息相關，如果能清淨身心，所處的世界（國土）也會清淨，如同《維摩詰經》所言之心淨即國土淨，如果此心不清淨，佛國淨土對己也無用，若此心清淨，心即是道場，無需再尋覓他方世界佛國淨土（釋聖嚴，2010：40－41）。

歸納來看，聖嚴法師區辨出包括他方、現前與自心三類型世界的淨土形式與既有的佛教傳統對話，而這三個世界的淨土，彼此也有相關性與相互融攝之處，像是雖然「他方世界」的淨土是為鼓吹易行道的淨土諸經所強調，但是其也重視修持解脫與菩薩道的重要性（釋聖嚴，2010：83），這三個世界的淨土救贖型態並非是各自獨立、互不相關的，事實上是彼此關聯、彼此證成、彼此含攝的。聖嚴法師在人間淨土的最大創造性轉化，是積極回應中國佛教淪為經懺佛教的現實處境，把中國佛教從為死者超度的「死鬼的佛教」，重新帶回人間，強調以「人」為修行主體的積極實踐意涵。其抬升「人間」的重要價值，而此價值是以「人」為中心，以人為修行的主體，從而能夠積極地淨化自心為「自心淨土」，也能積極地回應所生活的世界，轉現前世界的娑婆世界穢土為「人間淨土」，更能積極學習菩薩行，向成佛之路努力，對依歸他方世界的佛國淨土有所信心與願力，以「人間淨土」為重要的文化象徵與現代性轉譯，帶動漢傳禪法邁向整合「淨土」、「心」與「當下世界」的人間淨土實踐。

四、回歸日常生活的自我修行：人間淨土的信仰實踐意涵

在上述人間淨土的文化意涵基礎上，聖嚴法師也提倡從「心靈環保」出發，回歸日常生活的自我修行，推動人間淨土扎根於當下的日常生活。

如何讓佛法能夠運用在日常生活當中，是聖嚴法師推動佛教現代化很重要的目標，其自述到：「我鼓吹現代化的佛教，把佛法運用在日常生活當中。」（釋聖嚴，2009e：191）並主張「禪法，就是日常生活的修行」（釋聖嚴，2009e：209），希冀擺脫中國經懺佛教的窠臼，重新建構出漢傳禪法的現代價值與信仰實踐。

「心靈環保」在佛典上的理論根據，是回應《維摩經・

佛國品第一》所說：「若菩薩，欲得淨土，當淨其心，隨其心淨則佛土淨。……菩薩心淨則佛土淨。」（釋聖嚴，2000）為了回應現代人的心靈需求，讓現代人更能認識漢傳禪法的內涵，聖嚴法師以「心靈環保」的現代語彙來轉譯傳統佛教意義下的禪修實踐，以現代語言的詮釋，賦予禪修之入世與當代的實踐意義，讓禪修的精神可以彈性運用在日常生活當中。聖嚴法師提倡「只要有了心靈的防禦措施，處身在任何狀況之中，都可以保持平靜、穩定、自主、自在的心境，對自己、對周遭環境中的人事物，存有一份關心，存有一份對未來的關懷和希望」❸，因此特別期許透過心靈環保的推動，落實自心淨土與人間淨土的實現，由此也轉化了原本禪修的出世意涵，讓禪修變成一份個人在現代社會中可以安身立命的生命價值，透過禪修，培養個人對當下篤定踏實，對過去不留遺憾，對未來無所掛念的生存心態，建構起個人心靈的穩定，從而達到社會的穩定。

法鼓山從一九九二年開始推動「心靈環保」，就現實面的意涵來探討，心靈環保回應的也是現代社會的環境運動保護趨勢，強調可以從佛教出家人的簡樸生活做起，力行簡單的生活來保護所賴以生存的物質環境；其次，再就心靈層面的意涵而言，心靈環保指的是要本著佛教的精神，依據禪

---

❸ 參見法鼓山網站，〈法鼓山的共識〉，網址：https://www.ddm.org.tw/xchome?xsmsid=0K333816916533380810。
心靈環保著重於透過觀念的導正，以提昇人的品質，希望從心靈環保的觀念出發，培養健康的心態，對問題的發生，能夠積極面對問題，處理問題。

的內涵，來淨化心靈內在，過一個簡樸自在的禪的生活。因此，法鼓山所推動的環保與一般環境運動者所強調的環保確實有存在著側重上的不同，法鼓山所強調的是心靈的環保，也就是要從「淨化心靈」的工作做起，從佛教惜福與心靈修行的觀念出發，自然而然地在生活中做到環保（釋聖嚴，2009b），人心的淨化是心靈環保的核心。

除此之外，聖嚴法師也以心靈環保為主軸，延伸生活環保、禮儀環保與自然環保等總共四種當代環保理念，為法鼓山僧俗二眾的自我修行與信仰實踐，把通俗化且現代化「環保」觀念，連結到基礎的佛教觀念中，導引在日常生活的不同面向實踐佛法的基本觀念。其中，生活環保指涉的佛教觀念中基本的「知福、惜福、培福、種福」生活觀，是用現代化的語言來轉化原本佛教對生活觀念的導引，強調在生活上的清淨簡樸、少欲知足、「惜福重於享福」為現代生活的信仰實踐框架（釋聖嚴，2011b：35）。而禮儀環保則是強調人與人之間的關係要基於禮儀，聖嚴法師從佛教有關淨化身、口、意的修持觀念，發展出禮儀環保的現代語彙，強調人與人之間互動的應對進退及禮儀，要從身的禮讓、理敬，口的讚美、慰勉，再到心儀的真誠、懇切，以謙恭、祝福、禮讓等美德來保持人際互動的禮儀，在此基礎上以禮儀來改變社會風氣，革新民間儀式傳統的浪費與迷信（釋聖嚴，2011b：38−42）。對臺灣社會最為重視的自然環保實踐，聖嚴法師也從佛教的觀念來詮釋自然環保的現代意義，強調要多珍惜給我們恩惠的自然環境，減少浪費，盡量不破壞自然，也不汙染自然（釋聖嚴，2011b：44−50）。這四種環保實踐，導引出人與自己、人與日常生活、人與他人之間的關係、人與自然互動的生活實踐框架，從環保的淨化觀念出發，將禪的精神貫穿在日常生活的修行實踐。

正因為「心靈環保」的名詞根源於《維摩詰經》中的「隨其心淨即佛土淨」，以及《華嚴經》中的「心如工畫師，畫種種五陰」、「應觀法界性，一切唯心造」等，「心」的作用顯得特別重要，如果人心染惡，人間社會就會災難連連；相反地，如果人心淨化美善，人間社會就會康樂（釋聖嚴，2009b：4）。扎根於日常生活的心靈環保相當簡單易行，把禪修要達到的身心狀態，簡單地落實在日常生活當中。甚至聖嚴法師也提到：「凡是有心要為人類社會提供智慧，促使全人類的身心獲得健康、快樂、平安的觀點與方法，而能營造健康、快樂、平安的環境，皆是心靈環保。」（釋聖嚴，2011b：29）賦予心靈環保高度彈性的現代性詮釋。

不僅如此，也從心靈環保的概念中再演繹出「心五四」的概念，把禪修所重視的「心」的修持，落實到「四安、四要、四它、四感、四福」五個類別從「心」出發的現代性自我修行實踐框架，導引用心靈環保的觀念面對日常生活的種種難題，像是「四安」為安心、安身、安家、安業，以安穩人生的整體面向；「四要」為需要、想要、能要、該要，期勉節制有度，安守人生分際；「四它」為面對它、接受它、處理它、放下它，以如實面對人生各種變化與起伏；「四感」為感恩、感謝、感化、感動，以此建立與他人的友善與友誼；「四福」為知福、惜福、造福、種福，珍惜並感念所擁有的一切。每個類別所屬之從心出發的修行實踐框架，都是一個動態性與連續性的「心」之實踐導引，以此簡化並落實禪修中較為深入的修持觀念與方法，用簡單易行的觀念導引現代人回應自我的身心處境、因應快速變化的社會。

總的來看，心靈環保的核心旨在提供禪的觀念與禪的方法，幫助處理個人的煩惱和情緒困擾，並且在禪的自我觀照中，運用慈悲和智慧處理日常生活中的所有事情（釋聖嚴，2009b：269）。聖嚴法師期望透過禪的修行來帶動人間淨土的願景，這是一種「自心淨土觀」，與一般淨土宗透過持誦阿彌陀佛聖號，期待來世能夠往生西方極樂世界的方法並不相同。「自心淨土」的修持，也就是聖嚴法師以現代化語言所提出的「心靈環保」，是要運用禪的方法，或者是數息觀、不淨觀、念佛觀，或者是用禮拜、持誦、默照、話頭等方法，讓個人的身心淨化，使個人的人品提昇。相較於傳統的念佛方式，自心淨土觀強調個人的轉化，它的關照是在「當下」，是在此世的世界，而人必須在現前的世界自我修行以為更有品質的人，一方面回歸日常生活的修行來進行自我證成，另外一方面透過內心的淨化來帶動人間淨土的實現，以自力救贖來積極自我實踐。

當現代世界邁向更為現代化、理性化、個體化，聖嚴法師以心靈環保帶動回歸日常生活的自我修行，轉化漢傳禪法的內在意涵，使其能夠積極回應現代人生存於世的諸多身心需求，相較於僅著重於經懺與念佛往生佛國淨土之他力救贖，開啟了漢傳禪法走向透過心靈環保自力救贖現代性之路。

五、重建人間之倫理：人間淨土的公民實踐意涵

誠如西方宗教社會學研究者對公共宗教與公民宗教的諸多關注：宗教是否能夠引導出有價值的社會運作邏輯，帶動現代社會走向一個更好的社會？除了透過心靈環保回歸日常生活的自我修行之外，聖嚴法師也強調回歸人間之倫理，從自我、他者與社會的倫理關係來建設人間淨土的重要性，而「人間淨土」甚至可以被看作是聖嚴法師復興漢傳禪法的重要現代性特徵。

首先，從聖嚴法師對人間淨土的倫理倡議面觀之：法鼓山所推動的「心六倫」包括了生活倫理、家庭倫理、校園倫理、職場倫理、族群倫理與自然倫理，以此六項倫理範疇建構出現代化的佛教倫理觀（釋聖嚴，2011c：10－11）。相較於儒家傳統之人與人之間的五倫關係，「心六倫」更為關注的是做為「人」的總體生活與實踐場域面向，包括日常生活、家庭關係、教育場域、工作與勞動、多元化的社會關係與文化脈絡，以及所處之生態環境等。先從基本的生活倫理與家庭倫理出發，再到校園與職場倫理，這方面指的是把心靈環保的實踐運用在個人日常生活、教育與經濟系統的行動環節。除此之外，更為廣泛的面相是族群倫理與自然倫理，族群倫理牽涉到全球化跨國遷徙特徵與多元文化面向，而自然倫理則關聯到當代全球生態危機與氣候變遷之重要當前全球現實處境，所指涉的面相已經不僅止於個人的自我生活、學習與勞動情境，而是要能更廣泛地因對如何與不同血緣、文化傳統、種族，乃至國籍的族群共同生存於世的課題，並

還能深刻反思人與自然生態之間的關係。透過對心六倫的探討，法鼓山界定出以佛教為經緯的六大倫理觀，建構「人」生存於「世間」所應關注到的整體人我關係、結構條件、生存環境等範疇，在多面向的倫理關係中，主張從「心」出發，讓「心」與慈悲的、智慧的菩薩精神相應，回歸人間之倫理以建設人間淨土。

其次，若再從法鼓山的「心六倫」倫理倡議，進一步反思現代社會所面對的結構性議題，包括經濟、政治、社會、文化、生態等面向，探究從心六倫出發的公民實踐途徑如何可能回應當代世界的重要議題，或者也可以據此回答「人間淨土如何可能」的實踐課題。在《聖嚴法師心靈環保》（釋聖嚴，2009b）一書中，收錄了如何運用心靈環保落實人間倫理的多元主題，包括與人生勵志相關的勵志修養、金錢觀念等課題；與家庭倫理觀相關的夫婦生活、墮胎、離婚、親職教育、日常生活等課題；另外也有與企業倫理觀的企業體質與企業發展課題；或是與社會安全、關懷照護、社會慈善相關的殘障更生、吸毒、交通安全性等課題；以及與環境教育相關的森林保育、護生放生等課題。從這樣的多元議題探討中可以發現，從漢傳禪法出發的心靈環保實踐，事實上是相當靈活且可以活化運用於日常生活當中的個人心靈法寶，從心靈重建出發的人間淨土關懷，或者與以改變結構與制度出發的社會改革方案，可以相互補充、相互促進，從倫理向度積極實踐人間淨土之願景，可以具體落實在公民生活的多元環節，為共同生活的願景提供更多基於整體福祉而非個別私欲競爭的整體目標方向。

尤其是要如何能夠因應二十一世紀嶄新的現代性情境？這是否也可能從建設人間淨土的關照中得到解答？對此，聖嚴法師認為無論當前對二十一世紀秉持悲觀或是樂觀的看法都有可能，悲觀的預言或者認為世界末日將要來臨、人類品質低落、環境持續汙染，以及天災地變、環境惡化等；但也有樂觀的預言認為科學會有突飛猛進的發展、人類道德會有大進步、地球將成為非常優良的星球、人類身心健康、世界政治清明等。無論悲觀或是樂觀，聖嚴法師認為端看人心趨向，如果可以致力於人心的淨化與人品的提昇，當人類的心靈愈來愈純善與安定，就會出現樂觀的世界（釋聖嚴，2008：146－150）。儘管聖嚴法師也如社會學者一般觀察到二十一世紀的社會趨向是快速的生活步調、人際關係疏離、社會情況複雜、時代多變化、人們物質豐富但心靈空虛等景況（釋聖嚴，2008：151－155），但與社會學者重視結構與制度面的核心關照有所差異的地方是，聖嚴法師認為更為關鍵的應對方法還是回到安定身心之道（釋聖嚴，2008：156－160），除了讓一己能夠穩定地在新的時代中安家安業之外，並且也多運用心靈環保、生活環保、禮儀環保、自然環保等倫理觀念來保護二十一世紀的人類環境（釋聖嚴，2008：161－172）。有關從心靈環保出發的自我修行，並非僅止於個人層次，它也可以落實到社會集體層次，對現代性的各種處境提供回歸心靈安定與合乎倫理的依循準則，帶動合乎人間淨土的實踐。

在回應當代全球公民社會的現實處境時，最有實踐潛力的是聖嚴法師所倡導的族群倫理與自然倫理，這兩項從文化面與自然面出發，關注人類整體生活條件的倫理倡議，正好也因應了當前人類所面對的重要生存處境。

族群倫理的號召，回應了從社會與國家內部到國際之間的當代族群對立、種族歧視、文明衝突，以及民族主義再度興起的全球化課題。聖嚴法師提倡的族群倫理，期待以「求同存異，尊重多元」來修正一般嚴格區分「我群」與「他群」的畫分，主張在一己的血緣與傳統之外，要對不同族群、文化、語言、習俗、或是宗教等之「他者」，皆能保持尊重與包容，站在肯認並尊重多元的立場，謀求整體共同生存的族群倫理。在此族群倫理的關照上，聖嚴法師也進一步呼應並提倡「全球倫理」，尤其世界紛爭不斷，在各自所秉持的正義與價值有所牴觸的情況下，能夠推動對整體福祉皆有助益的全球倫理乃成為迫在眉睫的工作。

除了文化層面之外，在自然生態方面，從心靈環保出發的環境關懷，也回應著當前全世界最為關心的地球生態與環境倫理議題，包括像是心淨即國土淨的思想如何可能做為帶動土地倫理學的轉向，成為人間佛教土地倫理行動的號召（林朝成，2005）？或是從人與環境的倫理關係，如何可能倡導「心淨即國土淨」的另類環境哲學（紀俊吉，2014），都是人間淨土可以著力的公民實踐方向。

聖嚴法師的人間淨土觀並不僅止於佛教教義的創新與現代轉譯，也不僅局限於提倡現代化的個體化信仰實踐途徑，而是更積極地與現實人間的多元議題進行對話，試圖把佛教倫理的原則運用到社會的不同環節，促進一個更為安定與和諧的現代社會。在人間淨土的公共想像方面，可以期待的是，聖嚴法師所提倡的人間淨土，並非只是一個佛教教義上的概念，而是可以持續放在社會脈絡中進行動態性創新與實作轉化的實作原則，能夠針對當前世界的現代性課題，提供更多從佛教倫理出發的跨領域對話與公民實踐途徑。

六、結論：展望「人間淨土」的入世實踐

聖嚴法師畢生推動建設人間淨土，開創漢傳禪法的佛教現代性實踐。誠如其所留下的遺顧「虛空有盡，我願無窮」，這像是一個殷切的鼓勵，提醒人間淨土是可以被建設出來的，而且需要持續地去建設，但凡身而為人，擁有寶貴的人身與難得的人生，救贖之道不在他方，就在「人間」。

從對佛教現代性的考察向度觀之，聖嚴法師的人間淨土論述具備了對「人間淨土」之文化再生產、信仰實踐，以及公民實踐三個層次的現代性特徵，其所帶動的漢傳禪法現代化模式，可以被看作是重要的宗教社會學研究案例，一方面回應了西方世俗化理論對宗教在現代社會未來命運的多元爭辯（Warner, 2010），走出了一條漢傳禪法當代復興的道路；另外一方面，亦證成了美國宗教社會學者對宗教傳統推動公民社會與公民美德的期待（Casanova, 1994; Bellah, 2011; Madsen, 2002, 2007），提供了從佛教倫理出發的公民實踐途徑。聖嚴法師人間淨土論述與漢傳禪法的現代化特徵，是思索全球宗教面對現代性的重要案例，開創出對佛教回應現代性的可能性。

值得期待的是，在現有對人間淨土的多層次實踐途徑基礎上，未來如何可能開展出更多集體性的人間淨土入世實踐

途徑？尤其因應當前氣候變遷、全球 Covid−19 疫情嚴峻、戰爭與衝突持續影響世間平安的情境下，人們更需要反思生存於世的一己生命態度，也需要重新連結自我與他人、自然之間的倫理關係。聖嚴法師扎根播下的心靈環保種子已經行之有年，除了個體層次上的自我淨化與自我修行之外，期待在未來持續開展出源自人間淨土之佛教倫理的公民實踐途徑，啟發更廣泛的公共性入世實踐。

參考文獻

一、中文

王 絲，〈析論聖嚴法師「帶業、消業都生淨土」之詮解〉，《中華佛學研究》第 11 期，2010 年，臺北：中華佛學研究所，頁 77-110。

王宣曆，〈聖嚴思想融合性之歷史根源與特色〉，《臺大佛學研究》第 34 期，2017 年，頁 87-119。

李志亮，《聖嚴法師「人間淨土」之理念與實踐》，高雄：國立中山大學中國文學系研究所碩士論文，2011 年。

周柔含，〈通往人間淨土的鑰匙——淺談聖嚴法師的菩薩戒〉，收錄於聖嚴教育基金會學術研究部編，《聖嚴研究》第二輯，臺北：法鼓文化，2011 年 7 月，頁 113-154。

林其賢，〈聖嚴法師的倫理思想與實踐——以建立人間淨土為核心〉，嘉義：中正大學中國文學所博士論文，2009 年。

林其賢，〈聖嚴法師人間淨土思想的實踐與弘揚〉，收錄於聖嚴教育基金會學術研究部編，《聖嚴研究》第一輯，臺北：法鼓文化，2010 年 3 月，頁 153-205。

林其賢，〈聖嚴法師人間淨土思想立場的抉擇〉，收錄於聖嚴教育基金會學術研究部編，《聖嚴研究》第二輯，臺北：法鼓文化，2011 年 7 月，頁 155-200。

林其賢，《迎向現實人間：聖嚴法師的倫理思想與實踐》，臺北：法鼓文化，2020 年。

林朝成，〈佛教走向土地倫理：「人間淨土」的省思〉，《成大宗教與文化學報》第 5 期，2005 年 12 月，頁 59-90。

紀俊吉，〈釋聖嚴環境思想與其教育意涵芻議〉，《北商學報》第

25、26期，2014年7月，頁77-99。
胡健財，〈二十一世紀漢傳佛教與聖嚴法師弘法事業〉，《禪與人類文明研究》第2期，2017年12月，頁37-54。
陳劍鍠，〈聖嚴法師「建設人間淨土」與「一念心淨」之要義〉，收錄於聖嚴教育基金會學術研究部編，《聖嚴研究》第二輯，臺北：法鼓文化，2011年7月，頁201-239。
陳劍鍠，《無上方便與現行法樂：彌陀淨土與人間淨土的周邊關係》，臺北：香海文化，2015年。
越建東，〈「人間淨土」的反思〉，收錄於聖嚴教育基金會學術研究部編，《聖嚴研究》第四輯，臺北：法鼓文化，2013年11月，頁131-159。
越建東，〈聖嚴法師與印順導師之思想比較——以人間淨土和人間佛教為例〉，收錄於聖嚴教育基金會學術研究部編，《聖嚴研究》第八輯，臺北：法鼓文化，2016年6月，頁191-233。
黃玉真，〈聖嚴法師對佛性意義的當代詮解及其與人間淨土實踐的關涉〉，嘉義：南華大學宗教學研究所碩士論文，2017年。
黃穎思，《人間淨土的教化：聖嚴法師的淨土觀與法鼓山的念佛實踐》，臺北：國立政治大學宗教研究所碩士論文，2013年。
楊惠南，〈當代台灣佛教環保理念的省思——以「預約人間淨土」和「心靈環保」為例〉，《當代》第104期，1994年，頁32-55。
楊鎮鴻，〈「人間淨土」義涵之研究——從四依法探討聖嚴法師的詮釋〉，法鼓文理學院佛教學系碩士論文，2016年。
賴信均，《聖嚴法師「人間淨土」系列研究》，臺中：國立中興大學中國文學系所碩士論文，2013年。
繆方明，〈注重「心靈環保」的當代人間佛教——聖嚴法師人間佛教思想之探析〉，《宗教學研究》2006年第1期，頁175-181。

釋果光，〈心靈環保經濟學——二十一世紀的心經濟主張〉，《法鼓佛學學報》第 15 期，2009 年，頁 109-149。

釋果光、釋常諗，〈漢傳禪佛教的當代實踐——聖嚴法師的「心靈環保」〉，收錄於聖嚴教育基金會學術研究部編，《聖嚴研究》第二輯，臺北：法鼓文化，2011 年 7 月，頁 241-301。

釋果徹，〈聖嚴法師與人間佛教的人間淨土——《法鼓全集》之思想概介〉，《漢學研究通訊》第 19 卷第 3 期，2000 年 8 月，頁 384-391。

釋果樸，〈聖嚴法師「建設人間淨土」理念根源——法師大陸出家學習與近代中國佛教興革〉，收錄於《聖嚴法師思想行誼》，臺北：法鼓文化，2004 年，頁 345-504。

釋果鏡，〈聖嚴法師淨土思想之研究——以人間淨土為中心〉，收錄於聖嚴教育基金會學術研究部編，《聖嚴研究》第一輯，臺北：法鼓文化，2010 年 3 月，頁 69-111。

釋果鏡，〈再探聖嚴法師的淨土思想——有無二相的念佛觀〉，收錄於聖嚴教育基金會學術研究部編，《聖嚴研究》第四輯。臺北：法鼓文化，2013 年 11 月，頁 305-351。

釋惠敏，〈人間淨土與現代社會——記第三屆中華國際佛學會議〉，《漢學研究通訊》第 63 期，1997 年（a），頁 258-272。

釋惠敏，〈「心淨則佛土淨」之考察〉。《中華佛學學報》第 10 期，1997 年（b），頁 25-44。

釋聖嚴，〈淨土思想之考察〉，《華岡佛學學報》第 6 期，1983 年，頁 5-48。

釋聖嚴，〈戒律與人間淨土的建立〉，《中華佛學學報》第 10 期，1997 年，頁 1-24。

釋聖嚴，〈人間佛教的人間淨土〉，《中華佛學研究》第 3 期，1999 年，頁 1-17。

釋聖嚴，《聖嚴法師與宗教對話》，臺北：法鼓文化，2001 年。
釋聖嚴，《聖嚴法師教默照禪》，臺北：法鼓文化，2003 年。
釋聖嚴，《人間世》，臺北：法鼓文化，2004 年。
釋聖嚴，《不一樣的社會關懷》，臺北：法鼓文化，2006 年。
釋聖嚴，《方外看紅塵》，臺北：法鼓文化，2007 年。
釋聖嚴，《平安的人間》，臺北：法鼓文化，2008 年。
釋聖嚴，《由人成道的佛陀》，臺北：法鼓文化，2009 年（a）。
釋聖嚴，《聖嚴法師心靈環保》，臺北：法鼓文化，2009 年（b）。
釋聖嚴，《法鼓山的行動方針——心五四運動》，臺北：法鼓文化，2009 年（c）。
釋聖嚴，《承先啟後的中華禪法鼓宗》，臺北：法鼓文化，2009 年（d）。
釋聖嚴，《雪中足跡：聖嚴法師自傳》，臺北：三采出版，2009 年（e）。
釋聖嚴，《人行道》，臺北：法鼓文化，1999 年。
釋聖嚴，《淨土在人間》，臺北：法鼓文化，2010 年。
釋聖嚴，《法鼓山的核心主軸：心靈環保》，臺北：法鼓文化，2011 年（a）。
釋聖嚴，《法鼓山的實踐：四種環保》，臺北：法鼓文化，2011 年（b）。
釋聖嚴，《法鼓山的新時代倫理觀：心六倫》，臺北：法鼓文化，2011 年（c）。
釋聖嚴，《比較宗教學》，臺北：中華書局，2015 年。
釋聖嚴，《人間淨土：理論與實踐》，臺北：法鼓文化，2020 年（a）。
釋聖嚴，《聖嚴法師教淨土法門》，臺北：法鼓文化，2020 年（b）。

二、外文

Bellah, Robert. 2011. *Religion in Human Evolution : from the Paleolithic to the Axial Age*. Cambridge: Belknap Press of Harvard University Press.

Bellah, Robert. 2008. *Habits of the Heart : Individualism and Commitment in American Life : with a New Preface*. Berkeley: University of California Press, Print.

Bellah, Robert. 1992. *The Good society.* New York: Vintage Books.

Casanova, José. 1994. *Public religions in the modern world.* Chicago: University of Chicago Press.

Chambers, Claire, Simon Du Toit, and Joshua Edelman(eds). 2013. *Performing Religion in Public.* Houndmills, Basingstoke, Hampshire : Palgrave Macmillan.

Clarke, Gerard & Michael. Jennings (eds). 2008. *Development, Civil Society and Faith-Based Organizations: Bridging the Sacred and the Secular*. Basingstoke: Palgrave Macmillan.

Hart, J. de., Dekker, P., & Halman, L(eds). 2013. *Religion and civil society in Europe.* Loek Halman: Springer Netherlands.

Jens Reinke（黃穎思）, Innovation and Continuity in the Pure Lands: Pure Land Discourses and Practices at the Taiwanese Buddhist Order Dharma Drum Mountain. *Journal of Chinese Buddhist Studies* (2017, 30: 169-210).

Jeung, R. & Bellah, R. N. 2005. *Faithful generations race and new Asian American churches*. N.J: Rutgers University Press.

Madsen, Richard(eds). 2002. *Meaning and Modernity: Religion, Polity, and Self. Berkeley*: University of California Press.

Madsen, Richard. 2007. *Democracy's Dharm: Religious Renaissance and Political Development in Taiwan*. Berkeley: University of California

Press.

Warner, Michael (eds). 2010. *Varieties of secularism in a secular age*. Cambridge: Harvard University Press.

Wuthnow, Robert. 1994. *Producing the Sacred: an Essay on Public Religion*. Urbana: University of Illinois Press.

Establishing a Pure Land on Earth:
The modern characteristics of Chinese Chan Buddhism from the innovation of Master Sheng Yen

Yining Liu
Postdoctoral Fellow, Institute of Sociology, Academia Sinica

Abstract

Establishing a pure land on earth is the core concern of Master Sheng Yen in promoting the modern innovation of Chan Buddhism, and this modern approach to the practice of Buddhists echoes the public role played by civic religions in civil society by Western scholars. This paper will start from the overall estimation of the concept of Pure Land on Earth and delve into the three important modern meanings of the revival of Chan Buddhism by Master Sheng Yan. First of all, in terms of the cultural meaning of the pure land on earth, this paper would like to explore how Master Sheng Yen started from the four types of Buddhist pure land (including the pure land of mind, the pure land of other worlds, the pure land of heaven, and the pure land on earth), and further used "the pure land on earth" as an example of specific practical approach to promote the modernity of Buddhism. Secondly, in terms of the faith and practice dimension of establishing the Pure Land on Earth, this paper would also try to reveal how the Chan Buddhism focus on the environmental protection of the mind for promoting the Pure Land on Earth to take root in daily life. Third, in terms of the implication of the civic practice related to the Pure Land on Earth, we will also explore how Master Sheng Yen engages in dialogue with the economic, political, social, cultural, ecological and other sub-fields of the modern world. Therefore, it could think further about the Pure Land on Earth and implement the concrete connection of civil society. By exploring the modern characteristics of the revival of Chan Buddhism by Master Sheng Yen, this paper regards that the innovative practices of Dharma Drum Mountain as an important research case and could take it for deeply profound consideration on the topic of Buddhism and modernity.

Keywords: A pure land on earth, Chan Buddhism, Modernity, Civil Society, Buddhism Innovation

聖嚴思想論叢 15

聖嚴研究第十五輯

Studies of Master Sheng Yen Vol.15

編者	聖嚴教育基金會學術研究部
出版	法鼓文化
主編	楊蓓
封面設計	胡琡珮
地址	臺北市北投區公館路186號5樓
電話	(02)2893-4646
傳真	(02)2896-0731
網址	http://www.ddc.com.tw
E-mail	market@ddc.com.tw
讀者服務專線	(02)2896-1600
初版一刷	2022年8月
建議售價	新臺幣420元
郵撥帳號	50013371
戶名	財團法人法鼓山文教基金會—法鼓文化
北美經銷處	紐約東初禪寺 Chan Meditation Center (New York, USA) Tel: (718)592-6593 E-mail: chancenter@gmail.com

法鼓文化

國家圖書館出版品預行編目資料

聖嚴研究. 第十五輯 / 聖嚴教育基金會學術研究部編. -- 初版. -- 臺北市：法鼓文化, 2022.08
面； 公分
ISBN 978-957-598-961-3 (平裝)

1. CST: 釋聖嚴 2. CST: 學術思想 3. CST: 佛教哲學 4. CST: 文集

220.9208 111008390